Taschenbücher aus dem
Gesamtwerk von Rudolf Steiner

Werke von RUDOLF STEINER in Taschenbuchausgaben:

Wie erlangt man Erkenntnisse der höheren Welten? (600)

Die Geheimwissenschaft im Umriß (601)

Ein Weg zur Selbsterkenntnis des Menschen / Die Schwelle der geistigen Welt (602)

Metamorphosen des Seelenlebens (603)

Die geistig-seelischen Grundkräfte der Erziehungskunst (604)

Die Philosophie des Thomas von Aquino (605)

Die Kernpunkte der sozialen Frage in den Lebensnotwendigkeiten der Gegenwart und Zukunft (606)

Mysteriendramen Band I:
Die Pforte der Einweihung – Die Prüfung der Seele (607)

Mysteriendramen Band II:
Der Hüter der Schwelle – Der Seelen Erwachen (608)

Wendepunkte des Geisteslebens (609)

Die Rätsel der Philosophie in ihrer Geschichte als Umriß dargestellt. Band I (610)

Die Rätsel der Philosophie in ihrer Geschichte als Umriß dargestellt. Band II (611)

Das menschliche Leben vom Gesichtspunkte der Geisteswissenschaft (Anthroposophie), und weitere Schriften (612)

Die Mission einzelner Volksseelen im Zusammenhang mit der germanisch-nordischen Mythologie (613)

Die geistige Führung des Menschen und der Menschheit (614)

Theosophie. Einführung in übersinnliche Welterkenntnis und Menschenbestimmung (615)

Aus der Akasha-Chronik (616)

Allgemeine Menschenkunde als Grundlage der Pädagogik (617)

Erziehungskunst. Methodisch-Didaktisches (618)

RUDOLF STEINER VERLAG, DORNACH/SCHWEIZ

Rudolf Steiner

Aus der Akasha-Chronik

Rudolf Steiner Verlag
Dornach/Schweiz

Herausgegeben von der Rudolf Steiner-Nachlaßverwaltung

Ungekürzte Ausgabe nach dem gleichnamigen Band
in der Rudolf Steiner Gesamtausgabe
(Bibliographie-Nr. 11, ISBN 3-7274-0110-9)

Taschenbuchausgabe
1.–10. Tsd. Dornach 1975

Bestell-Nr. 616

Printed in Switzerland by Zbinden Druck und Verlag AG, Basel
ISBN 3-7274-6160-8

INHALT

DIE KULTUR DER GEGENWART IM SPIEGEL DER GEISTESWISSENSCHAFT

Für denjenigen, welcher den Gang der wissenschaftlichen Entwickelung in den letzten Jahrzehnten verfolgt, kann kein Zweifel darüber bestehen, daß sich innerhalb desselben ein mächtiger Umschwung vorbereitet. Ganz anders als vor kurzer Zeit klingt es heute, wenn ein Naturforscher sich über die sogenannten Rätsel des Daseins ausspricht. – Es war um die Mitte des neunzehnten Jahrhunderts, als einige der kühnsten Geister in dem wissenschaftlichen Materialismus das einzig mögliche Glaubensbekenntnis sahen, das jemand haben kann, der mit den neueren Ergebnissen der Forschung bekannt ist. Berühmt geworden ist ja der derbe Ausspruch, der damals gefallen ist, daß «die Gedanken etwa in demselben Verhältnisse zum Gehirne stehen wie die Galle zu der Leber». Karl Vogt hat ihn getan, der in seinem «Köhlerglauben und Wissenschaft» und in anderen Schriften alles für überwunden erklärte, was nicht die geistige Tätigkeit, das seelische Leben aus dem Mechanismus des Nervensystems und des Gehirnes so hervorgehen ließ, wie der Physiker erklärt, daß aus dem Mechanismus der Uhr das Vorwärtsrücken der Zeiger hervorgeht. Es war die Zeit, in welcher Ludwig Büchners «Kraft und Stoff» für weite Kreise von Gebildeten zu einer Art Evangelium geworden ist. Man darf wohl sagen, daß vortreffliche, unabhängig denkende Köpfe zu solchen Überzeugungen durch den gewaltigen Eindruck gekommen sind, welchen die Erfolge der Naturwissenschaft in neuerer Zeit gemacht haben. Das Mikroskop hatte kurz vorher die Zusammensetzung der Lebewesen aus ihren kleinsten Teilen, den Zellen, gelehrt. Die Geologie, die Lehre von der Erdbildung, war dahin gekommen, das Werden unseres Planeten nach denselben Gesetzen zu erklären, die heute noch tätig sind. Der Darwinismus versprach auf eine rein natürliche Weise den Ursprung des Menschen zu erklären und trat seinen Siegeslauf durch die gebildete Welt so verheißungsvoll an, daß für viele durch ihn aller «alte Glaube» abgetan zu sein schien. Das ist seit kurzem ganz anders geworden. Zwar finden sich noch immer Nachzügler dieser Ansichten, die wie Ladenburg auf der Naturforscher-Versammlung von 1903 das materialistische Evangelium verkündigen; aber ihnen gegenüber stehen andere, welche durch ein reiferes Nachdenken über wissenschaftliche Fragen zu einer ganz anderen Sprache gekommen sind. Eben ist eine Schrift erschienen, welche den Titel trägt «Naturwissenschaft und Weltanschauung». Sie hat Max Verworn zum Verfasser, einen Physiologen, der aus Haeckels Schule hervorgegangen ist. In dieser Schrift ist zu lesen: «In der Tat, selbst wenn wir die vollkommenste Kenntnis besäßen von den physiologischen Ereignissen in den Zellen und Fasern der Großhirnrinde, mit denen das psychische Geschehen verknüpft ist, selbst wenn wir in die Mechanik des Hirngetriebes hineinschauen könnten wie in das Getriebe der Räder eines Uhrwerkes, wir würden doch niemals etwas anderes finden als bewegte Atome. Kein Mensch könnte sehen oder sonst irgendwie sinnlich wahrnehmen, wie dabei Empfindungen und Vorstellungen entstehen. Die Resultate, welche die materialistische Auffassung bei ihrem Versuch der Zurückführung geistiger Vorgänge auf Atombewegungen gehabt hat, illustrieren denn auch sehr anschaulich ihre Leistungsfähigkeit: Solange die materialistische Anschauung besteht, hat sie nicht die einfachste Empfindung durch Atombewegungen erklärt. So war es und so wird es sein in Zukunft. Wie wäre es auch denkbar, daß jemals Dinge, die nicht sinnlich wahrnehmbar sind wie die psychischen Vorgänge, ihre Erklärung finden könnten durch eine bloße Zerlegung großer Körper in ihre kleinsten Teile! Es bleibt ja das Atom doch immer noch ein Körper und keine Bewegung von Atomen ist jemals imstande, die Kluft zu überbrücken zwischen Körperwelt und Psyche. Die materialistische Auffassung, so fruchtbar sie als naturwissenschaftliche Arbeitshypothese gewesen ist, so fruchtbar sie in diesem Sinne auch zweifellos noch in Zukunft bleiben wird – ich verweise nur auf die Erfolge der Struktur-Chemie –, so unbrauchbar ist sie doch als Grundlage für eine *Weltanschauung*. Hier erweist sie sich als zu eng. Der *philosophische* Materialismus hat seine historische Rolle ausgespielt. Dieser Versuch einer naturwissenschaftlichen Weltanschauung ist für immer mißlungen.» So spricht ein Naturforscher am Anfang des zwanzigsten Jahrhunderts über die Anschauung, die um die Mitte des neunzehnten wie ein neues, durch die wissenschaftlichen Fortschritte gefordertes Evangelium verkündet worden ist.

Insbesondere sind es die fünfziger, sechziger und siebziger Jahre des neunzehnten Jahrhunderts, welche als diejenigen der materialistischen Hochflut bezeichnet werden dürfen. Einen wahrhaft faszinierenden Einfluß übte damals die Erklärung der geistigen und seelischen Erscheinungen aus rein mechanischen Vorgängen aus. Und die Materialisten durften sich damals sagen, daß sie einen Sieg über die Anhänger der geistigen Weltanschauung davongetragen haben. Auch solche, die nicht von naturwissenschaftlichen Studien ausgegangen waren, traten in ihr Gefolge. Hatten noch Büchner, Vogt, Moleschott und andere auf rein naturwissenschaftliche Voraussetzungen gebaut, so versuchte David Friedrich Strauß 1872 in seinem «Alten und neuen Glauben» aus seinen theologischen und philosophischen Erkenntnissen heraus die Stützpunkte für das neue Bekenntnis zu gewinnen. Er hatte schon vor Jahrzehnten in aufsehenerregender Weise in das Geistesleben durch sein «Leben Jesu» eingegriffen. Er schien ausgerüstet zu sein mit der vollen theologischen und philosophischen Bildung seiner Zeit. Er sprach es jetzt kühn aus, daß die im materialistischen Sinne gehaltene Erklärung der Welterscheinungen einschließlich des Menschen die Grundlage bilden müsse für ein neues Evangelium, für eine neue sittliche Erfassung und Gestaltung des Daseins. Die Abkunft des Menschen von rein tierischen Vorfahren schien ein neues Dogma werden zu wollen, und alles Festhalten an einem geistig-seelischen Ursprung unseres Geschlechtes galt in den Augen der naturforschenden Philosophen als stehengebliebener Aberglaube aus dem Kindheitsalter der Menschheit, mit dem man sich nicht weiter zu beschäftigen habe.

Und denen, welche auf der neueren Naturwissenschaft bauten, kamen die Kulturhistoriker zu Hilfe. Die Sitten und Anschauungen wilder Volksstämme wurden zum Studium gemacht. Die Überreste primitiver Kulturen, die man aus der Erde gräbt, wie die Knochen vorweltlicher Tiere und die Abdrücke untergegangener Pflanzenwelten: sie sollten ein Zeugnis abgeben für die Tatsache, daß der Mensch bei seinem ersten Auftreten auf dem Erdball sich nur dem Grade nach von den höheren Tieren unterschieden habe, daß er aber geistig-seelisch sich durchaus von der bloßen Tierheit zu seiner jetzigen Höhe heraufentwickelt habe. Es war ein Zeitpunkt eingetreten, wo alles in diesem materialistischen Baue zu stimmen schien. Und unter einem gewissen Zwange, den die Vorstellungen der Zeit auf sie ausübten, dachten die Menschen so, wie ein gläubiger Materialist schreibt: «Das eifrige Studium der Wissenschaft hat mich dazu gebracht, alles ruhig aufzunehmen, das Unabänderliche geduldig zu tragen und übrigens dafür sorgen zu helfen, daß der Menschheit Jammer allmählich gemindert werde. Auf die phantastischen Tröstungen, die ein gläubiges Gemüt in wunderbaren Formeln sucht, kann ich um so leichter verzichten, als meine Phantasie durch Literatur und Kunst die schönste Anregung findet. Wenn ich dem Gang eines großen Dramas folge oder an der Hand von Gelehrten eine Reise zu anderen Sternen, eine Wanderung durch vorweltliche Landschaften unternehme, wenn ich die Erhabenheit der Natur auf Bergesgipfeln bewundere oder die Kunst des Menschen in Tönen und Farben verehre, habe ich da nicht des Erhebenden genug? Brauche ich dann noch etwas, das meiner Vernunft widerspricht? – Die Furcht vor dem Tode, die so viele Fromme quält, ist mir vollständig fremd. Ich weiß, daß ich, wenn mein Leib zerfällt, so wenig fortlebe, wie ich vor meiner Geburt gelebt habe. Die Qualen des Fegefeuers und einer Hölle sind für mich nicht vorhanden. Ich kehre in das grenzenlose Reich der Natur zurück, die alle Kinder liebend umfaßt. Mein Leben war nicht vergeblich. Ich habe die Kraft, die ich besaß, wohl angewendet. Ich scheide von der Erde in dem festen Glauben, daß sich alles besser und schöner gestalten wird!» (Vom Glauben zum Wissen. Ein lehrreicher Entwickelungsgang getreu nach dem Leben geschildert von Kuno Freidank.) So denken heute viele, auf welche die Zwangsvorstellungen noch Gewalt haben, die in der genannten Zeit auf die Vertreter der materialistischen Weltanschauung wirkten.

Diejenigen aber, die versuchten, sich auf der Höhe des wissenschaftlichen Denkens zu halten, sind zu anderen Vorstellungen gekommen. Berühmt geworden ist ja die erste Entgegnung, die von Seite eines hervorragenden Naturforschers auf der Naturforscher-Versammlung in Leipzig (1872) auf den naturwissenschaftlichen Materialismus ausgegangen ist. Du Bois-Reymond hat damals seine «Ignorabimus-Rede» gehalten. Er versuchte zu zeigen, daß dieser naturwissenschaftliche Materialismus in der Tat nichts vermag als die Bewegungen kleinster Stoffteilchen festzustellen, und er forderte, daß er sich damit begnügen müsse, solches zu tun. Aber er betonte zugleich, daß damit auch nicht das Geringste geleistet ist zur Erklärung der geistigen und seelischen Vorgänge. Man mag sich zu diesen Ausführungen Du Bois-Reymonds stellen wie man wolle: soviel ist klar, sie bedeutete eine Absage an die materialistische Welterklärung. Sie zeigte, wie man als Naturforscher an dieser irre werden könne.

Die materialistische Welterklärung war damit in das Stadium eingetreten, auf dem sie sich bescheiden erklärte gegenüber dem Leben der Seele. Sie stellte ihr «Nichtwissen» (Agnostizismus) fest. Zwar erklärte sie, daß sie «wissenschaftlich» bleiben und nicht ihre Zuflucht zu anderen Wissensquellen nehmen wolle; aber sie wollte auch nicht mit ihren Mitteln aufsteigen zu einer höheren Weltanschauung. (In umfassender Art hat in neuerer Zeit Raoul Francé, ein Naturforscher, die Unzulänglichkeit der naturwissenschaftlichen Ergebnisse für eine höhere Weltanschauung gezeigt. Dies ist ein Unternehmen, auf das wir noch ein anderes Mal zurückkommen möchten.)

Und nun mehrten sich auch stetig die Tatsachen, welche das Unmögliche des Unterfangens zeigten, auf die Erforschung der materiellen Erscheinungen eine Seelenkunde aufzubauen. Die Wissenschaft wurde gezwungen, gewisse «abnorme» Erscheinungen des Seelenlebens, den Hypnotismus, die Suggestion, den Somnambulismus zu studieren. Es zeigte sich, daß diesen Erscheinungen gegenüber für den wirklich Denkenden eine materialistische Anschauung ganz unzulänglich ist. Es waren keine neuen Tatsachen, die man kennenlernte. Es waren vielmehr Erscheinungen, die man in alten Zeiten schon und bis in den Anfang des neunzehnten Jahrhunderts herein studiert hatte, die aber in der Zeit der materialistischen Hochflut als unbequem einfach beiseite gesetzt worden waren.

Dazu kam noch etwas anderes. Immer mehr zeigte sich, auf welch schwachem Untergrunde die Naturforscher selbst mit ihren Erklärungen von der Entstehung der Tierformen und folglich auch des Menschen gebaut hatten. Welche Anziehungskraft übten doch die Vorstellungen von der «Anpassung» und dem «Kampf ums Dasein» bei der Erklärung der Artentstehung eine Zeitlang aus. Man lernte einsehen, daß man mit ihnen Blendwerken nachgegangen war. Es bildete sich eine Schule – unter Weismanns Führung –, die nichts davon wissen wollte, daß sich Eigenschaften, welche ein Lebewesen durch Anpassung an die Umgebung *erworben* hat, vererben könnten, und daß so durch sie eine *Umbildung* der Lebewesen eintrete. Man schrieb daher alles dem «Kampf ums Dasein» zu und sprach von einer «Allmacht der Naturzüchtung». In schroffen Gegensatz dazu traten, gestützt auf unbezweifelbare Tatsachen, solche, die erklärten, man habe in Fällen von einem «Kampf ums Dasein» gesprochen, wo er gar nicht existiere. Sie wollten dartun, daß nichts durch ihn erklärt werden könne. Sie sprachen von einer «Ohnmacht der Naturzüchtung». Weiter konnte de Vries in den letzten Jahren durch Versuche zeigen, daß es ganz *sprungweise* Veränderungen einer Lebensform in die andere gebe (Mutation). Damit ist auch erschüttert, was man von seiten der Darwinianer als einen festen Glaubensartikel angesehen hat, daß sich Tier- und Pflanzenformen nur allmählich umwandelten. Immer mehr schwand einfach der Boden unter den Füßen, auf dem man jahrzehntelang gebaut hatte. Denkende Forscher hatten ohnedies schon früher diesen Boden verlassen zu müssen geglaubt, wie der jung verstorbene W. H. Rolph, der in seinem Buche: «Biologische Probleme, zugleich als Versuch zur Entwicklung einer rationellen Ethik» schon 1884 erklärt: «Erst durch die Einführung der Unersättlichkeit wird das darwinistische Prinzip im Lebenskampfe annehmbar. Denn nun erst haben wir eine Erklärung für die Tatsache, daß das Geschöpf, wo immer es kann, mehr erwirbt, als es zur Erhaltung des status quo bedarf, daß es im Übermaß wächst, wo die Gelegenheit dazu gegeben ist ... Während es für den Darwinisten überall da keinen Daseinskampf gibt, wo die Existenz des Geschöpfes nicht bedroht ist, ist für mich der Kampf ein allgegenwärtiger. Er ist eben primär ein Lebenskampf, ein Kampf um Lebensmehrung, aber kein Kampf ums Dasein.»

Nur natürlich ist es, daß sich bei solcher Lage der Tatsachen die Einsichtigen gestehen: Die materialistische Gedankenwelt taugt nicht zum Aufbau einer Weltanschauung. Wir dürfen, von ihr ausgehend, nichts über die seelischen und geistigen Erscheinungen aussagen. Und es gibt heute schon zahlreiche Naturforscher, welche auf ganz anderen Vorstellungen sich ein Weltgebäude zu errichten suchen. Es braucht nur an das Werk des Botanikers Reincke erinnert zu werden «Die Welt als Tat». Dabei zeigt es sich allerdings, daß solche Naturforscher nicht ungestraft in den rein materialistischen Vorstellungen erzogen worden sind. Was sie von ihrem neuen idealistischen Standpunkte aus vorbringen, das ist ärmlich, das kann sie einstweilen befriedigen, nicht aber diejenigen, welche tiefer in die Welträtsel hineinblicken. Solche Naturforscher können sich nicht entschließen, an diejenigen Methoden heranzutreten, die von der wirklichen Betrachtung des Geistes und der Seele ausgehen. Sie haben die größte Furcht vor der «Mystik», vor «Gnosis» oder «Theosophie». Das leuchtet zum Beispiel klar aus der angeführten Schrift Verworns heraus. Er sagt: «Es gärt in der Naturwissenschaft. Dinge, die allen klar und durchsichtig erschienen, haben sich heute getrübt. Langerprobte Symbole und Vorstellungen, mit denen noch vor kurzem ohne Bedenken jeder auf Schritt und Tritt umging und arbeitete, sind ins Wanken geraten und werden mit Mißtrauen betrachtet. Grundbegriffe, wie die der Materie, erscheinen erschüttert, und der festeste Boden beginnt unter den Schritten des Naturforschers zu schwanken. Felsenfest allein stehen gewisse Probleme, an denen bisher alle Versuche, alle Anstrengungen der Naturwissenschaft zerschellt sind. Der Verzagte wirft sich bei dieser Erkenntnis resigniert der Mystik in die Arme, die von jeher die letzte Zuflucht war, wo der gequälte Verstand keinen Ausweg mehr sah. Der Besonnene sieht sich nach neuen Symbolen um und versucht neue Grundlagen zu schaffen, auf denen er weiter bauen kann.» Man sieht, der naturforschende Denker von heute ist durch seine Vorstellungsgewohnheiten nicht in der Lage, sich einen andern Begriff von «Mystik» zu machen als einen solchen, der Verworrenheit, Unklarheit des Verstandes einschließt. – Und zu welchen Vorstellungen von dem Seelenleben kommt ein solcher Denker! Wir lesen am Schluß der angeführten Schrift: «Der prähistorische Mensch hatte die Idee einer Trennung von Leib und Seele gebildet beim Anblick des Todes. Die Seele trennte sich vom Leibe und führte ein selbständiges Dasein. Sie fand keine Ruhe und kam wieder als Geist, wenn sie nicht durch sepulkrale Zeremonien gebannt wurde. Furcht und Aberglauben ängstigten den Menschen. Die Reste dieser Anschauungen haben sich bis in unsere Zeit gerettet. Die Furcht vor dem Tode, das heißt vor dem, was nachher kommen wird, ist noch heute weit verbreitet. – Wie anders gestaltet sich das alles vom Standpunkte des Psychomonismus! Da die psychischen Erlebnisse des Individuums nur zustande kommen, wenn bestimmte, gesetzmäßige Verknüpfungen existieren, so fallen sie weg, sobald diese Verknüpfungen irgendwie gestört werden, wie das ja schon während des Tages unaufhörlich geschieht. Mit den körperlichen Veränderungen beim Tode hören diese Verknüpfungen ganz auf. So kann also keine Empfindung und Vorstellung, kein Gedanke und kein Gefühl des *Individuums* mehr bestehen. Die *individuelle* Seele ist tot. Dennoch leben die Empfindungen und Gedanken und Gefühle weiter. Sie leben weiter über das vergängliche Individuum hinaus in anderen Individuen, überall da, wo die gleichen Komplexe von Bedingungen existieren. Sie pflanzen sich fort von Individuum zu Individuum, von Generation zu Generation, von Volk zu Volk. Sie wirken und weben am ewigen Webstuhl der Seele. Sie arbeiten an der Geschichte des menschlichen Geistes. – So leben wir alle nach dem Tode weiter als Glieder in der großen, zusammenhängenden Kette geistiger Entwicklung.» Aber ist denn das etwas anderes als das Fortleben der Wasserwelle in anderen, die sie aufgeworfen hat, während sie selbst vergeht? Lebt man wahrhaft weiter, wenn man nur in seinen Wirkungen weiterbesteht? Hat man solches Weiterleben nicht mit allen Erscheinungen auch der physischen Natur gemein? Man sieht, die materialistische Weltauffassung mußte ihre eigenen Grundlagen untergraben. Neue vermag sie noch nicht zu bauen. Erst das wahre Verständnis von Mystik, Theosophie, Gnosis wird ihr solches möglich machen. Der Chemiker Ostwald hat vor mehreren Jahren auf der Naturforscher-Versammlung zu Lübeck von der «Überwindung des Materialismus» gesprochen und für das damit angedeutete Ziel eine neue naturphilosophische Zeitschrift begründet. Die Naturwissenschaft ist reif, die Früchte einer höheren Weltanschauung in Empfang zu nehmen. Und alles Sträuben wird ihr nichts nützen; sie wird den Bedürfnissen der sehnenden Menschenseele Rechnung tragen müssen.

AUS DER AKASHA-CHRONIK

Vorwort

Durch die gewöhnliche Geschichte kann sich der Mensch nur über einen geringen Teil dessen belehren, was die Menschheit in der Vorzeit erlebt hat. Nur auf wenige Jahrtausende werfen die geschichtlichen Zeugnisse Licht. Und auch was uns die Altertumskunde, die Paläontologie, die Geologie lehren können, ist nur etwas sehr Begrenztes. Und zu dieser Begrenztheit kommt noch die Unzuverlässigkeit alles dessen, was auf äußere Zeugnisse aufgebaut ist. Man bedenke nur, wie sich das Bild dieser oder jener gar nicht so lange hinter uns liegenden Begebenheit oder eines Volkes geändert hat, wenn neue geschichtliche Zeugnisse aufgefunden worden sind. Man vergleiche nur einmal die Schilderungen, die von verschiedenen Geschichtsschreibern über eine und dieselbe Sache gegeben werden; und man wird sich bald überzeugen, auf welch unsicherem Boden man da steht. Alles, was der äußeren Sinnenwelt angehört, unterliegt der Zeit. Und die Zeit zerstört auch, was in der Zeit entstanden ist. Die äußerliche Geschichte ist aber auf das angewiesen, was in der Zeit erhalten geblieben ist. Niemand kann sagen, ob das, was erhalten geblieben ist, auch das Wesentliche ist, wenn er bei den äußeren Zeugnissen stehenbleibt. – Aber alles, was in der Zeit entsteht, hat seinen Ursprung im Ewigen. Nur ist das Ewige der sinnlichen Wahrnehmung nicht zugänglich. Aber dem Menschen sind die Wege offen zur Wahrnehmung des Ewigen. Er kann die in ihm schlummernden Kräfte so ausbilden, daß er dieses Ewige zu erkennen vermag. In den Aufsätzen über die Frage: «Wie erlangt man Erkenntnisse der höheren Welten?», die in dieser Zeitschrift erscheinen*, wird auf diese Ausbildung hingewiesen. In ihrem Verlaufe werden diese Aufsätze auch zeigen, daß der Mensch auf einer gewissen hohen Stufe seiner Erkenntnisfähigkeit auch zu den ewigen Ursprüngen der

* In Buchform Berlin 1909 (Rudolf Steiner Gesamtausgabe, Bibl.-Nr. 10).

zeitlich vergänglichen Dinge dringen kann. Erweitert der Mensch auf diese Art sein Erkenntnisvermögen, dann ist er behufs Erkenntnis der Vergangenheit nicht mehr auf die äußeren Zeugnisse angewiesen. Dann vermag er zu *schauen*, was an den Ereignissen nicht sinnlich wahrnehmbar ist, was keine Zeit von ihnen zerstören kann. Von der vergänglichen Geschichte dringt er zu einer unvergänglichen vor. Diese Geschichte ist allerdings mit andern Buchstaben geschrieben als die gewöhnliche. Sie wird in der Gnosis, in der Theosophie die «Akasha-Chronik» genannt. Nur eine schwache Vorstellung kann man in unserer Sprache von dieser Chronik geben. Denn unsere Sprache ist auf die Sinnenwelt berechnet. Und was man mit ihr bezeichnet, erhält sogleich den Charakter dieser Sinnenwelt. Man macht daher leicht auf den Uneingeweihten, der sich von der Tatsächlichkeit einer besonderen Geisteswelt noch nicht durch eigene Erfahrung überzeugen kann, den Eindruck eines Phantasten, wenn nicht einen noch schlimmeren. – Wer sich die Fähigkeit errungen hat, in der geistigen Welt wahrzunehmen, der erkennt da die verflossenen Vorgänge in ihrem ewigen Charakter. Sie stehen vor ihm nicht wie die toten Zeugnisse der Geschichte, sondern in vollem *Leben*. Es spielt sich vor ihm in einer gewissen Weise ab, was geschehen ist. – Die in das Lesen solcher lebenden Schrift eingeweiht sind, können in eine weit fernere Vergangenheit zurückblicken als in diejenige, welche die äußere Geschichte darstellt; und sie können auch – aus unmittelbarer geistiger Wahrnehmung – die Dinge, von denen die Geschichte berichtet, in einer weit zuverlässigeren Weise schildern, als es dieser möglich ist. Um einem möglichen Irrtum vorzubeugen, sei hier gleich gesagt, daß auch der geistigen Anschauung keine Unfehlbarkeit innewohnt. Auch diese Anschauung kann sich täuschen, kann ungenau, schief, verkehrt sehen. Von Irrtum frei ist auch auf diesem Felde kein Mensch; und stünde er noch so hoch. Deshalb soll man sich nicht daran stoßen, wenn Mitteilungen, die aus solchen geistigen Quellen stammen, nicht immer völlig übereinstimmen. Allein die Zuverlässigkeit der Beobachtung ist hier eine doch weit größere als in der äußerlichen Sinnenwelt. Und was verschiedene Eingeweihte über Geschichte und Vorgeschichte mitteilen können, wird im *wesentlichen* in Übereinstimmung sein. Tatsächlich gibt es solche Geschichte und Vorgeschichte in allen Geheimschulen. Und hier herrscht seit Jahrtausenden so volle Übereinstimmung, daß sich damit die Übereinstimmung, die zwischen den äußeren Geschichtsschreibern auch nur eines Jahrhunderts besteht, gar nicht vergleichen läßt. Die Eingeweihten schildern zu allen Zeiten und allen Orten im *wesentlichen* das Gleiche.

Nach diesen Vorbemerkungen sollen hier mehrere Kapitel aus der Akasha-Chronik wiedergegeben werden. Der Anfang soll gemacht werden mit Schilderungen derjenigen Tatsachen, die sich abspielten, als zwischen Amerika und Europa noch das sogenannte *atlantische* Festland vorhanden war. Auf diesem Teil unserer Erdoberfläche war einstmals Land. Der Boden dieses Landes bildet heute den Grund des Atlantischen Ozeans. Plato erzählt noch von dem letzten Rest des Landes, der Insel Poseidonis, die westwärts von Europa und Afrika lag. Daß der Meeresboden des Atlantischen Ozeans einstmals Festland war, daß er durch etwa eine Million von Jahren der Schauplatz einer Kultur war, die allerdings von unserer heutigen sehr verschieden gewesen ist: dies, sowie die Tatsache, daß die letzten Reste dieses Festlandes im zehnten Jahrtausend v. Chr. untergegangen sind, kann der Leser in dem Büchlein «Atlantis, nach okkulten Quellen, von W. Scott-Elliot» nachlesen. Hier sollen Mitteilungen gegeben werden über diese uralte Kultur, welche Ergänzungen bilden zu dem in jenem Buche Gesagten. Während dort mehr die Außenseite, die äußeren Vorgänge bei diesen unseren atlantischen Vorfahren geschildert werden, soll hier einiges verzeichnet werden über ihren seelischen Charakter und über die innere Natur der Verhältnisse, unter denen sie lebten. Der Leser muß sich also in Gedanken zurückversetzen in ein Zeitalter, das fast zehntausend Jahre hinter uns liegt und das viele Jahrtausende hindurch gedauert hat. Was hier geschildert wird, hat sich aber nicht allein auf dem von den Wassern des Atlantischen Ozeans überfluteten Festland abgespielt, sondern auch auf den benachbarten

Gebieten des heutigen Asien, Afrika, Europa und Amerika. Und was sich in diesen Gebieten später abspielte, hat sich aus jener früheren Kultur heraus entwickelt. – Über die Quellen der hier zu machenden Mitteilungen bin ich *heute* noch verpflichtet, Schweigen zu beobachten. Wer über solche Quellen überhaupt etwas weiß, wird verstehen, warum das so sein muß. Aber es können Ereignisse eintreten, die auch ein Sprechen nach dieser Richtung hin sehr bald möglich machen. Wieviel von den Erkenntnissen, die im Schoße der theosophischen Strömung verborgen liegen, nach und nach mitgeteilt werden darf, das hängt ganz von dem Verhalten unserer Zeitgenossen ab. – Und nun soll das erste der Schriftstücke folgen, die hier verzeichnet werden können.

Unsere atlantischen Vorfahren waren mehr verschieden von den gegenwärtigen Menschen als sich derjenige vorstellt, der mit seinen Erkenntnissen sich ganz auf die Sinnenwelt beschränkt. Nicht nur auf das äußere Aussehen erstreckt sich diese Verschiedenheit, sondern auch auf die geistigen Fähigkeiten. Ihre Erkenntnisse und auch ihre technischen Künste, ihre ganze Kultur war anders, als das ist, was heute beobachtet werden kann. Gehen wir in die ersten Zeiten der atlantischen Menschheit zurück, so finden wir eine von der unsrigen ganz verschiedene Geistesfähigkeit. Der logische Verstand, die rechnerische Kombination, auf denen alles beruht, was heute hervorgebracht wird, fehlten den ersten Atlantiern ganz. Dafür hatten sie ein hochentwickeltes *Gedächtnis.* Dieses Gedächtnis war eine ihrer hervorstechendsten Geistesfähigkeiten. Sie rechneten zum Beispiel nicht, wie wir, dadurch, daß sie sich gewisse Regeln aneigneten, die sie dann anwendeten. Ein «Einmaleins» war etwas in den atlantischen Zeiten ganz Unbekanntes. Niemand hatte seinem Verstande eingeprägt, daß dreimal vier zwölf ist. Daß er sich in dem Falle, wo er eine solche Rechnung auszuführen hatte, zurechtfand, beruhte darauf, daß er sich auf gleiche oder ähnliche Fälle besann. Er *erinnerte* sich, wie das bei früheren Gelegenheiten war. Man muß sich nur klarmachen, daß jedesmal, wenn sich in einem Wesen eine neue Fähigkeit ausbildet, eine alte an Kraft und Schärfe verliert. Der heutige Mensch hat gegenüber dem Atlantier den logischen Verstand, das Kombinationsvermögen voraus. Das Gedächtnis ist dafür zurückgegangen. Jetzt denken die Menschen in Begriffen; der Atlantier dachte in Bildern. Und wenn ein Bild vor seiner Seele auftauchte, dann erinnerte er sich an so und so viele ähnliche Bilder, die er bereits erlebt hatte. Danach richtete er sein Urteil ein. Deshalb war damals auch aller Unterricht anders als in späteren Zeiten. Er war nicht darauf berechnet, das Kind mit Regeln auszurüsten, seinen Verstand zu schärfen. Es wurde ihm vielmehr in anschaulichen

Bildern das Leben vorgeführt, so daß es später sich an möglichst viel erinnern konnte, wenn es in diesen oder jenen Verhältnissen handeln sollte. War das Kind erwachsen und kam es ins Leben hinaus, so konnte es sich bei allem, was es tun sollte, erinnern, daß ihm etwas Ähnliches in seiner Lehrzeit vorgeführt worden war. Es fand sich am besten zurecht, wenn der neue Fall irgendeinem schon gesehenen ähnlich war. Unter ganz neuen Verhältnissen war der Atlantier immer wieder aufs Probieren angewiesen, während dem heutigen Menschen in dieser Beziehung vieles erspart ist, weil er mit Regeln ausgerüstet wird. Diese kann er auch in den Fällen leicht anwenden, welche ihm noch nicht begegnet sind. Ein solches Erziehungssystem gab dem ganzen Leben etwas Gleichförmiges. Durch sehr lange Zeiträume hindurch wurden immer wieder und wieder die Dinge in der gleichen Weise besorgt. Das treue Gedächtnis ließ nichts aufkommen, was der Raschheit unseres heutigen Fortschrittes auch nur im entferntesten ähnlich wäre. Man tat, was man früher immer «gesehen» hatte. Man *erdachte* nicht; man erinnerte sich. Eine Autorität war nicht der, welcher viel gelernt hatte, sondern wer viel erlebt hatte und sich daher an viel erinnern konnte. Es wäre unmöglich gewesen, daß in der atlantischen Zeit jemand vor Erreichung eines gewissen Alters über irgendeine wichtige Angelegenheit zu entscheiden gehabt hätte. Man hatte nur zu dem Vertrauen, der auf lange Erfahrung zurückblicken konnte.

Das hier Gesagte gilt nicht von den Eingeweihten und ihren Schulen. Denn *sie* sind ja dem Entwickelungsgrade ihres Zeitalters voraus. Und für die Aufnahme in solche Schulen entscheidet nicht das Alter, sondern der Umstand, ob der Aufzunehmende in seinen früheren Verkörperungen sich die Fähigkeiten erworben hat, höhere Weisheit aufzunehmen. Das Vertrauen, das den Eingeweihten und ihren Agenten während der atlantischen Zeit entgegengebracht worden ist, beruhte nicht auf der Fülle ihrer persönlichen Erfahrung, sondern auf dem *Alter* ihrer Weisheit. Beim Eingeweihten hört die Persönlichkeit auf, eine Bedeutung zu haben. Er steht ganz im Dienste der *ewigen* Weisheit. Daher gilt ja für ihn auch nicht die Charakteristik irgendeines Zeitabschnittes.

Während also die logische Denkkraft den (namentlich früheren) Atlantiern noch fehlte, hatten sie an der hochentwickelten Gedächtniskraft etwas, was ihrem ganzen Wirken einen besonderen Charakter gab. Aber mit dem Wesen der einen menschlichen Kraft hängen immer andere zusammen. Das Gedächtnis steht der tieferen Naturgrundlage des Menschen näher als die Verstandeskraft, und mit ihm im Zusammenhange waren andere Kräfte entwickelt, die auch noch denjenigen untergeordneter Naturwesen ähnlicher waren als die gegenwärtigen menschlichen Betriebskräfte. So konnten die Atlantier das beherrschen, was man *Lebenskraft* nennt. Wie man heute aus den Steinkohlen die Kraft der Wärme herausholt, die man in fortbewegende Kraft bei unseren Verkehrsmitteln verwandelt, so verstanden es die Atlantier, die Samenkraft der Lebewesen in ihren technischen Dienst zu stellen. Von dem, was hier vorlag, kann man sich durch folgendes eine Vorstellung machen. Man denke an ein Getreidesamenkorn. In diesem schlummert eine Kraft. Diese Kraft bewirkt ja, daß aus dem Samenkorn der Halm hervorsprießt. Die Natur kann diese im Korn ruhende Kraft wecken. Der gegenwärtige Mensch kann es nicht willkürlich. Er muß das Korn in die Erde senken und das Aufwecken den Naturkräften überlassen. Der Atlantier konnte noch etwas anderes. Er wußte, wie man es macht, um die Kraft eines Kornhaufens in technische Kraft umzuwandeln, wie der gegenwärtige Mensch die Wärmekraft eines Steinkohlenhaufens in eine solche Kraft umzuwandeln vermag. Pflanzen wurden in der atlantischen Zeit nicht bloß gebaut, um sie als Nahrungsmittel zu benutzen, sondern um die in ihnen schlummernden Kräfte dem Verkehr und der Industrie dienstbar zu machen. Wie wir Vorrichtungen haben, um die in den Steinkohlen schlummernde Kraft in unseren Lokomotiven in Bewegungskraft umzubilden, so hatten die Atlantier Vorrichtungen, die sie – sozusagen – mit Pflanzensamen heizten, und in denen sich die Lebenskraft in technisch verwertbare Kraft umwandelte. So wurden die in geringer Höhe über dem Boden schwebenden Fahrzeuge der Atlantier fortbewegt. Diese Fahrzeuge fuhren in einer Höhe, die geringer war als die Höhe der Gebirge der atlantischen Zeit, und sie hatten Steuervorrichtungen, durch die sie sich über diese Gebirge erheben konnten.

Man muß sich vorstellen, daß mit der fortschreitenden Zeit sich alle Verhältnisse auf unserer Erde sehr verändert haben. Die genannten Fahrzeuge der Atlantier wären in unserer Zeit ganz unbrauchbar. Ihre Verwendbarkeit beruhte darauf, daß in dieser Zeit die Lufthülle, welche die Erde umschließt, *viel dichter* war als gegenwärtig. Ob man sich nach heutigen wissenschaftlichen Begriffen eine solch größere Dichte der Luft leicht vorstellen kann, darf uns hier nicht beschäftigen. Die Wissenschaft und das logische Denken können, ihrem ganzen Wesen nach, niemals etwas darüber entscheiden, was möglich oder unmöglich ist. Sie haben nur das zu erklären, was durch Erfahrung und Beobachtung festgestellt ist. Und die besprochene Dichtigkeit der Luft steht für die okkulte Erfahrung so fest, wie nur irgendeine sinnlich gegebene Tatsache von heute feststehen kann. – Ebenso steht fest aber auch die vielleicht der heutigen Physik und Chemie noch unerklärlichere Tatsache, daß damals das *Wasser* auf der ganzen Erde viel *dünner* war als heute. Und durch diese Dünnheit war das Wasser durch die von den Atlantiern verwendete Samenkraft in technische Dienste zu lenken, die heute unmöglich sind. Durch die Verdichtung des Wassers ist es unmöglich geworden, dasselbe in solch kunstvoller Art zu bewegen, zu lenken, wie das ehedem möglich war. Daraus geht wohl zur Genüge hervor, daß die Zivilisation der atlantischen Zeit von der unsrigen gründlich verschieden gewesen ist. Und es wird daraus weiter begreiflich sein, daß auch die physische Natur eines Atlantiers eine ganz andere war als die eines gegenwärtigen Menschen. Der Atlantier genoß ein Wasser, das von der in seinem eigenen Körper innewohnenden Lebenskraft ganz anders verarbeitet werden konnte, als dies im heutigen physischen Körper möglich ist. Und daher kam es, daß der Atlantier willkürlich seine physischen Kräfte auch ganz anders gebrauchen konnte als der heutige Mensch. Er hatte sozusagen die Mittel, in sich selbst die physischen Kräfte zu vermehren, wenn er sie zu seinen Verrichtungen brauchte. Man macht sich nur richtige Vorstellungen von den Atlantiern, wenn man weiß, daß sie auch ganz andere Begriffe von Ermüdung und Kräfteverbrauch hatten als der Mensch der Gegenwart.

Eine atlantische Ansiedlung – das geht wohl schon aus allem Beschriebenen hervor – trug einen Charakter, der in nichts dem einer modernen Stadt glich. In einer solchen Ansiedlung war vielmehr noch alles mit der Natur im Bunde. Nur ein schwach ähnliches *Bild* gibt es, wenn man etwa sagt: In den ersten atlantischen Zeiten – etwa bis zur Mitte der dritten Unterrasse – glich eine Ansiedlung einem Garten, in dem die Häuser sich aufbauen aus Bäumen, die in künstlicher Art mit ihren Zweigen ineinandergeschlungen sind. Was Menschenhand damals erarbeitete, wuchs gleichsam aus der Natur heraus. Und der Mensch selbst fühlte sich ganz und gar mit der Natur verwandt. Daher kam es, daß auch sein gesellschaftlicher Sinn noch ein ganz anderer war als heute. Die Natur ist ja allen Menschen gemeinsam. Und was der Atlantier auf der Naturgrundlage aufbaute, das betrachtete er ebenso als *Gemeingut,* wie der heutige Mensch nur natürlich denkt, wenn er das, was sein Scharfsinn, sein Verstand erarbeitet, als sein Privatgut betrachtet.

Wer sich mit dem Gedanken vertraut macht, daß die Atlantier mit solchen geistigen und physischen Kräften ausgestattet waren, wie sie geschildert worden sind, der wird auch begreifen lernen, daß in noch früheren Zeiten die Menschheit ein Bild aufweist, das nur noch in wenigem erinnert an das, was man heute zu sehen gewohnt ist. Und nicht nur die Menschen, sondern auch die sie umgebende Natur hat sich im Laufe der Zeiten gewaltig verändert. Die Pflanzen- und Tierformen sind andere geworden. Die ganze irdische Natur hat Wandlungen durchgemacht. Vorher bewohnte Gebiete der Erde sind zerstört worden; andere sind entstanden. – Die Vorfahren der Atlantier wohnten auf einem verschwundenen Landesteil, dessen Hauptgebiet südlich vom heutigen Asien lag. Man nennt sie in theosophischen Schriften die Lemurier. Nachdem diese durch verschiedene Entwickelungsstufen durchgegangen waren, kam der größte Teil in Verfall. Er wurde zu verkümmerten Menschen, deren Nachkommen heute noch als sogenannte wilde

Völker gewisse Teile der Erde bewohnen. Nur ein kleiner Teil der lemurischen Menschheit war zur Fortentwickelung fähig. Aus diesen bildeten sich die Atlantier. – Auch später fand wieder etwas ähnliches statt. Die größte Masse der atlantischen Bevölkerung kam in Verfall, und von einem kleinen Teil stammen die sogenannten Arier ab, zu denen unsere gegenwärtige Kulturmenschheit gehört. *Lemurier, Atlantier* und *Arier* sind, nach der Benennung der Geheimwissenschaft, *Wurzelrassen* der Menschheit. Man denke sich zwei solcher Wurzelrassen den Lemuriern vorangehend und zwei den Ariern in der Zukunft folgend, so gibt das im ganzen *sieben*. Es geht immer eine aus der andern in der Art hervor, wie dies eben in bezug auf Lemurier, Atlantier und Arier angedeutet worden ist. Und jede Wurzelrasse hat physische und geistige Eigenschaften, die von denen der vorhergehenden durchaus verschieden sind. Während zum Beispiel die Atlantier das Gedächtnis und alles, was damit zusammenhängt, zur besonderen Entfaltung brachten, obliegt es in der Gegenwart den Ariern, die Denkkraft und das, was zu ihr gehört, zu entwickeln.

Aber auch in jeder Wurzelrasse selbst müssen verschiedene Stufen durchgemacht werden. Und zwar sind es immer wieder sieben. Im Anfange des Zeitraumes, der einer Wurzelrasse zugehört, finden sich die Haupteigenschaften derselben gleichsam in einem jugendlichen Zustande; und allmählich gelangen sie zur Reife und zuletzt auch zum Verfall. Dadurch zerfällt die Bevölkerung einer Wurzelrasse in sieben Unterrassen. Nur hat man sich das nicht so vorzustellen, als ob eine Unterrasse gleich verschwinden würde, wenn eine neue sich entwickelt. Es erhält sich vielleicht eine jede noch lange, wenn neben ihr andere sich entwickeln. So leben immer Bevölkerungen auf der Erde nebeneinander, die verschiedene Stufen der Entwickelung zeigen.

Die erste Unterrasse der Atlantier entwickelte sich aus einem sehr fortgeschrittenen und entwickelungsfähigen Teile der Lemurier. Bei diesen zeigte sich nämlich die Gabe des Gedächtnisses nur in den allerersten Anfängen und nur in der letzten Zeit ihrer Entwickelung. Man muß sich vorstellen, daß ein

Lemurier sich zwar Vorstellungen bilden konnte von dem, was er erlebte; aber er konnte diese Vorstellungen nicht bewahren. Er vergaß sofort wieder, was er sich vorgestellt hatte. Daß er dennoch in einer gewissen Kultur lebte, zum Beispiel Werkzeuge hatte, Bauten ausführte und so weiter, das verdankte er nicht seinem *eigenen* Vorstellungsvermögen, sondern einer geistigen Kraft in sich, die, um das Wort zu brauchen, *instinktiv* war. Nur hat man sich darunter nicht den heutigen Instinkt der Tiere, sondern einen solchen anderer Art vorzustellen.

In theosophischen Schriften wird die erste Unterrasse der Atlantier Rmoahals genannt. Das Gedächtnis dieser Rasse war vorzüglich auf lebhafte Sinneseindrücke gerichtet. Farben, die das Auge gesehen hatte, Töne, die das Ohr gehört hatte, wirkten lange in der Seele nach. Das drückte sich darin aus, daß die Rmoahals *Gefühle* entwickelten, die ihre lemurischen Vorfahren noch nicht kannten. Die Anhänglichkeit zum Beispiel an das, was in der Vergangenheit erlebt worden ist, gehört zu diesen Gefühlen.

An der Entwickelung des Gedächtnisses hing nun auch diejenige der *Sprache*. Solange der Mensch das Vergangene nicht bewahrte, konnte auch eine Mitteilung des Erlebten durch die Sprache nicht stattfinden. Und weil in der letzten lemurischen Zeit die ersten Ansätze zu einem Gedächtnisse stattfanden, so konnte damals auch die Fähigkeit ihren Anfang nehmen, das Gesehene und Gehörte zu benennen. Nur Menschen, die ein Erinnerungsvermögen haben, können mit einem Namen, der einem Dinge beigelegt ist, etwas anfangen. Die atlantische Zeit ist daher auch diejenige, in welcher die Sprache ihre Entwickelung fand. Und mit der Sprache war ein Band hervorgebracht zwischen der menschlichen Seele und den Dingen außer dem Menschen. Dieser erzeugte das Lautwort in seinem Innern; und dieses Lautwort gehörte zu den Gegenständen der Außenwelt. Und auch ein neues Band entsteht zwischen Mensch und Mensch durch die Mitteilung auf dem Wege der Sprache. Das alles war zwar bei den Rmoahals noch in einer jugendlichen Form; aber es unterschied sie doch in tiefgehender Art von ihren lemurischen Vorvätern.

Nun hatten die Kräfte in den Seelen dieser ersten Atlantier noch etwas Naturkräftiges. Diese Menschen waren gewissermaßen noch verwandter den sie umgebenden Naturwesen als ihre Nachfolger. Ihre Seelenkräfte waren noch mehr Naturkräfte als die der gegenwärtigen Menschen. So war auch das Lautwort, das sie hervorbrachten, etwas Naturgewaltiges. Sie *benannten* nicht bloß die Dinge, sondern in ihren Worten lag eine *Macht* über die Dinge und auch über ihre Mitmenschen. Das Wort der Rmoahals hatte nicht bloß *Bedeutung,* sondern auch *Kraft.* Wenn man von einer Zaubermacht der Worte spricht, so deutet man etwas an, was für diese Menschen weit wirklicher war als für die Gegenwart. Wenn der Rmoahalsmensch ein Wort aussprach, so entwickelte dieses Wort eine ähnliche Macht wie der Gegenstand selbst, den es bezeichnete. Darauf beruht es, daß Worte in dieser Zeit heilkräftig waren, daß sie das Wachstum der Pflanzen fördern, die Wut der Tiere zähmen konnten, und was ähnliche Wirkungen mehr sind. All das nahm an Kraft bei den späteren Unterrassen der Atlantier immer mehr und mehr ab. Man könnte sagen, die naturwüchsige Kraftfülle verlor sich allmählich. Die Rmoahalsmenschen empfanden diese Kraftfülle durchaus als eine Gabe der mächtigen Natur; und dieses ihr Verhältnis zur Natur trug einen religiösen Charakter. Insbesondere die Sprache hatte für sie etwas Heiliges. Und der Mißbrauch gewisser Laute, denen eine bedeutende Kraft innewohnte, ist etwas Unmögliches gewesen. Jeder Mensch fühlte, daß solcher Mißbrauch ihm einen gewaltigen Schaden bringen müßte. Der Zauber derartiger Worte hätte in sein Gegenteil umgeschlagen; was, in richtiger Art gebraucht, Segen gestiftet hätte, wäre, frevelhaft angewendet, dem Urheber zum Verderben geworden. In einer gewissen Unschuld des Gefühles schrieben die Rmoahals weniger sich selbst, als vielmehr der in ihnen wirkenden *göttlichen Natur* ihre Macht zu.

Das wurde schon anders bei der zweiten Unterrasse (den sogenannten Tlavatli-Völkern). Die Menschen dieser Rasse fingen an, ihren persönlichen Wert zu fühlen. Der Ehrgeiz, der eine den Rmoahals unbekannte Eigenschaft war, machte sich bei ihnen geltend. Die *Erinnerung* übertrug sich in gewissem

Sinne auf die Auffassung des Zusammenlebens. Wer auf gewisse Taten zurückblicken konnte, der forderte von seinen Mitmenschen dafür Anerkennung. Er verlangte, daß seine Werke im *Gedächtnisse* behalten werden. Und auf dieses Gedächtnis von den Taten war es auch begründet, daß eine zusammengehörige Gruppe von Menschen Einen als Führer erkor. Eine Art Königswürde entwickelte sich. Ja diese Anerkennung wurde bis über den Tod hinaus bewahrt. Das *Gedächtnis,* das *Andenken* an die Vorfahren oder an diejenigen, die sich im Leben Verdienste erworben hatten, bildeten sich heraus. Und daraus ging dann bei einzelnen Stämmen eine Art religiöser Verehrung Verstorbener hervor, ein *Ahnenkultus.* Dieser hat sich in viel spätere Zeiten fortgepflanzt und die verschiedensten Formen angenommen. Noch bei den Rmoahals galt der Mensch eigentlich nur in dem Maße, als er sich im Augenblicke durch seine Machtfülle Geltung verschaffen konnte. Wollte da jemand Anerkennnung für das, was er in früheren Tagen getan hatte, so mußte er zeigen – durch neue Taten –, daß ihm die alte Kraft noch eigen ist. Er mußte gewissermaßen durch neue Werke die alten ins Gedächtnis rufen. Das Getane als solches galt noch nichts. Erst die zweite Unterrasse rechnete so weit mit dem persönlichen Charakter eines Menschen, daß sie dessen vergangenes Leben bei der Schätzung dieses Charakters mit in Anschlag brachte.

Eine weitere Folge der Gedächtniskraft für das Zusammenleben der Menschen war die Tatsache, daß sich Gruppen von Menschen bildeten, die durch die *Erinnerung* an gemeinsame Taten zusammengehalten wurden. Vorher war solche Gruppenbildung ganz von den Naturmächten, von der gemeinsamen Abstammung bedingt. Der Mensch tat durch seinen eigenen Geist noch nichts hinzu zu dem, was die Natur aus ihm gemacht hatte. Jetzt warb eine mächtige Persönlichkeit eine Anzahl von Leuten zu einer gemeinsamen Unternehmung, und die Erinnerung an dieses gemeinsame Werk bildete eine gesellschaftliche Gruppe.

Diese Art gesellschaftlichen Zusammenlebens prägte sich erst so recht bei der dritten Unterrasse (den Tolteken) aus. Die

Menschen dieser Rasse begründeten daher auch erst das, was man Gemeinwesen, was man die erste Art der Staatenbildung nennen kann. Und die Führung, die Regierung dieser Gemeinwesen ging von den Vorfahren auf die Nachkommen über. Was vorher nur im Gedächtnisse der Mitmenschen weiterlebte, das übertrug jetzt der Vater auf den Sohn. Dem ganzen Geschlechte sollten die Werke der Vorfahren *nicht vergessen* werden. In den Nachkommen noch wurde das geschätzt, was der Ahne getan hatte. Man muß sich nur klar darüber sein, daß in jenen Zeiten die Menschen wirklich auch die Kraft hatten, ihre Gaben auf die Nachkommen zu übertragen. Die Erziehung war ja darauf berechnet, in anschaulichen Bildern das Leben vorzubilden. Und die Wirkung dieser Erziehung beruhte auf der persönlichen Macht, die von dem Erzieher ausging. Er schärfte nicht die Verstandeskraft, sondern Gaben, die mehr instinktiver Art waren. Durch ein solches Erziehungssystem ging wirklich die Fähigkeit des Vaters in den meisten Fällen auf den Sohn über.

Unter solchen Verhältnissen gewann bei der dritten Unterrasse die *persönliche Erfahrung* immer mehr an Bedeutung. Wenn sich eine Menschengruppe von einer anderen abgliederte, so brachte sie zur Begründung ihres neuen Gemeinwesens die lebendige Erinnerung mit an das, was sie am alten Schauplatz erlebt hatte. Aber zugleich lag in dieser Erinnerung etwas, was sie für sich nicht entsprechend fand, worinnen sie sich nicht wohl fühlte. In bezug darauf versuchte sie dann etwas Neues. Und so verbesserten sich mit jeder neuen solchen Gründung die Verhältnisse. Und es war nur natürlich, daß das Bessere auch Nachahmung fand. Das waren die Tatsachen, auf Grund derer es in der Zeit der dritten Unterrasse zu jenen blühenden Gemeinwesen kam, die in der theosophischen Literatur beschrieben werden. Und die persönlichen Erfahrungen, die gemacht wurden, fanden Unterstützung von seiten derer, die in die ewigen Gesetze der geistigen Entwickelung *eingeweiht* waren. Mächtige Herrscher empfingen selbst die Einweihung, auf daß die persönliche Tüchtigkeit den vollen Rückhalt habe. Durch seine persönliche Tüchtigkeit macht sich der Mensch allmählich zur

Einweihung fähig. Er muß erst seine Kräfte von unten herauf entwickeln, damit dann die Erleuchtung von oben ihm erteilt werden könne. So entstanden die eingeweihten Könige und Völkerführer der Atlantier. Gewaltige Machtfülle war in ihrer Hand; und groß war auch die Verehrung, die ihnen entgegengebracht wurde.

Aber in dieser Tatsache lag auch der Grund zum Niedergang und zum Verfall. Die Ausbildung der Gedächtniskraft hat zur Machtfülle der *Persönlichkeit* geführt. Der Mensch wollte etwas durch diese seine Machtfülle *gelten*. Und je größer die Macht wurde, desto mehr wollte er sie für sich ausnützen. Der Ehrgeiz, der sich entwickelt hatte, wurde zur ausgesprochenen Selbstsucht. Und damit war der Mißbrauch der Kräfte gegeben. Wenn man bedenkt, was die Atlantier durch die Beherrschung der Lebenskraft vermochten, so wird man begreifen, daß dieser Mißbrauch gewaltige Folgen haben mußte. Es konnte eine weite Macht über die Natur in den Dienst der persönlichen Eigenliebe gestellt werden.

Das geschah in vollem Maße durch die vierte Unterrasse (die Ur-Turanier). Die Angehörigen dieser Rasse, die in der Beherrschung der genannten Kräfte unterrichtet wurden, gebrauchten diese vielfach, um ihre eigensinnigen Wünsche und Begierden zu befriedigen. In solcher Art gebraucht, zerstören sich aber diese Kräfte in ihrer Wirkung aufeinander. Es ist so, wie wenn die Füße einen Menschen eigensinnig vorwärts bewegten, während sein Oberkörper nach rückwärts wollte.

Solche zerstörende Wirkung konnte nur dadurch aufgehalten werden, daß im Menschen sich eine höhere Kraft ausbildete. Und das war die Denkkraft. Das logische Denken wirkt zurückhaltend auf die eigensüchtigen persönlichen Wünsche. Den Ursprung dieses logischen Denkens haben wir bei der fünften Unterrasse (den Ursemiten) zu suchen. Die Menschen fingen an, über die bloße Erinnerung an Vergangenes hinauszugehen und die verschiedenen Erlebnisse zu *vergleichen*. Die Urteilskraft entwickelte sich. Und nach dieser Urteilskraft wurden die Wünsche, die Begierden geregelt. Man fing an, zu *rechnen*, zu kombinieren. Man lernte, in Gedanken zu arbeiten. Hat man früher sich jedem Wunsche hingegeben, so frägt man jetzt erst, ob der Gedanke den Wunsch auch billigen könne. Stürmten die Menschen der vierten Unterrasse wild los auf die Befriedigung ihrer Begierden, so begannen diejenigen der fünften auf eine innere Stimme zu hören. Und diese innere Stimme wirkt eindämmend auf die Begierden, wenn sie auch die Ansprüche der eigensüchtigen Persönlichkeit nicht vernichten kann.

So hat die fünfte Unterrasse die Antriebe zum Handeln in das menschliche Innere verlegt. Der Mensch will in diesem seinem Innern mit sich ausmachen, was er zu tun oder zu lassen hat. Aber das, was so im Innern an Kraft des Denkens gewonnen wurde, ging an Beherrschung äußerer Naturgewalten verloren. Mit diesem kombinierenden Denken kann man nur die Kräfte der mineralischen Welt bezwingen, nicht die Lebenskraft. Die fünfte Unterrasse entwickelte also das Denken auf Kosten der Herrschaft über die Lebenskraft. Aber gerade dadurch erzeugte sie den Keim zur Weiterentwickelung der Menschheit. Jetzt mochte die Persönlichkeit, die Selbstliebe, ja die Selbstsucht noch so groß werden: das bloße Denken, das ganz im Innern arbeitet und nicht mehr unmittelbar der Natur Befehle erteilen kann, vermag solche verheerende Wirkungen nicht anzurichten wie die mißbrauchten früheren Kräfte. Aus dieser fünften Unterrasse wurde der begabteste Teil ausgewählt, und dieser lebte hinüber über den Niedergang der vierten Wurzelrasse und bildete den Keim zur fünften, der arischen Rasse, welche die vollständige Ausprägung der denkenden Kraft mit allem, was dazu gehört, zur Aufgabe hat.

Die Menschen der sechsten Unterrasse (der Akkadier) bildeten die Denkkraft noch weiter aus als die fünfte. Sie unterschieden sich von den sogenannten Ursemiten dadurch, daß sie die angeführte Fähigkeit in einem umfassenderen Sinne zur Anwendung brachten als jene. – Es ist gesagt worden, daß die Ausbildung der Denkkraft zwar die Ansprüche der eigensüchtigen Persönlichkeit nicht zu den verheerenden Wirkungen kommen ließ, die bei den früheren Rassen möglich waren, daß aber diese Ansprüche durch sie nicht vernichtet wurden. Die Ursemiten regelten zunächst ihre persönlichen Verhältnisse so, wie es ihnen ihre Denkkraft eingab. An die Stelle der bloßen Begierden und Gelüste trat die Klugheit. Andere Lebensverhältnisse traten auf. Waren vorhergehende Rassen geneigt, den als Führer anzuerkennen, dessen Taten tief in das Gedächtnis sich eingeprägt hatten oder der auf ein Leben reicher Erinnerung zurückblicken konnte, so wurde jetzt solche Rolle dem *Klugen* zuerkannt. Und war vordem das maßgebend, was in guter Erinnerung lebte, so betrachtete man jetzt das als das Beste, was dem Gedanken am besten einleuchtete. Unter dem Einflusse des Gedächtnisses hielt man ehedem so lange an einer Sache fest, bis man sie als unzureichend erfand, und dann ergab sich im letzteren Falle von selbst, daß derjenige mit einer Neuerung durchdrang, welcher einem Mangel abzuhelfen in der Lage war. Unter der Wirkung der Denkkraft aber entwickelte sich eine Neuerungssucht und Veränderungslust. Jeder wollte durchsetzen, was seine Klugheit ihm eingab. Unruhige Zustände beginnen daher unter der fünften Unterrasse, und sie führen in der sechsten dazu, daß man das Bedürfnis empfand, das eigensinnige Denken des Einzelnen unter allgemeine *Gesetze* zu bringen. Der Glanz in den Staaten der dritten Unterrasse beruhte darauf, daß gemeinsame Erinnerungen Ordnung und Harmonie bewirkten. In der sechsten mußte durch *ausgedachte* Gesetze diese Ordnung bewirkt werden. So hat man in dieser sechsten Unterrasse den Ursprung von Rechts- und Gesetzesordnungen zu suchen. – Und während der dritten Unterrasse geschah die Absonderung einer Menschengruppe nur, wenn sie gewissermaßen dadurch aus ihrem Gemeinwesen *hinausgedrängt* wurde, weil sie sich innerhalb der durch Erinnerung vorhandenen Zustände nicht mehr wohl fühlte. In der sechsten war das wesentlich anders. Die berechnende Denkkraft suchte das Neue als solches, sie spornte zu Unternehmungen und Neugründungen. Daher waren die Akkadier ein unternehmungslustiges Volk, zur Kolonisation geneigt. Insbesondere mußte der Handel der jung aufkeimenden Denk- und Urteilskraft Nahrung geben.

Bei der siebenten Unterrasse (den Mongolen) bildete sich ebenfalls die Denkkraft aus. Aber es blieben bei ihnen Eigenschaften der früheren Unterrassen, namentlich der vierten, in viel stärkerem Maße vorhanden als bei der fünften und sechsten. Dem Sinn für die Erinnerung blieben sie treu. Und so gelangten sie zu der Überzeugung, daß das Älteste auch das Klügste sei, das, was sich am besten vor der Denkkraft verteidigen kann. Die Beherrschung der Lebenskräfte ging zwar auch ihnen verloren; aber was sich in ihnen an Gedankenkraft entwickelte, das hatte selbst etwas von dem Naturgewaltigen dieser Lebenskraft. Zwar hatten sie die Macht über das Leben verloren, niemals aber den unmittelbaren naiven *Glauben* an dasselbe. Ihnen war diese Kraft zu ihrem *Gotte* geworden, in dessen Auftrage sie alles taten, was sie für richtig hielten. So erschienen sie ihren Nachbarvölkern wie von dieser geheimen Kraft *besessen* und ergaben sich ihr selbst auch in blindem Vertrauen. Ihre Nachkommen in Asien und einigen europäischen Gegenden zeigten und zeigen noch viel von dieser Eigenart.

Die in den Menschen gepflanzte Denkkraft konnte ihren vollen Wert in der Entwickelung erst erlangen, als sie einen neuen Antrieb erhielt in der fünften Wurzelrasse. Die vierte konnte doch nur diese Kraft in den Dienst dessen stellen, was ihr durch die Gabe des Gedächtnisses anerzogen war. Die fünfte gelangte erst zu solchen Lebensformen, für welche die Fähigkeit des Gedankens das rechte Werkzeug ist.

ÜBERGANG DER VIERTEN IN DIE FÜNFTE WURZELRASSE

Die folgenden Mitteilungen beziehen sich auf den Übergang der vierten (atlantischen) Wurzelrasse in die fünfte (arische), welcher die gegenwärtige zivilisierte Menschheit angehört. Nur derjenige wird sie richtig auffassen, der sich von dem Gedanken der *Entwickelung* in seinem ganzen Umfange und in seiner ganzen Bedeutung durchdringen kann. Alles, was der Mensch um sich herum gewahr wird, ist in Entwickelung. Und auch die Eigenschaft der Menschen unserer fünften Wurzelrasse, die im Gebrauche des *Gedankens* liegt, hat sich erst entwickelt. Ja, gerade diese Wurzelrasse ist es, welche die Kraft des Denkens langsam und allmählich zur Reife bringt. Der gegenwärtige Mensch entschließt sich (im Gedanken) zu etwas, und dann führt er es aus als die Folge des eigenen Gedankens. Bei den Atlantiern bereitete sich diese Fähigkeit erst vor. Nicht die *eigenen* Gedanken, sondern die ihnen von höhergearteten Wesenheiten zuströmenden beeinflußten ihren Willen. Dieser wurde also gewissermaßen von außen gelenkt. – Wer sich mit diesem Entwickelungsgedanken beim Menschen vertraut macht und zugeben lernt, daß dieser in der Vorzeit ein ganz anders geartetes Wesen – als irdischer Mensch – war, der wird auch zu der Vorstellung von den völlig anderen Wesenheiten aufsteigen können, von denen in den Mitteilungen gesprochen wird. Ungeheuer große Zeiträume nahm die Entwickelung in Anspruch, von der berichtet wird.

*

Was in dem Vorhergehenden von der vierten Wurzelrasse, den Atlantiern, gesagt worden ist, das bezieht sich auf die große Masse der Menschheit. Aber diese stand unter Führern, die in ihren Fähigkeiten hoch emporragten über sie. Die Weisheit, welche diese Führer besaßen, und die Kräfte, welche sie beherrschten, waren durch keinerlei irdische Erziehung zu erlangen. Sie waren ihnen von höheren, nicht unmittelbar zur Erde gehörenden Wesenheiten erteilt worden. Es war daher nur natürlich, daß die große Masse der Menschen diese ihre Führer als Wesen höherer Art empfanden, als «Boten» der Götter. Denn mit den menschlichen Sinnesorganen, mit dem menschlichen Verstande wäre nicht zu erreichen gewesen, was diese Führer wußten und ausführen konnten. Man *verehrte* sie als «Gottesboten» und empfing ihre Befehle, Gebote und auch ihren Unterricht. Durch Wesen solcher Art wurde die Menschheit unterwiesen in den Wissenschaften, Künsten, in der Verfertigung von Werkzeugen. Und solche «Götterboten» leiteten entweder selbst die Gemeinschaften oder unterrichteten Menschen, die weit genug vorgeschritten waren, in den Regierungskünsten. Man sagte von diesen Führern, daß sie «mit den Göttern verkehren» und von diesen selbst in die Gesetze eingeweiht werden, nach denen sich die Menschheit entwickeln müsse. Und das entsprach der Wirklichkeit. An Orten, von denen die Menge nichts wußte, geschah diese Einweihung, dieser Verkehr mit den Göttern. Mysterientempel wurden diese Einweihungsorte genannt. Von ihnen aus also geschah die Verwaltung des Menschengeschlechts.

Das, was in den Mysterientempeln geschah, war demgemäß auch dem Volke unverständlich. Und ebensowenig verstand dieses die Absichten seiner großen Führer. Das Volk konnte mit seinen Sinnen ja nur verstehen, was sich auf der Erde unmittelbar zutrug, nicht was zum Heile dieser aus höheren Welten geoffenbart wurde. Daher mußten auch die Lehren der Führer in einer Form abgefaßt sein, die nicht den Mitteilungen über irdische Ereignisse ähnlich war. Die Sprache, welche die Götter mit ihren Boten in den Mysterien sprachen, war ja auch keine irdische, und die Gestalten, in denen sich diese Götter offenbarten, waren ebensowenig irdisch. «In feurigen Wolken» erschienen die höheren Geister ihren Boten, um ihnen mitzuteilen, wie sie die Menschen zu führen haben. In menschlicher Gestalt kann nur ein Mensch erscheinen; Wesenheiten, deren Fähigkeiten über das Menschliche hinausragen, müssen in Gestalten sich offenbaren, die nicht unter den irdischen zu finden sind.

Daß die «Gottesboten» diese Offenbarungen empfangen konnten, rührt davon her, daß sie selbst die vollkommensten unter ihren Menschenbrüdern waren. Sie hatten auf früheren Entwickelungsstufen bereits durchgemacht, was die Mehrzahl der Menschen noch durchzumachen hat. Nur in einer gewissen Beziehung gehörten sie dieser Mitmenschheit an. Sie konnten die menschliche Gestalt annehmen. Aber ihre seelisch-geistigen Eigenschaften waren übermenschlicher Art. Sie waren also göttlich-menschliche Doppelwesen. Man konnte sie daher auch als höhere Geister bezeichnen, die menschliche Leiber angenommen hatten, um der Menschheit auf ihrem irdischen Wege weiter zu helfen. Ihre eigentliche Heimat war nicht auf der Erde. – Diese Wesen führten die Menschen, ohne ihnen die Grundsätze mitteilen zu können, nach denen sie sie führten. Denn bis zur fünften Unterrasse der Atlantier, den Ursemiten, hatten die Menschen eben gar keine Fähigkeit, um diese Grundsätze zu begreifen. Erst die Denkkraft, die sich in dieser Unterrasse entwickelte, war eine solche Fähigkeit. Aber diese Fähigkeit entwickelte sich langsam und allmählich. Und auch die letzten Unterrassen der Atlantier konnten noch sehr wenig begreifen von den Grundsätzen ihrer göttlichen Führer. Sie fingen an, erst ganz unvollkommen, etwas von solchen Grundsätzen zu *ahnen*. Daher waren ihre Gedanken und auch die Gesetze, von denen bei ihren Staatseinrichtungen gesprochen worden ist, mehr geahnt als klar gedacht.

Der Hauptführer der fünften atlantischen Unterrasse bereitete diese nach und nach vor, damit sie in späterer Zeit, nach dem Untergange der atlantischen Lebensart, eine neue beginnen könne, eine solche, welche ganz durch die Denkkraft geregelt wird.

Nun muß man sich vergegenwärtigen, daß man es am Ende der atlantischen Zeit mit drei Gruppen menschenartiger Wesenheiten zu tun hat. 1. Mit den genannten «Götterboten», die der großen Volksmasse weit voraus in der Entwickelung waren, die göttliche Weisheit lehrten und göttliche Taten verrichteten. 2. Die große Masse selbst, bei welcher die Denkkraft in einem dumpfen Zustande war, trotzdem sie Fähigkeiten naturwüchsiger Art besaß, welche der heutigen Menschheit verlorengegangen sind. 3. Eine kleinere Schar von solchen, welche die Denkkraft entwickelten. Diese verlor dadurch zwar allmählich die urwüchsigen Fähigkeiten der Atlantier; aber sie bildete sich dafür heran, die Grundsätze der «Götterboten» denkend zu erfassen. – Die zweite Gruppe der Menschenwesen war dem allmählichen Aussterben geweiht. Die dritte aber konnte von dem Wesen der ersten Art dazu herangezogen werden, ihre Führung selbst in die Hand zu nehmen.

Aus dieser dritten Gruppe nahm der genannte Hauptführer, welchen die okkultistische Literatur als *Manu* bezeichnet, die Befähigtesten heraus, um aus ihnen eine neue Menschheit hervorgehen zu lassen. Diese Befähigtesten waren in der fünften Unterrasse vorhanden. Die Denkkraft der sechsten und siebenten Unterrasse war schon in einer gewissen Weise auf Abwege geraten und nicht mehr zur Weiterentwickelung geeignet. – Die besten Eigenschaften der Besten mußten entwickelt werden. Das geschah, indem der Führer die Auserlesenen an einem besonderen Orte der Erde – in Innerasien – absonderte und sie vor jedem Einflusse der Zurückgebliebenen oder der auf Abwege Geratenen befreite. – Die Aufgabe, die sich der Führer stellte, war, seine Schar so weit zu bringen, daß ihre Zugehörigen in der eigenen Seele, mit eigener Denkkraft die Grundsätze erfassen könnten, nach denen sie bisher auf eine von ihnen geahnte, aber nicht klar erkannte Art gelenkt worden waren. Die Menschen sollten *erkennen* die göttlichen Kräfte, denen sie unbewußt gefolgt waren. Bisher hatten die Götter durch ihre Boten die Menschen geführt; jetzt sollten die Menschen von diesen göttlichen Wesenheiten *wissen*. Sie sollten sich selbst als die ausführenden Organe der göttlichen Vorsehung ansehen lernen.

Vor einer wichtigen Entscheidung stand die also abgesonderte Schar. Der göttliche Führer war in ihrer Mitte, in Menschengestalt. Von solchen Götterboten hatte die Menschheit vorher Anweisungen, Befehle erhalten, was sie zu tun oder zu lassen hatte. Sie war in den Wissenschaften unterrichtet worden, die sich auf dasjenige bezogen, was sie mit den Sinnen hatte wahrnehmen können. Eine göttliche Weltregierung hatten die Menschen geahnt, hatten sie in ihren eigenen Handlungen empfunden; aber klar gewußt hatten sie nichts von ihr. – Nun sprach ihr Führer in einer ganz neuen Art zu ihnen. Er lehrte sie, daß unsichtbare Mächte das lenken, was sie sichtbar vor sich hätten; und daß sie selbst Diener dieser unsichtbaren Mächte seien, daß sie mit ihren Gedanken die Gesetze dieser unsichtbaren Mächte zu vollziehen hätten. Von einem Überirdisch-Göttlichen hörten die Menschen. Und daß das unsichtbare Geistige der Schöpfer und Erhalter des sichtbaren Körperlichen sei. Zu ihren sichtbaren Götterboten, zu den übermenschlichen Eingeweihten, von denen der selbst einer war, der so zu ihnen sprach, hatten sie bisher aufgesehen, und von ihnen wurde mitgeteilt, was zu tun und was zu lassen sei. Jetzt aber wurden sie dessen gewürdigt, daß der Götterbote ihnen von den Göttern selbst sprach. Gewaltig war die Rede, die er seiner Schar immer wieder einschärfte. «Ihr habt bis jetzt *gesehen* diejenigen, die euch führten; aber es gibt höhere Führer, die ihr nicht sehet. Und *diesen* Führern seid ihr untertan. Ihr sollt vollziehen die Befehle des Gottes, den ihr nicht sehet; und ihr sollt *gehorchen* einem solchen, von dem ihr euch *kein Bild machen könnet.*» So klang aus dem Munde des großen Führers das neue höchste Gebot, das da die Verehrung vorschrieb eines Gottes, dem kein sinnlich-sichtbares Bild ähnlich sein konnte, von dem daher auch keines gemacht werden sollte. Von diesem großen Urgebote der fünften Menschenrasse ist ein Nachklang das bekannte: «Du sollst dir kein *Götzenbild* machen, noch irgendein Abbild von etwas, was droben im Himmel oder unten auf der Erde, oder was im Wasser unter der Erde ist . . .».*

Dem Hauptführer (Manu) standen andere Götterboten zur Seite, welche für die einzelnen Lebenszweige seine Absichten ausführten und an der Entwickelung der neuen Rasse arbeiteten. Denn es handelte sich darum, das ganze Leben im Sinne der neuen Auffassung von einer göttlichen Weltregierung einzurichten. Die Gedanken der Menschen sollten überall von dem

* 2. Buch Moses, 10. Kap.

Sichtbaren auf das Unsichtbare hingelenkt werden. Das Leben wird durch die Naturmächte bestimmt. Von Tag und Nacht, von Winter und Sommer, von Sonnenschein und Regen hängt der Verlauf dieses menschlichen Lebens ab. Wie diese einflußreichen sichtbaren Tatsachen mit den unsichtbaren (göttlichen) Kräften im Zusammenhang stehen und wie der Mensch sich verhalten solle, damit er diesen unsichtbaren Mächten gemäß sein Leben einrichte: das wurde ihm gezeigt. Alles Wissen und alle Arbeit sollte in diesem Sinne getrieben werden. Im Gang der Sterne und der Witterungsverhältnisse sollte der Mensch die göttlichen Ratschlüsse sehen, den Ausfluß der göttlichen Weisheit. Astronomie und Witterungskunde wurden in diesem Sinne gelehrt. Und seine Arbeit, sein sittliches Leben solle der Mensch so einrichten, daß sie den weisheitsvollen Gesetzen des Göttlichen entsprechen. Nach *göttlichen Geboten* wurde das Leben geordnet, wie im Gang der Sterne, in den Witterungsverhältnissen und so weiter die *göttlichen Gedanken* erforscht wurden. Durch *Opferhandlungen* sollte der Mensch seine Werke mit den Fügungen der Götter in Einklang bringen. – Es war die Absicht des Manu, *alles* im menschlichen Leben auf die höheren Welten hinzulenken. *Alles* menschliche Tun, alle Einrichtungen sollten einen religiösen Charakter tragen. Dadurch wollte der Manu das einleiten, was der fünften Wurzelrasse als ihre eigentliche Aufgabe obliegt. Diese sollte lernen, sich selbst durch ihre Gedanken zu leiten. Aber zum Heile kann solche Selbstbestimmung nur führen, wenn sich der Mensch auch selbst in den Dienst der höheren Kräfte stellt. Der Mensch soll sich seiner Gedankenkraft bedienen; aber diese Gedankenkraft soll geheiligt sein durch den Hinblick auf das Göttliche.

Man begreift nur vollständig, was damals geschah, wenn man auch weiß, daß die Entwickelung der Denkkraft, von der fünften Unterrasse der Atlantier angefangen, noch etwas anderes im Gefolge gehabt hat. Die Menschen waren nämlich von einer gewissen Seite her in den Besitz von Kenntnissen und Künsten gekommen, die nicht *unmittelbar* mit dem zusammenhingen, was der obengenannte Manu als seine eigentliche Aufgabe ansehen mußte. *Diesen* Kenntnissen und Künsten fehlte zunächst der religiöse Charakter. Sie kamen so an den Menschen heran, daß dieser an nichts anderes denken konnte, als sie in den Dienst des Eigennutzes, seiner persönlichen Bedürfnisse zu stellen* ... Zu solchen Kenntnissen gehört zum Beispiel die des *Feuers* in seiner Anwendung zu menschlichen Verrichtungen. In den ersten atlantischen Zeiten brauchte der Mensch das Feuer nicht, denn es stand ja die Lebenskraft zu seinen Diensten. Je weniger er aber mit fortschreitender Zeit in der Lage war, sich dieser Kraft zu bedienen, desto mehr mußte er lernen, sich Werkzeuge, Geräte aus sogenannten leblosen Dingen zu machen. Dazu diente ihm der Gebrauch des Feuers. Und ähnlich war es mit anderen Naturkräften. Der Mensch hatte also gelernt, sich solcher Naturkräfte zu bedienen, ohne sich ihres göttlichen Ursprungs bewußt zu sein. Und so sollte es auch sein. Der Mensch sollte durch nichts *gezwungen* sein, diese im Dienste seiner Denkkraft stehenden Dinge auf die göttliche Weltordnung zu beziehen. Er sollte das vielmehr *freiwillig* in seinen Gedanken tun. So ging denn die Absicht des Manu dahin, die Menschen dazu zu bringen, daß sie selbständig, aus einem inneren Bedürfnis heraus, solche Dinge in Zusammenhang brachten mit der höheren Weltordnung. Gleichsam *wählen* konnten die Menschen, ob sie die erlangten Erkenntnisse rein im persönlichen Eigennutz oder im religiösen Dienste einer höheren Welt anwenden wollten. – War also der Mensch vorher gezwungen, sich als Glied der göttlichen Weltlenkung zu betrachten, von der ihm zum Beispiel die Beherrschung der Lebenskraft zufloß, ohne daß er die Denkkraft anzuwenden brauchte, so konnte er jetzt die Naturkräfte auch anwenden, ohne den Gedanken auf das Göttliche zu lenken. – Dieser Entscheidung waren nicht alle Menschen gewachsen, welche der Manu um sich gesammelt hatte, sondern vielmehr nur eine geringe Zahl derselben. Und nur aus dieser letzteren Zahl konnte der Manu den Keim zur neuen Rasse wirklich bilden. Mit ihr zog er sich dann zurück, um sie weiterzuentwickeln, während

* Über den Ursprung *dieser* Kenntnisse und Künste öffentliche Mitteilungen zu machen, ist *vorläufig* nicht erlaubt. Daher muß hier eine Stelle der Akasha-Chronik wegbleiben.

die anderen sich mit der übrigen Menschheit vermischten. – Von der genannten geringen Zahl von Menschen, die sich zuletzt um den Manu geschart hatte, stammt dann alles ab, was die wahren Fortschrittskeime der fünften Wurzelrasse bis heute noch bildet. Daher ist es aber auch erklärlich, daß zwei Charakterzüge durch die ganze Entwickelung dieser fünften Wurzelrasse durchgehen. Der eine Zug ist den Menschen eigen, die beseelt sind von höheren Ideen, die sich als Kinder einer göttlichen Weltmacht betrachten; der andere kommt denen zu, die alles nur in den Dienst der persönlichen Interessen, des Eigennutzes stellen.

So lange blieb die kleine Schar um den Manu, bis sie hinlänglich gekräftigt war, um in dem neuen Geiste zu wirken, und bis ihre Glieder hinausziehen konnten, diesen neuen Geist der übrigen Menschheit zu bringen, die von den vorhergehenden Rassen übriggeblieben war. Es ist natürlich, daß dieser neue Geist bei den verschiedenen Völkern einen verschiedenen Charakter annahm, je nachdem sich diese selbst in den verschiedenen Gebieten entwickelt hatten. Die alten zurückgebliebenen Charakterzüge vermischten sich mit dem, was die Sendboten des Manu in die verschiedenen Teile der Welt trugen. Dadurch entstanden mannigfaltige neue Kulturen und Zivilisationen.

Die befähigtesten Persönlichkeiten aus der Umgebung des Manu wurden dazu ausersehen, nach und nach unmittelbar in seine göttliche Weisheit eingeweiht zu werden, auf daß sie Lehrer der übrigen werden konnten. So kam es, daß zu den alten Götterboten jetzt auch eine neue Art von Eingeweihten kam. Es sind diejenigen, welche ihre Denkkraft geradeso wie ihre übrigen Mitmenschen in irdischer Art ausgebildet haben. Die vorhergehenden Götterboten – auch der Manu – hatten das nicht. Ihre Entwickelung gehört höheren Welten an. Sie brachten ihre höhere Weisheit in die irdischen Verhältnisse herein. Was sie der Menschheit schenkten, war eine «Gabe von oben». Die Menschen waren noch vor der Mitte der atlantischen Zeit nicht so weit, mit eigenen Kräften *begreifen* zu können, was die göttlichen Ratschlüsse sind. Jetzt – in der angedeuteten Zeit – sollten sie dazu kommen. Das irdische Denken sollte sich erheben bis zu dem Begriffe vom Göttlichen. Menschliche Eingeweihte traten zu den übermenschlichen. Das bedeutet einen wichtigen Umschwung in der Entwickelung des Menschengeschlechtes. Noch die ersten Atlantier hatten nicht die Wahl, ihre Führer als göttliche Sendboten anzusehen oder auch nicht. Denn was diese vollbrachten, drängte sich auf als Tat höherer Welten. Es trug den Stempel des göttlichen Ursprungs. So waren die Boten der atlantischen Zeit durch ihre Macht geheiligte Wesenheiten, umgeben von dem Glanze, den ihnen diese Macht verlieh. Die menschlichen Eingeweihten der Folgezeit sind, äußerlich genommen, Menschen unter Menschen. Allerdings aber verblieben sie im Zusammenhang mit den höheren Welten, und die Offenbarungen und Erscheinungen der Götterboten dringen zu ihnen. Nur ausnahmsweise, wenn sich eine höhere Notwendigkeit ergibt, machen sie Gebrauch von gewissen Kräften, die ihnen von dorther verliehen sind. Dann vollbringen sie Taten, welche die Menschen nach den ihnen bekannten Gesetzen nicht verstehen und daher mit Recht als Wunder ansehen. – Die höhere Absicht aber bei alledem ist, die Menschheit auf eigene Füße zu stellen, deren Denkkraft vollkommen zu entwickeln. – Die menschlichen Eingeweihten sind heute die Vermittler zwischen dem Volke und den höheren Mächten; und nur die Einweihung befähigt zum Umgange mit den Götterboten.

Die menschlichen Eingeweihten, die heiligen Lehrer, wurden nun im Beginne der fünften Wurzelrasse Führer der übrigen Menschheit. Die großen Priesterkönige der Vorzeit, von denen nicht die Geschichte, wohl aber die Sagenwelt Zeugnis ablegt, gehören der Schar dieser Eingeweihten an. Immer mehr zogen sich die höheren Götterboten von der Erde zurück und überließen die Führung diesen menschlichen Eingeweihten, denen sie aber mit Rat und Tat zur Seite stehen. Wäre das nicht so, so käme der Mensch niemals zum freien Gebrauch seiner Denkkraft. Die Welt steht unter göttlicher Führung; aber der Mensch soll nicht gezwungen werden, das zuzugeben, sondern er soll in freier Überlegung es einsehen und begreifen. Ist er erst so weit, dann enthüllen ihm die Eingeweihten stufenweise ihre Geheimnisse. Aber dies kann nicht plötzlich geschehen. Sondern die ganze Entwickelung der fünften Wurzelrasse ist der langsame Weg zu diesem Ziele. Wie Kinder führte der Manu erst selbst noch seine Schar. Dann ging die Führung ganz allmählich auf menschliche Eingeweihte über. Und heute besteht der Fortschritt noch immer in einer Mischung von bewußtem und unbewußtem Handeln und Denken der Menschen. Erst am Ende der fünften Wurzelrasse, wenn durch die sechste und siebente Unterrasse hindurch eine genügend große Anzahl von Menschen des Wissens fähig ist, wird sich der größte Eingeweihte *ihnen* öffentlich enthüllen können. Und *dieser* menschliche Eingeweihte wird dann die weitere Hauptführung ebenso übernehmen können, wie das der Manu am Ende der vierten Wurzelrasse getan hat. So ist die Erziehung der fünften Wurzelrasse die, daß ein größerer Teil der Menschheit dazu kommen wird, einem menschlichen Manu frei zu folgen, wie das die Keimrasse dieser fünften mit dem göttlichen getan hat.

DIE LEMURISCHE RASSE

Hier wird ein Stück aus der Akasha-Chronik mitgeteilt, das sich auf eine sehr ferne Urzeit in der Menschheitsentwickelung bezieht. Diese Zeit geht derjenigen voraus, welche in den vorhergehenden Darstellungen geschildert worden ist. Es handelt sich um die *dritte menschliche Wurzelrasse,* von welcher in theosophischen Büchern gesagt wird, daß sie den lemurischen Kontinent bewohnt hat. Dieser Kontinent lag – im Sinne dieser Bücher – im Süden von Asien, dehnte sich aber ungefähr von Ceylon bis Madagaskar aus. Auch das heutige südliche Asien und Teile von Afrika gehörten zu ihm. – Wenn auch beim Entziffern der «Akasha-Chronik» alle mögliche Sorgfalt angewendet worden ist, so muß doch betont werden, daß nirgends für diese Mitteilungen irgendwelcher dogmatischer Charakter in Anspruch genommen werden soll. Ist schon das Lesen von Dingen und Ereignissen, welche dem gegenwärtigen Zeitalter so fernliegen, nicht leicht, so bietet die Übersetzung des Geschauten und Entzifferten in die gegenwärtige Sprache fast unübersteigliche Hindernisse. – Zeitangaben werden *später* gemacht werden. Sie werden besser verstanden werden, wenn die ganze lemurische Zeit und auch noch diejenige unserer (fünften) Wurzelrasse bis zur Gegenwart durchgenommen sein werden. – Die Dinge, die hier mitgeteilt werden, sind auch für den Okkultisten, der sie zum ersten Male liest, überraschend – obgleich das Wort nicht ganz zutreffend ist. Deshalb darf er sie nur nach der sorgfältigsten Prüfung mitteilen.

*

Der vierten (atlantischen) Wurzelrasse ging die sogenannte *lemurische* voran. Innerhalb ihrer Entwickelung vollzogen sich mit Erde und Mensch Tatsachen von der allergrößten Bedeutung. Doch soll hier zuerst etwas über den Charakter dieser Wurzelrasse *nach* diesen Tatsachen gesagt und dann erst auf die letzteren eingegangen werden. Im großen und ganzen war bei dieser Rasse das *Gedächtnis* noch nicht ausgebildet. Die Menschen konnten sich zwar *Vorstellungen* machen von den Dingen und Ereignissen; aber diese Vorstellungen blieben nicht in der Erinnerung haften. Daher hatten sie auch noch keine Sprache im eigentlichen Sinne. Was sie in dieser Beziehung hervorbringen konnten, waren mehr Naturlaute, die ihre Empfindungen, Lust, Freude, Schmerz und so weiter ausdrückten, die aber nicht äußerliche Dinge bezeichneten. – Aber ihre Vorstellungen hatten eine ganz andere Kraft als die der späteren Menschen. Sie wirkten durch diese Kraft auf ihre Umgebung. Andere Menschen, Tiere, Pflanzen und selbst leblose Gegenstände konnten diese Wirkung empfinden und durch bloße Vorstellungen beeinflußt werden. So konnte der Lemurier seinen Nebenmenschen Mitteilungen machen, ohne daß er eine Sprache nötig gehabt hätte. Diese Mitteilung bestand in einer Art «Gedankenlesen». Die Kraft seiner Vorstellungen schöpfte der Lemurier unmittelbar aus den Dingen, die ihn umgaben. Sie floß ihm zu aus der Wachstumskraft der Pflanzen, aus der Lebenskraft der Tiere. So *verstand* er Pflanzen und Tiere in ihrem inneren Weben und Leben. Ja, er verstand so auch die physischen und chemischen Kräfte der leblosen Dinge. Wenn er etwas baute, brauchte er nicht erst die Tragkraft eines Holzstammes, die Schwere eines Bausteines zu berechnen, er *sah* dem Holzstamme an, wieviel er tragen kann, dem Baustein, wo er durch seine Schwere angebracht ist, wo nicht. So baute der Lemurier ohne Ingenieurkunst aus seiner mit der Sicherheit einer Art Instinktes wirkenden Vorstellungskraft heraus. Und er hatte dabei seinen Körper in hohem Maße in seiner Gewalt. Er konnte seinen Arm stählen, wenn es nötig war, durch bloße Anstrengung des Willens. Ungeheure Lasten konnte er zum Beispiel heben durch bloße Willensentwickelung. Diente später dem Atlantier die Herrschaft über die Lebenskraft, so diente dem Lemurier die Bemeisterung des Willens. Er war – der Ausdruck soll nicht mißverstanden werden – auf allen Gebieten niederer menschlicher Verrichtungen der geborene Magier.

Auf die Ausbildung des Willens, der vorstellenden Kraft war es bei den Lemuriern abgesehen. Die Kindererziehung war ganz darauf angelegt. Die Knaben wurden in der kräftigsten Art abgehärtet. Sie mußten lernen, Gefahren bestehen, Schmerzen überwinden, kühne Handlungen vollziehen. Diejenigen, welche Martern nicht ertragen, Gefahren nicht bestehen konnten, wurden als keine nützlichen Mitglieder der Menschheit angesehen. Man ließ sie unter den Strapazen zugrunde gehen. Was die Akasha-Chronik in bezug auf diese Kinderzucht zeigt, übersteigt alles, was sich der gegenwärtige Mensch in der kühnsten Phantasie auszumalen vermag. Das Ertragen von Hitze bis zur versengenden Glut, das Durchstechen des Körpers mit spitzen Gegenständen waren ganz gewöhnliche Prozeduren. – Anders war die Mädchenzucht. Zwar wurde auch das weibliche Kind abgehärtet; aber es war alles übrige darauf angelegt, daß es eine kräftige *Phantasie* entwickele. Es wurde zum Beispiel dem Sturm ausgesetzt, um seine grausige Schönheit ruhig zu empfinden; es mußte den Kämpfen der Männer zusehen, angstlos, nur durchdrungen von dem Gefühle für die Stärke und Kraft, die es vor sich sah. Die Anlagen zur Träumerei, zum Phantasieren entwickelten sich dadurch bei dem Mädchen; aber diese schätzte man besonders hoch. Und da ein Gedächtnis nicht vorhanden war, so konnten diese Anlagen auch nicht ausarten. Die betreffenden Traum- oder Phantasievorstellungen hielten nur solange an, als die entsprechende äußere Veranlassung vorlag. Sie hatten also insofern ihren guten Grund in den äußeren Dingen. Sie verloren sich nicht ins Bodenlose. Es war sozusagen die Phantastik und Träumerei der Natur selbst, die in das weibliche Gemüt gesenkt wurde.

Wohnungen in unserem Sinne hatten die Lemurier, ausgenommen in ihrer letzten Zeit, nicht. Sie hielten sich da auf, wo die Natur selbst dazu Gelegenheit gab. Erdhöhlen zum Beispiel, die sie benutzten, gestalteten sie nur so um, statteten sie mit solchen Zutaten aus, wie sie dies brauchten. Später bauten sie sich aus Erdreich solche Höhlen; und dann entwickelten sie bei solchen Bauten eine große Geschicklichkeit. Man darf sich aber nicht vorstellen, daß sie nicht auch künstliche Bauten aufführten. Nur dienten diese nicht zur Wohnung. Sie entsprangen in der ersten Zeit dem Bedürfnis, den Naturdingen eine durch den Menschen herbeigeführte Form zu geben. Hügel wurden so umgeformt, daß der Mensch seine Freude, sein Behagen an der Form hatte. Steine wurden aus demselben Grunde zusammengefügt, oder auch darum, bei gewissen Verrichtungen zu dienen. Die Orte, an denen man die Kinder abhärtete, wurden mit Mauern dieser Art umgeben. – Immer gewaltiger und kunstvoller wurden aber gegen das Ende dieses Zeitalters die Bauten, welche der Pflege der «göttlichen Weisheit und göttlichen Kunst» dienten. Diese Anstalten waren in jeder Art verschieden von dem, was der späteren Menschheit die Tempel waren, denn sie waren zugleich Unterrichtsanstalten und Wissenschaftsstätten. Wer dazu geeignet befunden wurde, durfte hier eingeweiht werden in die Wissenschaft von den Weltgesetzen und in der Handhabung dieser Gesetze. War der Lemurier ein geborener Magier, so wurde hier diese Anlage zur Kunst und zur Einsicht ausgebildet. Nur diejenigen, welche im höchsten Maße durch jegliche Abhärtung die Fähigkeit erworben hatten, zu überwinden, konnten zugelassen werden. Für alle anderen war das, was in diesen Anstalten vorging, das tiefste Geheimnis. Man lernte hier die Naturkräfte in unmittelbarer Anschauung kennen und auch beherrschen. Aber das Lernen war so, daß die Naturkräfte beim Menschen sich in Willenskräfte umsetzten. Er konnte dadurch selbst ausführen, was die Natur vollbringt. Was die spätere Menschheit durch Überlegung, durch Kombination vollbrachte, das hatte damals den Charakter einer instinktiven Tätigkeit. Doch darf man das Wort «Instinkt» hier nicht in demselben Sinne gebrauchen, wie man gewohnt ist, es auf die Tierwelt anzuwenden. Denn die Verrichtungen der lemurischen Menschheit standen turmhoch über allem, was die Tierwelt durch den Instinkt hervorzubringen vermag. Sie standen sogar weit über dem, was sich seither die Menschheit durch Gedächtnis, Verstand und Phantasie an Künsten und Wissenschaften angeeignet hat. Wollte man einen Ausdruck für diese Anstalten gebrauchen, der das Verständnis erleichtert, so könnte man sie «Hochschulen der Willenskräfte und der hellsehenden Vorstellungsgewalt» nennen. – Aus ihnen gingen die Menschen hervor, welche zu Herrschern der andern in jeder Beziehung wurden. Eine richtige Vorstellung von all diesen Verhältnissen ist heute in Worten schwer zu geben. Denn alles hat sich seither auf der Erde geändert. Die Natur selbst und alles menschliche Leben waren anders; daher waren ganz verschieden von dem heute üblichen die menschliche Arbeit und das Verhältnis von Mensch zu Mensch.

Noch viel dichter als später in atlantischen Zeiten war die Luft, noch viel dünner das Wasser. Und auch das, was heute unsere feste Erdkruste bildet, war noch nicht so verhärtet wie später. Die Pflanzen- und die Tierwelt waren erst vorgeschritten bis zur Amphibien-, Vogelwelt und den niederen Säugetieren, ferner bis zu Gewächsen, die Ähnlichkeit haben mit unseren Palmen und ähnlichen Bäumen. Doch waren alle Formen anders als heute. Was jetzt nur in kleinen Gestalten vorkommt, war damals riesig entwickelt. Unsere kleinen Farne waren damals Bäume und bildeten mächtige Wälder. Die gegenwärtigen höheren Säugetiere gab es nicht. Dagegen war ein großer Teil der Menschheit auf so niedriger Entwickelung, daß man ihn durchaus als tierisch bezeichnen muß. Überhaupt gilt nur von einem kleinen Teil der Menschen das, was hier von ihnen beschrieben ist. Der andere Teil lebte ein Leben in Tierheit. Ja, diese Tiermenschen waren in dem äußeren Bau und in der Lebensweise durchaus verschieden von jenem kleinen Teil. Sie unterschieden sich gar nicht besonders von den niederen Säugetieren, die ihnen in gewisser Beziehung auch in der Gestalt ähnlich waren.

Es müssen noch einige Worte gesagt werden über die Bedeutung der erwähnten Tempelstätten. Es war nicht eigentlich Religion, was da gepflegt wurde. Es war «göttliche Weisheit und Kunst». Der Mensch empfand, was ihm da gegeben wurde, unmittelbar als ein Geschenk der geistigen Weltkräfte. Und wenn er dieses Geschenkes teilhaftig wurde, so sah er sich selbst als einen «Diener» dieser Weltkräfte an. Er fühlte sich «geheiligt» vor allem Ungeistigen. Will man von Religion auf dieser Stufe der Menschheitsentwickelung sprechen, so könnte man sie «Willensreligion» nennen. Die religiöse Stimmung und Weihe lag darinnen, daß der Mensch die ihm verliehenen Kräfte als strenges, göttliches «Geheimnis» hütete, daß er ein Leben führte, durch das er seine Macht heiligte. Die Scheu und Verehrung, mit der man Personen von seiten der andern begegnete, die solche Kräfte hatten, waren groß. Und sie waren nicht irgendwie durch Gesetze oder dergleichen bewirkt, sondern durch die unmittelbare Macht, die von ihnen ausgeübt wurde. Wer uneingeweiht war, stand ganz selbstverständlich unter dem magischen Einfluß der Eingeweihten. Und selbstverständlich war es ja auch, daß diese sich als geheiligte Personen betrachteten. Denn sie wurden ja in ihren Tempelstätten in voller Anschauung teilhaftig der wirkenden Naturkräfte. Sie blickten hinein in die schaffende Werkstatt der Natur. Was sie erlebten, war ein Verkehr mit den Wesenheiten, die an der Welt selbst bauen. Man darf diesen Verkehr einen Umgang mit den Göttern nennen. Und was sich später als «Einweihung», als «Mysterium» entwickelt hat, ist aus dieser ursprünglichen Art des Verkehrs der Menschen mit den Göttern hervorgegangen. In folgenden Zeiten mußte dieser Verkehr sich anders gestalten, weil das menschliche Vorstellen, der menschliche Geist andere Formen annahmen.

Von besonderer Wichtigkeit ist etwas, was mit dem Fortschritte der lemurischen Entwickelung dadurch geschah, daß die Frauen in der geschilderten Art lebten. Sie bildeten dadurch besondere menschliche Kräfte aus. Ihre mit der Natur im Bunde befindliche Einbildungskraft wurde die Grundlage für eine höhere Entwickelung des Vorstellungslebens. Sie nahmen sinnig die Kräfte der Natur in sich auf und ließen sie in der Seele nachwirken. Damit bildeten sich die Keime des Gedächtnisses. Und mit dem Gedächtnis trat auch die Fähigkeit in die Welt, die ersten allereinfachsten moralischen Begriffe zu bilden. – Die Willensausbildung des männlichen Elementes kannte derartiges zunächst nicht. Der Mann folgte instinktiv entweder den Antrieben der Natur oder den Einflüssen, die von den Eingeweihten ausgingen. – Aus der Frauenart heraus entstanden die ersten Vorstellungen von «gut und böse». Da fing man an, das eine, das auf das Vorstellungsleben einen besonderen Eindruck gemacht hat, zu lieben, anderes zu verabscheuen. War die Herrschaft, welche das männliche Element ausübte, mehr auf die äußere Wirkung der Willenskräfte, auf die Handhabung der Naturmächte gerichtet, so entstand daneben in dem weiblichen Element eine Wirkung durch das Gemüt, durch die inneren, persönlichen Kräfte des Menschen. Nur derjenige kann die Entwickelung der Menschheit richtig verstehen, der berücksichtigt, daß die ersten Fortschritte im Vorstellungsleben von den Frauen gemacht worden sind. Die mit dem sinnigen Vorstellungsleben, mit der Ausbildung des Gedächtnisses zusammenhängende Entwickelung von Gewohnheiten, welche die Keime zu einem Rechtsleben, zu einer Art von Sitte bildeten, kam von dieser Seite. Hatte der Mann die Naturkräfte geschaut und ausgeübt: die Frau wurde die erste *Deuterin* derselben. Es war eine besondere neue Art, durch das Nachdenken zu leben, die hier entstand. Diese Art hatte etwas viel Persönlicheres als diejenige der Männer. Nun muß man sich vorstellen, daß diese Art der Frauen doch auch eine Art von Hellsehen war, wenn sie sich auch von der Willensmagie der Männer unterschied. Die Frau war in ihrer Seele einer anderen Art von geistigen Mächten zugänglich. Solchen, die mehr zu dem Gefühlselement der Seele sprachen, weniger zu dem geistigen, dem der Mann unterworfen war. So ging von den Männern eine Wirkung aus, die mehr natürlich-göttlich, von den Frauen eine solche, die mehr seelisch-göttlich war.

Die Entwickelung, welche die Frau während der lemurischen Zeit durchgemacht hatte, brachte es mit sich, daß ihr beim Auftreten der nächsten – der atlantischen – Wurzelrasse auf der Erde eine wichtige Rolle zufiel. Dieses Auftreten fand statt unter dem Einflusse hochentwickelter Wesenheiten, die bekannt waren mit den Gesetzen der Rassenbildung und die imstande waren, die vorhandenen Kräfte der Menschennatur in solche Bahnen zu leiten, daß eine neue Rasse entstehen konnte. Über diese Wesen soll noch besonders gesprochen werden. Vorläufig mag es genügen, zu sagen, daß ihnen übermenschliche Weisheit und Macht innewohnte. Sie sonderten nun eine kleine Schar aus der lemurischen Menschheit ab und bestimmten diese zu Stammeltern der kommenden atlantischen Rasse. Der Ort, an dem sie das taten, lag in der heißen Zone. Die Männer dieses Häufleins hatten unter ihrer Anleitung sich in der Beherrschung der Naturkräfte ausgebildet. Sie waren kraftvoll und verstanden es, der Erde die mannigfaltigsten Schätze abzugewinnen. Sie konnten den Acker bebauen und seine Früchte ihrem Leben nutzbar machen. Sie waren starke Willensnaturen geworden durch die Zucht, die man ihnen hatte angedeihen lassen. In geringem Maße war bei ihnen Seele und Gemüt ausgebildet. Diese waren dafür bei den Frauen zur Entfaltung gelangt. Gedächtnis und Phantasie und alles, was mit diesem verbunden ist, fanden sich bei ihnen.

Die genannten Führer bewirkten, daß sich das Häuflein in kleine Gruppen ordnete. Und sie übertrugen den Frauen die Ordnung und Einrichtung dieser Gruppen. Durch ihr Gedächtnis hatte die Frau die Fähigkeit erworben, die Erfahrungen und Erlebnisse, die einmal gemacht worden waren, für die Zukunft nutzbar zu machen. Was gestern sich als zweckmäßig erwies, das verwertete sie heute und war sich klar darüber, daß es auch morgen nutzbringend sein werde. Die Einrichtungen für das Zusammenleben gingen dadurch von ihr aus. Unter ihrem Einflusse bildeten sich die Begriffe von «gut und böse» aus. Durch ihr sinnendes Leben hatte sie sich Verständnis für die Natur erworben. Aus der Beobachtung der Natur erwuchsen ihr die Vorstellungen, nach denen sie das Treiben der Menschen leitete. Die Führer hatten es so eingerichtet, daß durch die *Seele* der Frau die Willensnatur, das Kraftstrotzende der Männer veredelt und geläutert wurde. Natürlich muß man sich das alles in kindlichen Anfängen denken. Die Worte unserer Sprache rufen nur zu leicht sogleich Vorstellungen hervor, die dem Leben der Gegenwart entnommen sind.

Auf dem Umwege durch das erwachte Seelenleben der Frauen entwickelten die Führer erst dasjenige der Männer. In der gekennzeichneten Kolonie war der Einfluß der Frauen daher ein sehr großer. Bei ihnen mußte man Rat holen, wenn man die Zeichen der Natur deuten wollte. Die ganze Art ihres Seelenlebens war aber noch eine solche, die beherrscht war von den «geheimen» Seelenkräften des Menschen. Man trifft die Sache nicht ganz, aber annähernd, wenn man von einem somnambulen Anschauen dieser Frauen spricht. In einem gewissen höheren Träumen enthüllten sich ihnen die Geheimnisse der Natur und erflossen ihnen die Antriebe zu ihrem Handeln. Alles war für sie beseelt und zeigte sich ihnen in seelischen Kräften und Erscheinungen. Sie überließen sich dem geheimnisvollen Weben ihrer seelischen Kräfte. Das, was sie zu ihren Handlungen trieb, waren «innere Stimmen» oder das, was Pflanzen, Tiere, Steine, Wind und Wolken, das Säuseln der Bäume und so weiter ihnen sagten.

Aus solcher Seelenverfassung erstand das, was man menschliche Religion nennen kann. Das Seelenhafte in der Natur und im Menschenleben wurde allmählich verehrt und angebetet. Einzelne Frauen gelangten zu besonderer Vorherrschaft, weil sie aus besonderen geheimnisvollen Tiefen heraus zu deuten wußten, was in der Welt enthalten ist.

So konnte es kommen, daß bei solchen Frauen das, was in ihrem Innern lebte, sich in eine Art Natursprache umsetzte. Denn der Anfang der Sprache liegt in etwas, was dem Gesange ähnlich ist. Die Kraft des Gedankens setzte sich in die hörbare des Lautes um. Der innere Rhythmus der Natur erklang von den Lippen «weiser» Frauen. Man versammelte sich um solche Frauen und empfand in ihren gesangartigen Sätzen die Äußerungen höherer Mächte. Der menschliche Gottesdienst hat mit solchen Dingen seinen Anfang genommen. – Von einem «Sinn» in dem Gesprochenen kann für die damalige Zeit nicht die Rede sein. Man empfand Klang, Ton und Rhythmus. Man stellte sich dabei nichts weiter vor, sondern sog die Kraft des Gehörten in die Seele. Der ganze Vorgang stand unter der Leitung der höheren Führer. Sie hatten in einer Art, über welche jetzt nicht weiter gesprochen werden kann, Töne und Rhythmen den «weisen» Priesterinnen eingeflößt. So konnten sie veredelnd auf die Seelen der Menschen wirken. Man kann sagen, daß in dieser Art überhaupt erst das eigentliche Seelenleben erwachte.

Die Akasha-Chronik zeigt auf diesem Gebiete schöne Szenen. Es soll eine solche beschrieben werden. Wir sind in einem

Walde, bei einem mächtigen Baum. Die Sonne ist eben im Osten aufgegangen. Mächtige Schatten wirft der palmenartige Baum, um den ringsherum die anderen Bäume entfernt worden sind. Das Antlitz nach Osten gewendet, verzückt, sitzt auf einem aus seltenen Naturgegenständen und Pflanzen zurechtgemachten Sitz die Priesterin. Langsam, in rhythmischer Folge strömen von ihren Lippen wundersame, wenige Laute, die sich immer wiederholen. In Kreisen herum sitzt eine Anzahl Männer und Frauen mit traumverlorenen Gesichtern, inneres Leben aus dem Gehörten saugend. – Noch andere Szenen können gesehen werden. An einem ähnlich eingerichteten Platze «singt» eine Priesterin ähnlich, aber ihre Töne haben etwas Mächtigeres, Kräftigeres. Und die Menschen um sie herum bewegen sich in rhythmischen Tänzen. Denn dies war die andere Art, wie «Seele» in die Menschheit kam. Die geheimnisvollen Rhythmen, die man der Natur abgelauscht hatte, wurden in den Bewegungen der eigenen Glieder nachgeahmt. Man fühlte sich dadurch *eins* mit der Natur und den in ihr waltenden Mächten.

Der Platz der Erde, an dem dieser Stamm einer kommenden Menschenrasse herangebildet wurde, war dazu besonders geeignet. Er war ein solcher, in dem die damals noch sturmbewegte Erde einigermaßen zur Ruhe gekommen war. Denn Lemurien war sturmbewegt. Die Erde hatte ja damals noch nicht ihre spätere Dichte. Überall war der dünne Boden von vulkanischen Kräften unterwühlt, die in kleineren oder größeren Strömen hervorbrachen. Mächtige Vulkane waren fast allerorten vorhanden und entwickelten fortdauernd eine zerstörende Tätigkeit. Die Menschen waren gewöhnt, bei allen ihren Verrichtungen mit dieser Feuertätigkeit zu rechnen. Sie benutzten auch dieses Feuer bei ihren Arbeiten und Einrichtungen. Die Verrichtungen waren vielfach so, daß das Feuer der Natur so als Grundlage diente wie heute das künstliche Feuer bei der menschlichen Arbeit.

Durch die Tätigkeit dieses vulkanischen Feuers ist auch der Untergang des lemurischen Landes herbeigeführt worden. Der Teil von Lemurien, aus dem sich die Stammrasse der Atlantier entwickeln sollte, hatte zwar heißes Klima, doch war er im großen und ganzen von der vulkanischen Tätigkeit ausgenommen. – Stiller und friedlicher als in den übrigen Erdgebieten konnte sich hier die Menschennatur entfalten. Das mehr herumschweifende Leben der früheren Zeiten wurde aufgegeben, und die festen Ansiedlungen wurden immer zahlreicher.

Man muß sich vorstellen, daß der Menschenleib zu dieser Zeit noch etwas sehr Bildsames und Geschmeidiges hatte. Er bildete sich noch fortwährend um, wenn das innere Leben sich veränderte. Nicht lange vorher waren nämlich die Menschen in bezug auf den äußeren Bau noch recht verschieden. Der äußere Einfluß der Gegend, des Klimas waren da noch für den Bau entscheidend. Erst in der bezeichneten Kolonie wurde der Leib des Menschen immer mehr ein Ausdruck seines inneren seelischen Lebens. Diese Kolonie hatte zugleich eine vorgeschrittene äußerlich edler gebildete Menschenart. Man muß sagen, durch das, was die Führer getan hatten, haben sie eigentlich erst das geschaffen, was die richtige menschliche Gestalt ist. Das ging allerdings ganz langsam und allmählich. Aber es ist so vor sich gegangen, daß zuerst das Seelenleben in dem Menschen entfaltet wurde, und diesem paßte sich der noch weiche und schmiegsame Leib an. Es ist ein Gesetz in der Menschheitsentwickelung, daß der Mensch mit dem Fortschritte immer weniger und weniger umgestaltenden Einfluß auf seinen physischen Leib hat. Eine ziemlich feste Form hat dieser physische Menschenleib eigentlich erst mit der Entwickelung der Verstandeskraft erhalten und mit der damit zusammenhängenden Verfestigung der Gesteins-, Mineral- und Metallbildungen der Erde. Denn in der lemurischen und noch in der atlantischen Zeit waren Steine und Metalle viel weicher als später. – (Dem widerspricht nicht, daß noch Nachkommen der letzten Lemurier und Atlantier vorhanden sind, die heute ebenso feste Formen aufweisen wie die später gebildeten Menschenrassen. Diese Überbleibsel mußten sich den geänderten Umgebungsverhältnissen der Erde anpassen und wurden so auch starrer. Gerade darin liegt der Grund, warum sie im Niedergang begriffen sind. Sie bildeten sich nicht von innen heraus um, sondern es wurde ihr weniger entwickeltes Innere von außen in die Starrheit gezwängt und dadurch zum Stillstande gezwungen. Und dieser Stillstand ist wirklich Rückgang, denn auch das Innenleben ist verkommen, weil es sich in der verfestigten äußeren Leiblichkeit nicht ausleben konnte.)

Einer noch größeren Verwandlungsfähigkeit war das Tierleben unterworfen. Über die zur Zeit der Menschenentstehung vorhandenen Tierarten und ihr Herkommen, sowie über die Entstehung neuer Tierformen, nachdem der Mensch schon da war, wird noch zu sprechen sein. Hier soll nur gesagt werden, daß die vorhandenen Tierarten sich fortwährend umbildeten und neue entstanden. Diese Umwandlung war natürlich eine allmähliche. Die Gründe zur Umwandlung lagen zum Teil in der Veränderung des Aufenthaltes, der Lebensweise. Die Tiere hatten eine außerordentlich schnelle Anpassungsfähigkeit an neue Verhältnisse. Der bildsame Körper änderte verhältnismäßig schnell die Organe, so daß nach mehr oder weniger kurzer Zeit die Nachkommen einer gewissen Tierart ihren Vorfahren nur mehr wenig ähnlich sahen. Dasselbe, ja in einem noch größeren Maße, war für die Pflanzen der Fall. Den größten Einfluß auf die Umgestaltung von Menschen und Tieren hatte der Mensch selbst. Sei es, daß er instinktiv die Lebewesen in eine solche Umgebung brachte, daß sie bestimmte Formen annahmen, sei es, daß er durch Züchtungsversuche solches bewirkte. Der umgestaltende Einfluß des Menschen auf die Natur war, verglichen mit heutigen Verhältnissen, damals unermeßlich groß. Insbesondere war das in der beschriebenen Kolonie der Fall. Denn da leiteten die Führer in einer den Menschen unbewußten Art diese Umgestaltung. Es war das in einem Maße der Fall, daß die Menschen dann, als sie auszogen, die verschiedenen atlantischen Rassen zu begründen, sich hoch entwickelte Kenntnisse über Züchtung von Tieren und Pflanzen mitnehmen konnten. Die Kulturarbeit in Atlantis war dann im wesentlichen eine Folge dieser mitgebrachten Kenntnisse. Doch muß auch hier betont werden, daß diese Kenntnisse einen instinktiven Charakter hatten. So blieb es auch im wesentlichen bei den ersten atlantischen Rassen.

Die gekennzeichnete Vorherrschaft der Frauenseele ist besonders stark in der letzten lemurischen Zeit und dauert bis in die atlantischen Zeiten, in denen sich die vierte Unterrasse vorbereitete. Aber man darf sich nicht vorstellen, daß dies etwa bei der ganzen Menschheit der Fall war. Wohl aber gilt es für denjenigen Teil der Erdenbevölkerung, aus welchem später die eigentlichen fortgeschrittenen Rassen hervorgegangen sind. Und dieser Einfluß war auf alles das im Menschen am stärksten, was «unbewußt» in und an ihm ist. Die Bildung gewisser ständiger Gebärden, die Feinheiten der sinnlichen Anschauung, die Schönheitsempfindungen, ein guter Teil des den Menschen gemeinsamen Empfindungs- und Gefühlslebens überhaupt ging ursprünglich aus von dem Seelischen Einfluß der Frau. Es ist nicht zu viel gesagt, wenn man die Berichte der Akasha-Chronik so auslegt, daß man behauptet: «Die Kulturnationen haben eine Leibesbildung und einen Leibesausdruck, sowie gewisse Grundlagen des leiblich-seelischen Lebens, die ihnen von der Frau aufgeprägt worden sind.»

Im weiteren Verlaufe wird auf ältere Zeiten der Menschheitsbildung zurückgegriffen werden, in denen die Erdbevölkerung noch eingeschlechtlich war. Es wird dann das Hervortreten des doppelten Geschlechtes dargestellt werden.

DIE TRENNUNG IN GESCHLECHTER

So verschieden auch die Gestalt des Menschen von seiner gegenwärtigen in den alten Zeiten war, die in den vorhergehenden Auszügen «Aus der Akasha-Chronik» beschrieben worden sind: wenn man noch weiter zurückgeht in der Menschheitsgeschichte, kommt man zu noch viel verschiedeneren Zuständen. Denn auch die Formen des Mannes und der Frau sind erst im Laufe der Zeiten aus einer älteren Grundform entstanden, in welcher der Mensch weder das eine noch das andere, sondern beides zugleich war. Wer sich einen Begriff machen will von diesen urfernen Zeiten der Vergangenheit, der muß sich allerdings vollständig befreien von gewohnten Vorstellungen, die dem entnommen sind, was der Mensch um sich herum sieht. – Die Zeiten, in die wir nunmehr zurückblicken, liegen etwas vor der Mitte der Epoche, die in den vorhergehenden Abschnitten als die lemurische bezeichnet worden ist. Der Menschenleib bestand da noch aus weichen bildsamen Stoffen. Es waren auch die übrigen Bildungen der Erde noch weich und bildsam. Gegenüber ihrem späteren verfestigten war die Erde noch in einem quellenden, flüssigeren Zustande. Indem die Menschenseele damals sich im Stoffe verkörperte, konnte sie sich diesen Stoff in einem viel höheren Grade anpassen als später. Denn daß die Seele einen männlichen oder weiblichen Leib annimmt, rührt davon her, daß ihr die Entwickelung der äußeren Erdennatur den einen oder den andern aufdrängt. Solange die Stoffe noch nicht verfestigt waren, konnte die Seele diese Stoffe unter ihre eigenen Gesetze zwingen. Sie machte den Leib zu einem Abdruck ihres eigenen Wesens. Als aber der Stoff dicht geworden war, mußte sich die Seele den Gesetzen fügen, welche diesem Stoffe von der äußeren Erdennatur aufgeprägt wurden. Solange die Seele noch über den Stoff herrschen konnte, gestaltete sie ihren Leib weder männlich noch weiblich, sondern gab ihm Eigenschaften, die beides zugleich waren. Denn die Seele ist männlich und weiblich zugleich. Sie trägt in sich diese beiden Naturen. Ihr männliches Element ist dem verwandt, was man *Willen* nennt, ihr weibliches dem, was als *Vorstellung* bezeichnet wird. – Die äußere Erdenbildung hat dazu geführt, daß der Leib eine einseitige Bildung angenommen hat. Der männliche Leib hat eine Gestalt angenommen, die aus dem Element des Willens bestimmt ist, der weibliche hingegen trägt mehr das Gepräge der Vorstellung. So kommt es denn, daß die zweigeschlechtliche, männlich-weibliche Seele in einem eingeschlechtlichen, männlichen *oder* weiblichen Leib wohnt. Der Leib hatte also im Laufe der Entwickelung eine durch die äußeren Erdenkräfte bestimmte Form angenommen, daß es fortan der Seele nicht mehr möglich war, ihre ganze innere Kraft in diesen Leib auszugießen. Sie mußte etwas von dieser ihrer Kraft in ihrem Innern behalten und konnte nur einen Teil derselben in den Leib einfließen lassen.

Verfolgt man die Akasha-Chronik, so zeigt sich folgendes. In einer alten Zeit erscheinen menschliche Formen vor uns, weich, bildsam, ganz verschieden von den späteren. Sie tragen noch die Mannes- und die Frauennatur gleichmäßig in sich. Im Verfolg der Zeit verdichten sich die Stoffe; der Menschenleib tritt in zwei Formen auf, von denen die eine der späteren Mannes-, die andere der späteren Frauenbildung ähnlich wird. Als dieser Unterschied noch nicht aufgetreten war, konnte jeder Mensch einen anderen aus sich hervorgehen lassen. Die Befruchtung war kein äußerer Vorgang, sondern etwas, was sich im Innern des Menschenleibes selbst abspielte. Dadurch, daß der Leib männlich oder weiblich wurde, verlor er diese Möglichkeit der Selbstbefruchtung. Er mußte mit einem anderen Leibe zusammenwirken, um einen neuen Menschen hervorzubringen.

Die Trennung in Geschlechter tritt auf, als die Erde in einen bestimmten Zustand ihrer Verdichtung kommt. Die Dichtigkeit des Stoffes unterbindet einen Teil der Fortpflanzungskraft. Und derjenige Teil dieser Kraft, der noch wirksam ist, bedarf der Ergänzung von außen, durch die entgegengesetzte Kraft eines anderen Menschen. Die Seele aber muß sowohl im Manne, wie in der Frau einen Teil ihrer früheren Kraft in sich selbst behalten. Sie kann diesen Teil nicht in der leiblichen Außenwelt verwenden. – Dieser Kraftteil richtet sich nun nach dem Innern des Menschen. Er kann nicht nach außen treten; deshalb wird er für innere Organe frei. – Und hier tritt ein wichtiger Punkt in der Menschheitsentwickelung ein. Vorher hat das, was man Geist nennt, die Fähigkeit des Denkens, nicht im Menschen Platz finden können. Denn diese Fähigkeit hätte kein Organ gefunden, um sich zu betätigen. Die Seele hatte all ihre Kraft nach außen verwendet, um den Leib aufzubauen. Jetzt aber kann die Seelenkraft, die nach außen hin keine Verwendung findet, mit der Geisteskraft in Verbindung treten; und durch diese Verbindung entwickeln sich die Organe im Leibe, die später den Menschen zum denkenden Wesen machen. So konnte der Mensch einen Teil der Kraft, die er früher zur Hervorbringung von seinesgleichen verwendet, zu einer Vervollkommnung seines eigenen Wesens verwenden. Die Kraft, durch die sich die Menschheit ein denkendes Gehirn formt, ist dieselbe, durch welche sich in alten Zeiten der Mensch befruchtet hat. Das Denken ist erkauft durch die Eingeschlechtlichkeit. Indem die Menschen nicht mehr sich selbst, sondern sich gegenseitig befruchten, können sie einen Teil ihrer produktiven Kraft nach innen wenden und zu denkenden Geschöpfen werden. So stellt der männliche und der weibliche Leib je eine unvollkommene Gestaltung der Seele nach außen dar; aber sie werden dadurch in ihrem Inneren vollkommenere Geschöpfe.

Ganz langsam und allmählich vollzieht sich diese Umwandlung mit dem Menschen. Nach und nach treten neben den alten zweigeschlechtlichen Menschenformen die jüngeren eingeschlechtlichen auf.

Es ist wieder eine Art Befruchtung, die da im Menschen sich einstellt, als er ein Geistwesen wird. Die inneren Organe, welche durch die überschüssige Seelenkraft aufgebaut werden können, werden von dem Geiste befruchtet. Die Seele ist in sich selbst zweigliedrig: männlich-weiblich. So gestaltete sie in alten Zeiten auch ihren Leib. Später kann sie ihren Leib nur so gestalten, daß er für das Äußere mit einem anderen Leibe zusammenwirkt; sie selbst erhält dadurch die Fähigkeit, mit dem Geiste zusammenzuwirken. Für das Äußere wird fortan der

Mensch von außen befruchtet, für das Innere von innen, durch den Geist. Man kann nun sagen, daß der männliche Leib eine weibliche Seele, der weibliche Leib eine männliche Seele hat. Diese innere Einseitigkeit im Menschen wird nun durch die Befruchtung mit dem Geiste ausgeglichen. Die Einseitigkeit wird aufgehoben. Die männliche Seele im weiblichen Leibe und die weibliche Seele im männlichen Leibe werden beide wieder zweigeschlechtlich durch die Befruchtung mit dem Geist. So sind Mann und Weib in der äußeren Gestalt verschieden; im Innern schließt sich bei beiden die seelische Einseitigkeit zu einer harmonischen Ganzheit zusammen. Im Innern verschmelzen Geist und Seele zu einer Einheit. Auf die männliche Seele im Weibe wirkt der Geist weiblich und macht sie so männlich-weiblich; auf die weibliche Seele im Manne wirkt der Geist männlich und bildet sie so gleichfalls männlich-weiblich. Die Zweigeschlechtlichkeit des Menschen hat sich aus der Außenwelt, wo sie in der vorlemurischen Zeit vorhanden war, in das Innere des Menschen zurückgezogen.

Man sieht, das höhere Innere des Menschen hat nichts zu tun mit Mann und Weib. Doch kommt die innere Gleichheit aus einer männlichen Seele bei der Frau, und entsprechend aus einer weiblichen beim Mann. Die Vereinigung mit dem Geiste bewirkt zuletzt die Gleichheit; aber daß vor dem Zustandekommen dieser Gleichheit eine Verschiedenheit vorhanden ist: dies schließt ein *Geheimnis* der Menschennatur ein. Die Erkenntnis dieses Geheimnisses ist für alle Geheimwissenschaft von großer Bedeutung. Denn es ist der Schlüssel zu wichtigen Lebensrätseln. *Vorläufig ist es nicht erlaubt, den Schleier, der über dieses Geheimnis gebreitet ist, hinwegzuheben ...*

So hat sich der physische Mensch von der Zweigeschlechtlichkeit, zur Eingeschlechtlichkeit, zur Trennung in Mann und Frau hin entwickelt. Und dadurch ist der Mensch ein solches geistiges Wesen geworden, wie er es jetzt ist. Aber man darf nicht glauben, daß nicht auch vorher mit der Erde erkennende Wesen in Verbindung gestanden hätten. Wenn man die Akasha-Chronik verfolgt, so zeigt sich allerdings, daß in der ersten lemurischen Zeit der spätere physische Mensch durch sein doppeltes Geschlecht ein ganz anderes Wesen war, als das ist, was man heute als Mensch bezeichnet. Er konnte keine sinnlichen Wahrnehmungen mit Gedanken verbinden: er dachte nicht. Sein Leben war ein triebartiges. Seine Seele äußerte sich lediglich in Instinkten, Begierden, animalischen Wünschen und so weiter. Sein Bewußtsein war ein *traumartiges;* er lebte in *Dumpfheit.* – Aber es gab andere Wesen inmitten dieser Menschheit. Diese waren natürlich auch zweigeschlechtlich. Denn beim damaligen Zustande der Erdentwickelung konnte kein männlicher, oder weiblicher Menschenleib hervorgebracht werden. Dazu fehlten noch die äußeren Bedingungen. Aber es gab andere Wesen, die trotz der Zweigeschlechtlichkeit Erkenntnis und Weisheit erwerben konnten. Das war dadurch möglich, daß diese eine ganz andere Entwickelung in einer noch weiter zurückliegenden Vergangenheit durchgemacht hatten. Ihrer Seele ist es möglich geworden, ohne erst die innere Organentwickelung des physischen Leibes der Menschheit abzuwarten, mit dem Geiste sich zu befruchten. Des jetzigen Menschen Seele kann nur mit Hilfe des physischen Gehirns denken, was sie durch die physischen Sinne von außen empfängt. So hat es die Seelenentwickelung des Menschen mit sich gebracht. Die Menschenseele mußte warten, bis ein Gehirn da war, das zum Vermittler mit dem Geiste wurde. Ohne diesen Umweg wäre *diese* Seele geistlos geblieben. Sie wäre auf der Stufe des traumartigen Bewußtseins stehengeblieben. Anders war es bei den gekennzeichneten übermenschlichen Wesen. Ihre Seele hatte auf früheren Stufen seelische Organe entwickelt, die nichts Physisches brauchten, um mit dem Geiste in Verbindung zu kommen. Ihre Erkenntnis und Weisheit war eine *übersinnlich* erworbene. Man nennt eine solche Erkenntnis intuitiv. Der gegenwärtige Mensch kommt erst auf einer späteren Stufe seiner Entwickelung zu solcher Intuition, die es ihm möglich macht, ohne sinnliche Vermittelung mit dem Geiste in Berührung zu kommen. Er muß den Umweg durch die sinnliche Stofflichkeit machen. Man nennt diesen Umweg das Herabsteigen der Menschenseele in die Materie oder populär den «Sündenfall». – Durch eine anders geartete frühere Entwickelung brauchten die übermenschlichen Naturen dieses Herabsteigen nicht mitzumachen. Weil ihre Seele schon eine höhere Stufe erlangt hatte, war ihr Bewußtsein nicht traumartig, sondern innerlich hell. Und die Auffassung der Erkenntnis und Weisheit durch sie war ein *Hellsehen,* das keiner Sinne und keines Denkorgans bedurfte. Unmittelbar strahlte die Weisheit, nach welcher die Welt gebaut ist, in ihre Seele ein. Dadurch konnten sie die Führer der noch in Dumpfheit befangenen jungen Menschheit sein. Sie waren die Träger einer «uralten Weisheit», zu deren Verständnis sich die Menschheit auf dem angedeuteten Umwege erst hinaufringt. Sie unterschieden sich nun dadurch von dem, was man «Mensch» nennt, daß ihnen die Weisheit zustrahlte wie uns das Sonnenlicht, als eine freie Gabe «von oben». Der «Mensch» war in einer anderen Lage. Er mußte sich die Weisheit durch die Arbeit der Sinne und des Denkorgans erwerben. Sie kam ihm zunächst nicht als eine freie Gabe zu. Er mußte sie *begehren.* Nur wenn im Menschen die *Begierde* nach Weisheit lebte, dann erarbeitete er sich dieselbe durch Sinne und Denkorgan. So mußte in der Seele ein neuer Trieb erwachen: die Begierde, das *Verlangen nach Wissen.* Dieses Verlangen konnte die Menschenseele auf ihren früheren Stufen nicht haben. Ihre Triebe gingen nur nach Gestaltung in dem, was äußerlich Gestalt annahm, was als ein traumartiges Leben sich in ihr abspielte; aber nicht nach Erkenntnis einer Außenwelt, nicht nach Wissen. Mit der Geschlechtertrennung tritt zuerst der Trieb nach Wissen auf.

Den übermenschlichen Wesen wurde die Weisheit gerade dadurch auf dem Wege des Hellsehens kund, weil sie nicht dieses Verlangen darnach trugen. Sie warteten, bis die Weisheit in sie einstrahlte, wie wir das Sonnenlicht abwarten, das wir nicht in der Nacht erzeugen können, sondern das uns am Morgen von selbst kommen muß. – Das Verlangen nach dem Wissen wird eben dadurch hervorgebracht, daß die Seele innere Organe (Gehirn und so weiter) ausarbeitet, durch die sie sich in den Besitz des Wissens setzt. Das ist eine Folge davon, daß ein Teil der Seelenkraft nicht mehr nach außen arbeitet, sondern nach innen. Die übermenschlichen Wesen aber, welche diese

Trennung ihrer Seelenkräfte nicht vollzogen haben, richten ihre ganze Seelenenergie nach außen. Ihnen steht daher nach außen hin zur Befruchtung durch den Geist auch diejenige Kraft zur Verfügung, welche der «Mensch» nach innen kehrt zum Bau der Erkenntnisorgane. – Nun ist diejenige Kraft, durch welche der Mensch sich nach außen kehrt, um mit einem *andern* zusammenzuwirken, die *Liebe*. Die übermenschlichen Wesen richteten ihre ganze *Liebe* nach außen, um die Weltenweisheit in ihre Seele einströmen zu lassen. Der «Mensch» aber kann nur einen Teil nach außen richten. Der «Mensch» wurde sinnlich; und damit wurde seine Liebe sinnlich. Er entzieht den Teil seines Wesens der Außenwelt, den er auf seinen inneren Ausbau wendet. Und damit ist das gegeben, was man *Selbstsucht* nennt. Der «Mensch» konnte, als er im physischen Leibe Mann oder Weib wurde, nur mit einem Teile seines Wesens sich hingeben; mit dem andern sonderte er sich ab von der Umwelt. Er wurde selbstsüchtig. Und selbstsüchtig wurde seine Wirkung nach außen, selbstsüchtig sein Streben nach innerer Entwickelung. Er liebte, weil er *verlangte,* und er dachte, weil er ebenfalls *verlangte,* nämlich nach Wissen. – Als selbstlose, alliebende Naturen standen die Führer, die übermenschlichen Wesen, dem noch kindlich selbstsüchtigen Menschen gegenüber. – Die Seele, die bei ihnen nicht in einem männlichen oder weiblichen Leib wohnt, ist selbst männlich-weiblich. Sie liebt ohne *Verlangen.* So liebte die unschuldige Seele des Menschen vor der Geschlechtertrennung; doch konnte sie damals, weil sie eben noch auf einer untergeordneten Stufe war – im Traumbewußtsein – nicht *erkennen.* So liebt aber auch die Seele der übermenschlichen Wesen, die aber trotzdem, wegen ihrer vorgerückten Entwickelung *erkennen* kann. Der «Mensch» muß durch die Selbstsucht durchgehen, um auf einer höheren Stufe wieder zur Selbstlosigkeit zu kommen, dann aber bei völlig hellem Bewußtsein.

Das war nun die Aufgabe der übermenschlichen Naturen, der großen Führer, daß sie den jungen Menschen ihren eigenen Charakter, den der *Liebe* aufprägten. Sie konnten das nur bei dem Teile der Seelenkraft, der sich nach außen richtete.

Es entstand dadurch die *sinnliche Liebe.* Diese ist daher die Begleiterscheinung des Wirkens der Seele in einem männlichen oder weiblichen Leibe. Die sinnliche Liebe wurde die Kraft der physischen Menschenentwickelung. Diese Liebe führt Mann und Weib zusammen, sofern sie physische Wesen sind. Auf dieser Liebe beruht das Fortschreiten der physischen Menschheit. – Nur über diese Liebe hatten die genannten übermenschlichen Naturen Gewalt. Der Teil der menschlichen Seelenkraft, welcher nach innen geht und auf dem Umwege durch die Sinnlichkeit Erkenntnis bringen soll, entzieht sich der Macht *jener* übermenschlichen Wesen. Sie waren ja selbst nie bis zur Entwickelung entsprechender Innenorgane herabgestiegen. Sie konnten den Trieb nach außen in Liebe einkleiden, weil sie die nach außen wirkende Liebe als ihre eigene Wesenheit hatten. Dadurch war eine Kluft zwischen ihnen und der jungen Menschheit gegeben. Die Liebe, zunächst in sinnlicher Form, konnten sie dem Menschen einpflanzen; Erkenntnis konnten sie nicht geben, denn ihre eigene Erkenntnis hatte nie den Umweg durch die Innenorgane genommen, welche der Mensch nun bei sich herausbildete. Sie konnten keine Sprache sprechen, die ein Gehirnwesen hätte verstehen können.

Nun wurden die genannten Innenorgane des Menschen zwar erst auf der Stufe des Erdendaseins, die in der Mitte der lemurischen Zeit liegt, reif zur Berührung mit dem Geiste; in einer unvollkommenen Anlage wurden sie aber schon einmal auf einer viel früheren Entwickelungsstufe ausgebildet. Denn schon in vorhergehenden Zeiten ist die Seele durch physische Verleiblichungen hindurchgeschritten. Sie hatte zwar nicht auf der Erde, aber auf anderen Himmelskörpern in verdichtetem Stoffe gelebt. Das Genauere darüber kann erst später ausgeführt werden. Jetzt soll nur so viel gesagt werden, daß die Erdenwesen vorher auf einem andern Planeten lebten und sich gemäß den Verhältnissen auf diesem so weit entwickelten, wie sie waren, als sie auf der Erde anlangten. Sie haben die Stoffe dieses vorhergehenden Planeten wie ein Kleid abgelegt und wurden auf der dadurch erlangten Entwickelungsstufe zu reinen Seelenkeimen, mit der Fähigkeit zu empfinden, zu fühlen und so weiter, kurz jenes traumartige Leben zu führen, das ihnen auch noch auf den ersten Stufen ihres Erdendaseins eigen blieb. – Die genannten übermenschlichen Wesenheiten, die Führer auf dem Felde der Liebe, waren aber auch schon auf dem vorhergehenden Planeten so vollkommen, daß sie nicht mehr herunterzusteigen brauchten bis zur Ausbildung der Anlagen jener inneren Organe. – Aber es gab andere Wesen, die nicht so weit waren wie diese Führer der Liebe, die vielmehr auf dem vorhergehenden Planeten noch zu den «Menschen» zählten, die aber damals den Menschen voraneilten. So waren sie beim Beginn der Erdbildung zwar weiter als die Menschen, aber doch noch auf der Stufe, wo durch innere Organe die Erkenntnis erworben werden muß. Diese Wesen waren in einer besonderen Lage. Sie waren zu weit, um durch den physischen Menschenleib, den männlichen oder weiblichen, hindurchzugehen, aber doch noch nicht so weit, um durch volles Hellsehen gleich den Führern der Liebe wirken zu können. *Liebewesen* konnten sie noch nicht, «Menschen» konnten sie nicht mehr sein. So war es ihnen nur möglich, als halbe Übermenschen, aber mit Hilfe der Menschen ihre eigene Entwickelung fortzusetzen. Sie konnten zu Gehirnwesen in einer diesen verständlichen Sprache reden. Dadurch wurde die nach innen gekehrte menschliche Seelenkraft angeregt, und sie konnte sich mit der Erkenntnis und Weisheit verbinden. Es kam dadurch überhaupt erst eine Weisheit menschlicher Art auf die Erde. Von dieser Menschenweisheit konnten die genannten «halben Übermenschen» zehren, um selbst das zu erreichen, was ihnen noch an Vollkommenheit fehlte. So wurden sie die Erreger von Menschenweisheit. Man nennt sie deshalb *Bringer des Lichtes* (Luzifer). Zweierlei Führer hatte also die kindliche Menschheit: Liebewesen und Weisheitswesen. Zwischen Liebe und Weisheit war die menschliche Natur eingespannt, als sie auf dieser Erde ihre gegenwärtige Form annahm. Durch die Liebewesen wurde sie zur physischen Entwickelung angeregt, durch die Weisheitswesen zur Vervollkommnung des *inneren* Wesens. Infolge der physischen Entwickelung schreitet die Menschheit von Generation zu Generation vor, bildet neue Stämme und Rassen; durch die Innenentwickelung wachsen die einzelnen zur inneren Vollkommenheit, werden Wissende, Weise, Künstler, Techniker usw. Von Rasse zu Rasse schreitet die physische Menschheit; jede Rasse vererbt auf folgende durch die physische Entwickelung hindurch ihre sinnlich wahrnehmbaren Eigenschaften. Hier herrscht das Gesetz der Vererbung. Die Kinder tragen in sich die physischen Charaktere der Väter. Darüber hinaus liegt eine geistig-seelische Vervollkommnung, die nur durch die Entwickelung der Seele selbst vor sich gehen kann. – Und damit stehen wir vor dem Gesetze der Seelenentwickelung innerhalb des Erdendaseins. Sie hängt zusammen mit dem Gesetze und Geheimnis von *Geburt* und *Tod.*

DIE LETZTEN ZEITEN VOR DER GESCHLECHTER-TRENNUNG

Es soll nunmehr die Beschaffenheit des Menschen vor seiner Spaltung in Männliches und Weibliches geschildert werden. Der Leib bestand damals aus einer weichen bildsamen Masse. Über diese hatte der Wille eine viel höhere Gewalt, als dies beim späteren Menschen der Fall war. Der Mensch erschien, wenn er sich von seinem Elternwesen loslöste, zwar schon als gegliederter Organismus, aber unvollkommen. Die Fortentwickelung der Organe fand außerhalb des Elternwesens statt. Vieles von dem, was später innerhalb des Mutterwesens zur Reife gebracht wurde, war damals außerhalb desselben durch eine Kraft vervollkommnet, die mit unserer Willenskraft verwandt ist. Um solche äußere Reifung zu bewirken, war die Pflege von seiten des Vorfahrenwesens nötig. Der Mensch brachte gewisse Organe mit zur Welt, die er dann später abwarf. Andere, die noch ganz unvollkommen waren bei seinem ersten Erscheinen, bildeten sich aus. Der ganze Vorgang hatte etwas, das man vergleichen kann mit dem Herausarbeiten aus einer Eiform und dem Ablegen einer Eihülle; doch darf man nicht an eine feste Eischale denken.

Der Körper des Menschen war warmblütig. Das muß ausdrücklich gesagt werden, denn es war in noch früheren Zeiten anders, wie später gezeigt werden wird. Die außer dem Mutterwesen stattfindende Reifung geschah unter dem Einfluß von erhöhter Wärme, die ebenfalls von außen zugeführt wurde. Doch darf man durchaus nicht an ein *Bebrüten* des Eimenschen – so soll er der Kürze halber genannt werden – denken. Die Wärme- und Feuerverhältnisse auf der damaligen Erde waren anders als später. Der Mensch vermochte durch seine Kräfte das Feuer, beziehungsweise die Wärme in einen gewissen Raum zu bannen. Er konnte – sozusagen – Wärme zusammenziehen (konzentrieren). Dadurch war er in der Lage, dem jungen Wesen die Wärme zuzuführen, die es zu seiner Reifung brauchte.

Die ausgebildetsten Organe des Menschen waren damals die

Bewegungsorgane. Die heutigen Sinnesorgane waren noch ganz unentwickelt. Am weitesten vorgeschritten waren das Gehörorgan, die Wahrnehmungsorgane für kalt und warm (Gefühlssinn), weit zurück war noch die Lichtwahrnehmung. Mit Gehör und Gefühl kam der Mensch zur Welt; die Lichtwahrnehmung entwickelte sich dann etwas später.

Alles, was hier gesagt wird, entspricht den letzten Zeiten vor der Geschlechtertrennung. Diese ging langsam und allmählich vonstatten. Lange Zeit vor ihrem eigentlichen Auftreten entwickelten sich die Menschen schon so, daß das eine Individuum mehr mit männlichen, das andere mehr mit weiblichen Charakteren geboren wurde. Doch waren bei jedem Menschen auch die entgegengesetzten Geschlechtscharaktere vorhanden, so daß Selbstbefruchtung möglich war. Diese war aber nicht immer möglich, sondern hing von den Einflüssen der äußeren Verhältnisse in gewissen Jahreszeiten ab. Der Mensch hing überhaupt in vielen Dingen von solchen äußeren Verhältnissen in hohem Grade ab. Daher mußte er auch alle seine Einrichtungen nach solchen äußeren Verhältnissen regeln, zum Beispiel nach dem Laufe von Sonne und Mond. Diese Regelung geschah aber nicht etwa im heutigen Sinne bewußt, sondern sie wurde in einer Art vollzogen, die man mehr instinktiv nennen muß. Und damit ist schon auf das Seelenleben des damaligen Menschen gewiesen.

Dieses Seelenleben kann man nicht als ein eigentliches Innenleben bezeichnen. Leibliche und seelische Tätigkeiten und Eigenschaften waren noch nicht streng voneinander geschieden. Das äußere Naturleben wurde von der Seele noch mitgelebt. Vor allem war es der Gehörsinn, auf den jede einzelne Erschütterung in der Umgebung mächtig wirkte. Jede Lufterschütterung, jede Bewegung in der Umgebung wurde «gehört». Wind und Wasser in ihren Bewegungen führten für den Menschen eine «beredte Sprache». Es war ein Wahrnehmen des geheimnisvollen Webens und Treibens in der Natur, die auf diese Art auf den Menschen eindrangen. Und dieses Weben und Treiben klang auch in seiner Seele nach. Seine Tätigkeit war ein Widerhall dieser Einwirkungen. Er setzte die Tonwahrnehmungen in seine Tätigkeit um. Er lebte in solchen Klangbewegungen und brachte sie durch seinen Willen zum Ausdruck. Er wurde auf solche Art zu all seinem Tagewerk gebracht. – Schon in etwas geringerem Grade war er beeinflußt von den Wirkungen, die sich dem Gefühle mitteilten. Doch spielten auch diese eine bedeutungsvolle Rolle. Er «spürte» in seinem Leibe die Umgebung und verhielt sich darnach. Er wußte aus solchen Gefühlswirkungen, wann und wie er zu arbeiten hatte. Er wußte daraus, wo er sich niederzulassen hatte. Er erkannte daraus Gefahren, die sich für sein Leben ergaben, und vermied sie. Er regelte darnach seine Nahrungsaufnahme.

Ganz anders als später verlief das übrige Seelenleben. In der Seele lebten *Bilder,* nicht Vorstellungen von äußeren Dingen. Wenn der Mensch zum Beispiel von einem kälteren in einen wärmeren Raum trat, so stieg in der Seele ein bestimmtes Farbenbild auf. Aber dieses Farbenbild hatte nichts zu tun mit irgendeinem äußeren Gegenstande. Es entsprang aus einer inneren mit dem Willen verwandten Kraft. Solche Bilder erfüllten fortwährend die Seele. Man kann das Ganze nur vergleichen mit den auf- und abwogenden Traumvorstellungen des Menschen. Nur waren damals die Bilder nicht regellos, sondern gesetzmäßig. Man soll deshalb nicht von einem Traumbewußtsein, sondern von einem Bilderbewußtsein auf dieser Stufe der Menschheit sprechen. In der Hauptsache waren es Farbenbilder, welche dieses Bewußtsein erfüllten. Doch waren diese nicht die einzige Art. So wandelte der Mensch durch die Welt dahin und lebte durch sein Gehör und Gefühl die Vorgänge dieser Welt mit, durch sein Seelenleben spiegelte sich aber diese Welt in ihm in Bildern, die sehr unähnlich dem waren, was sich in der äußeren Welt befand. In viel geringerem Grade verbanden sich mit diesen Seelenbildern Lust und Leid, als dies heute bei den Vorstellungen des Menschen der Fall ist, welche die Wahrnehmungen der äußeren Welt wiedergeben. Allerdings bereitete das eine Bild Freude, das andere Unlust, das eine Haß, das andere Liebe; aber diese Gefühle trugen einen viel blasseren Charakter. – Dagegen wurden starke Gefühle durch etwas anderes bewirkt. Der Mensch war damals viel regsamer, tätiger als später. Alles in seiner Umgebung und auch die Bilder in seiner Seele regten ihn zu Tätigkeit, zu Bewegung an. Nun empfand er dann, wenn sich seine Tätigkeit ungehindert ausleben konnte, Wohlgefühl; wenn aber diese Tätigkeit nach irgendeiner Seite gehemmt wurde, befiel ihn Unlust und Mißbehagen. Die Abwesenheit oder das Vorhandensein von Hemmungen seines Willens bestimmte den Inhalt seines Gefühlslebens, seine Lust und seinen Schmerz. Und diese Lust, beziehungsweise dieser Schmerz entluden sich in seiner Seele selbst wieder in einer lebendigen Bilderwelt. Lichte, helle, schöne Bilder lebten in ihm, wenn er sich ganz frei entfalten konnte; finstere, mißgestaltete stiegen in seiner Seele auf, wenn er in seiner Beweglichkeit gehemmt wurde.

Es ist bisher die Durchschnittsmenschheit beschrieben worden. Anders war das Seelenleben bei denjenigen, welche sich zu einer Art übermenschlicher Wesen entwickelt hatten (siehe Seite 65). Bei ihnen hatte dieses Seelenleben nicht den instinktiven Charakter. Was sie durch ihren Gehör- und Gefühlssinn wahrnahmen, waren tiefere Geheimnisse der Natur, die sie bewußt deuten konnten. Im Brausen des Windes, im Rauschen der Bäume enthüllten sich ihnen die Gesetze, die *Weisheit* der Natur. Und in den Bildern ihrer Seele waren nicht bloß Spiegelungen der Außenwelt gegeben, sondern Abbilder der geistigen Mächte in der Welt. Nicht sinnliche Dinge nahmen sie wahr, sondern geistige Wesenheiten. Der Durchschnittsmensch empfand zum Beispiel Furcht, und ein häßliches, finsteres Bild stieg in seiner Seele auf. Das übermenschliche Wesen erhielt durch solche Bilder Mitteilung, Offenbarung von den geistigen Wesenheiten der Welt. Ihm erschienen die Naturvorgänge nicht von toten Naturgesetzen abhängig wie dem heutigen Wissenschafter, sondern sie erschienen ihm als die Taten geistiger Wesen. Die äußere Wirklichkeit war noch nicht vorhanden, denn es gab keine äußeren Sinne. Aber die geistige Wirklichkeit erschloß sich den höheren Wesen. Es strahlte der Geist in sie ein, wie in das leibliche Auge des Menschen von heute die Sonne einstrahlt. Es war in diesen Wesen die Erkenntnis in vollstem Sinne das, was man intuitives Wissen nennt. Kein

Kombinieren und Spekulieren gab es bei ihnen, sondern ein unmittelbares Anschauen des Schaffens geistiger Wesenheiten. Diese übermenschlichen Individualitäten konnten daher die Mitteilungen aus der geistigen Welt unmittelbar in ihren Willen aufnehmen. Sie leiteten bewußt die anderen Menschen. Sie empfingen ihre Mission aus der Geisterwelt und handelten darnach.

Als nun die Zeit kam, in der sich die Geschlechter trennten, da mußten es diese Wesen als ihre Aufgabe betrachten, auf das neue Leben im Sinne ihrer Mission einzuwirken. Von ihnen ging die Regelung des Geschlechtslebens aus. Alle Einrichtungen, die sich auf die Fortpflanzung der Menschheit bezogen, haben von ihnen den Ursprung genommen. Sie handelten dabei durchaus bewußt; aber die anderen Menschen konnten diese Einwirkung nur als einen ihnen eingepflanzten Instinkt empfinden. Die Geschlechtsliebe wurde durch unmittelbare Gedankenübertragung in den Menschen gepflanzt. Und alle ihre Äußerungen waren zunächst von der edelsten Art. Alles, was auf diesem Gebiete einen häßlichen Charakter angenommen hat, rührt aus späteren Zeiten her, in denen der Mensch selbständiger geworden ist und in denen er einen ursprünglichen reinen Trieb verdorben hat. Es gab in diesen älteren Zeiten keine Befriedigung des Geschlechtstriebes um seiner selbst willen. Alles war hier Opferdienst zur Fortführung des menschlichen Daseins. Die Fortpflanzung wurde als eine heilige Sache betrachtet, als ein Dienst, den der Mensch der Welt zu leisten hat. Und Opferpriester waren die Lenker und Regler auf diesem Gebiete.

Anders geartet waren die Einflüsse der halbübermenschlichen Wesen (siehe Seite 65). Diese waren nicht bis zu der Stufe entwickelt, daß sie völlig rein die Offenbarungen der geistigen Welt hätten empfangen können. In ihren Seelenbildern stiegen neben diesen Eindrücken der geistigen Welt auch die Wirkungen der sinnlichen Erde auf. Die im vollen Sinne übermenschlichen Wesen fühlten nichts von Lust und Schmerz durch die äußere Welt. Sie waren ganz hingegeben den Offenbarungen der geistigen Mächte. Die Weisheit floß ihnen zu wie Sinnenwesen das Licht; ihr Wille war auf nichts anderes gelenkt, als im Sinne dieser Weisheit zu handeln. Und in diesem Handeln lag ihre höchste Lust. Weisheit, Wille und Tätigkeit machten ihr Wesen aus. Anders war es bei den halbübermenschlichen Wesenheiten. Sie empfanden den Trieb, von außen Eindrücke zu empfangen, und verbanden mit der Befriedigung dieses Triebes Lust, mit der Nichtbefriedigung Unlust. Dadurch unterschieden sie sich von den übermenschlichen Wesenheiten. Diesen waren die Eindrücke von außen nichts weiter als Bestätigungen der geistigen Offenbarungen. Sie konnten in die Welt hinausschauen und empfingen nichts weiter als ein Spiegelbild dessen, was sie aus dem Geiste schon erhalten hatten. Die halbübermenschlichen Wesen erfuhren etwas ihnen Neues, und deswegen konnten *sie* die Führer der Menschen werden, als diesen sich ihre bloßen Bilder in der Seele verwandelten in Abbilder, Vorstellungen äußerer Gegenstände. Das geschah, als ein Teil der früheren Fortpflanzungskraft der Menschen sich nach innen wandte, als sich Gehirnwesen entwickelten. Mit dem Gehirn entwickelte dann auch der Mensch die Fähigkeit, die äußeren Sinneseindrücke zu Vorstellungen umzuwandeln.

Man muß also sagen, daß der Mensch durch halbübermenschliche Wesen dazu gebracht worden ist, sein Inneres auf die sinnliche Außenwelt zu lenken. Ihm war es ja versagt, seine Seelenbilder unmittelbar den reinen geistigen Einflüssen auszusetzen. Er hat von den übermenschlichen Wesen die Fähigkeit, sein Dasein fortzupflanzen, als einen instinktiven Trieb eingepflanzt erhalten. Geistig hätte er zunächst nun eine Art Traumdasein weiterzuführen gehabt, wenn nicht die halbübermenschlichen Wesen eingegriffen hätten. Durch ihren Einfluß wurden seine Seelenbilder auf die sinnliche Außenwelt gelenkt. Er wurde ein Wesen, das sich in der Sinnenwelt seiner selbst bewußt ist. Und damit war das erreicht, daß sich der Mensch in seinen Handlungen bewußt richten konnte nach den Wahrnehmungen der Sinnenwelt. Früher hat er aus einer Art Instinkt gehandelt, er hat im Banne seiner äußeren Umgebung und der auf ihn einwirkenden Kräfte höherer Individualitäten gestanden. Jetzt fing er an, den Antrieben, Anlockungen seiner Vorstellungen zu folgen. Und damit war die Willkür des Menschen in die Welt gekommen. Das war der Anfang von «Gut und Böse».

Bevor in dieser Richtung weitergeschritten wird, soll nun erst einiges gesagt werden über die Umgebung des Menschen auf der Erde. Neben dem Menschen waren Tiere vorhanden, die in *ihrer* Art auf derselben Entwickelungsstufe standen wie er. Man würde sie nach heutigen Begriffen zu den Reptilien rechnen. Außer ihnen gab es niedrigere Formen der Tierwelt. Nun war zwischen den Menschen und den Tieren ein wesentlicher Unterschied. Der Mensch konnte wegen seines noch bildsamen Leibes nur auf den Gebieten der Erde leben, die selbst noch nicht in die derbste stoffliche Form übergegangen waren. Und in diesen Gegenden wohnten mit ihm tierische Wesen, die von einem ähnlich plastischen Leib waren. In anderen Gegenden lebten jedoch Tiere, welche bereits dichte Leiber hatten und welche auch schon die Eingeschlechtlichkeit und die Sinne ausgebildet hatten. Woher sie gekommen waren, werden spätere Mitteilungen zeigen. Sie konnten sich nicht mehr weiterentwickeln, weil ihre Leiber zu früh die dichtere Stofflichkeit angenommen hatten. Einige Arten von ihnen sind dann untergegangen; einige haben sich in ihrer Art bis zu den heutigen Formen gebildet. Der Mensch konnte dadurch zu höheren Formen gelangen, daß er in den Gebieten geblieben ist, die seiner damaligen Beschaffenheit entsprochen haben. Dadurch blieb sein Leib so biegsam und weich, daß er die Organe aus sich auszusondern vermochte, welche vom Geiste befruchtet werden konnten. Dann war sein äußerer Leib so weit, daß er in die dichtere Stofflichkeit übergehen und den feineren Geistorganen eine schützende Hülle werden konnte. – Aber es waren nicht alle menschlichen Leiber so weit. Es gab wenig vorgeschrittene. Diese wurden zunächst vom Geiste belebt. Andere wurden nicht belebt. Wäre auch in sie der Geist eingedrungen, so hätte er sich wegen der noch unvollkommenen inneren Organe nur mangelhaft entfalten können. So mußten sich denn diese Menschenwesen zunächst in einer geistlosen Art weiterbilden. Eine dritte Art war so weit, daß sich schwache geistige Einflüsse in ihnen geltend machen konnten. Sie standen zwischen den beiden anderen Arten. Ihre Geistestätigkeit blieb eine dumpfe. Sie mußten von höheren geistigen Mächten geführt werden. Zwischen diesen drei Arten gab es alle möglichen Übergänge. Eine Weiterentwickelung war jetzt nur dadurch möglich, daß sich ein Teil der Menschenwesen auf Kosten der anderen höher hinauf bildete. Zunächst mußten die ganz geistlosen preisgegeben werden. Eine Vermischung mit ihnen zum Zwecke der Fortpflanzung hätte auch die besser entwickelten auf ihre Stufe hinabgedrängt. Alles, was Geist empfangen hatte, wurde daher von ihr abgesondert. Dadurch fielen sie immer mehr auf die Stufe der Tierheit hinunter. Es bildeten sich also neben den Menschen menschenähnliche Tiere. Der Mensch ließ sozusagen auf seiner Bahn einen Teil seiner Brüder zurück, um selbst höher zu steigen. Dieser Vorgang war nun keineswegs abgeschlossen. Auch von den Menschen mit dumpfem Geistesleben konnten diejenigen, die etwas höher standen, nur dadurch weiterkommen, daß sie in die Gemeinschaft mit höheren gezogen wurden und sich von den minder geisterfüllten absonderten. Nur dadurch konnten sie Leiber entwickeln, die dann zur Aufnahme des ganzen menschlichen Geistes geeignet waren. Erst nach einer gewissen Zeit war die physische Entwickelung so weit, daß nach dieser Richtung hin eine Art Stillstand eintrat, indem alles, was über einer gewissen Grenze lag, sich innerhalb des menschlichen Gebietes hielt. Die Lebensverhältnisse der Erde hatten sich mittlerweile so verändert, daß weiteres Hinabstoßen nicht tierähnliche, sondern überhaupt nicht mehr lebensfähige Geschöpfe ergeben hätte. Was aber in die Tierheit hinabgestoßen worden ist, das ist entweder ausgestorben, oder es lebt in den verschiedenen höheren Tieren fort. In diesen Tieren hat man also Wesen zu sehen, welche auf einer früheren Stufe der Menschenentwickelung stehenbleiben mußten. Nur haben sie nicht dieselbe Form behalten, die sie bei ihrer Abgliederung hatten, sondern sind zurückgegangen von höherer zu tieferer Stufe. So sind die Affen rückgebildete Menschen einer vergangenen Epoche. So wie der Mensch einstmals unvollkommener war als heute, so waren sie einmal vollkommener, als sie heute sind. – Was aber im Gebiet des Menschlichen geblieben ist, hat einen ähnlichen Prozeß, nur innerhalb dieses Menschlichen, durchgemacht. Auch in mancher wilden Völkerschaft haben wir die heruntergekommenen Nachfahren einstmals höher stehender Menschenformen zu sehen. Sie sanken nicht bis zur Stufe der Tierheit, sondern nur bis zur Wildheit.

Das Unsterbliche im Menschen ist der Geist. Es wurde gezeigt, wann der Geist in den Leib eingezogen ist. Vorher gehörte der Geist anderen Regionen an. Er konnte sich mit dem Leibe erst verbinden, als dieser eine gewisse Stufe der Entwickelung erlangt hatte. Erst wenn man ganz versteht, wie diese Verbindung zustande gekommen ist, kann man sich über die Bedeutung von Geburt und Tod aufklären, sowie auch das Wesen des ewigen Geistes erkennen.

DIE HYPERBORÄISCHE UND DIE POLARISCHE EPOCHE

Die folgenden Ausführungen aus der «Akasha-Chronik» führen in die Zeiten zurück, die dem vorausgehen, was in den letzten Kapiteln geschildert worden ist. Das Wagnis, das mit *diesen* Mitteilungen unternommen wird, ist vielleicht gegenüber der materialistischen Denkweise unserer Zeit ein noch größeres als das, welches mit dem bereits in den vorhergehenden Ausführungen Geschilderten verknüpft war. Der Vorwurf der Phantastik und grundlosen Spekulation liegt gegenüber solchen Dingen in der Gegenwart so nahe. Wenn man weiß, wie fern es dem naturwissenschaftlich im Sinne der heutigen Zeit Gebildeten liegen kann, diese Dinge auch nur ernst zu nehmen, so kann nur das Bewußtsein zu ihrer Mitteilung führen, daß man treu im Sinne der geistigen Erfahrung berichtet. Nichts ist hier gesagt, was nicht sorgfältig mit den Mitteln der geistigen Wissenschaft geprüft ist. Der Naturforscher möge nur so tolerant gegenüber der Geisteswissenschaft sein, wie diese es gegenüber der naturwissenschaftlichen Denkungsart ist. (Vergleiche meine «Welt- und Lebensanschauungen im neunzehnten Jahrhundert», wo ich glaube gezeigt zu haben, daß ich die materialistisch-naturwissenschaftliche Anschauung zu würdigen weiß.*) Für diejenigen aber, welche diesen geisteswissenschaftlichen Dingen geneigt sind, möchte ich in bezug auf die diesmaligen Ausführungen noch etwas Besonderes bemerken. Es kommen im folgenden besonders wichtige Dinge zur Sprache. Und alles gehört längstverflossenen Zeiten an. Die Entzifferung der Akasha-Chronik auf diesem Gebiete ist nicht gerade leicht. Der das geschrieben hat, macht auch keineswegs den Anspruch auf irgendeinen Autoritätsglauben. Er will lediglich mitteilen, was nach besten Kräften erforscht worden ist.

* 1914 erfolgte eine neue Ausgabe des Werkes, ergänzt durch eine «Vorgeschichte über abendländische Philosophie und bis zur Gegenwart fortgesetzt», unter dem Titel «Die Rätsel der Philosophie in ihrer Geschichte als Umriß dargestellt», Gesamtausgabe 1968.

Jede Korrektur, die auf Sachkenntnis beruht, wäre ihm lieb. Er fühlt sich verpflichtet, diese Vorgänge in der Menschheitsentwickelung mitzuteilen, weil die Zeichen der Zeit dazu drängen. Zudem mußte diesmal ein großer Zeitraum in Umrissen geschildert werden, damit einmal eine Übersicht geschaffen werde. Genaueres über vieles jetzt bloß Angedeutete wird ja noch später folgen. – Die Einzeichnungen in der «Akasha-Chronik» sind nur schwer in unsere Umgangssprache zu übersetzen. Leichter ist die Mitteilung in der in Geheimschulen üblichen symbolischen Zeichensprache, deren Mitteilung aber gegenwärtig noch nicht erlaubt ist. Deshalb möge der Leser manches Dunkle und Schwerverständliche hinnehmen und sich zu einem Verständnisse durchwinden, wie sich der Schreiber zu einer allgemeinverständlichen Darstellungsart durchzuwinden suchte. Man wird manche Schwierigkeit des Lesens belohnt finden, wenn man auf die tiefen Geheimnisse, auf die bedeutungsvollen Menschenrätsel blickt, welche angedeutet sind. Eine wirkliche Selbsterkenntnis des Menschen ersprießt ja doch aus diesen «Akasha-Aufzeichnungen», die für den Geheimforscher so sichere Wirklichkeiten sind wie Gebirge und Flüsse für das sinnliche Auge. Ein Wahrnehmungsirrtum ist natürlich dort wie da möglich. – Hingewiesen soll nur darauf werden, daß in dem vorliegenden Abschnitt nur die Entwickelung des Menschen zunächst besprochen worden ist. Neben dieser läuft naturgemäß diejenige der anderen Naturreiche, des mineralischen, pflanzlichen, tierischen. Davon sollen die nächsten Abschnitte handeln. Es wird dann auch noch manches zur Sprache kommen, was die Auseinandersetzungen über den Menschen in einem verständlicheren Lichte erscheinen lassen wird. Umgekehrt aber kann im geisteswissenschaftlichen Sinne von der Entwickelung der anderen irdischen Reiche nicht gesprochen werden, bevor das allmähliche Fortschreiten des Menschen dargestellt worden ist.

*

Wenn man in der Erdentwickelung noch weiter zurückgeht, als dies in den vorhergehenden Aufsätzen geschehen ist, so kommt man auf immer feinere stoffliche Zustände unseres Himmelskörpers. Die Stoffe, die später fest geworden sind, waren vorher in flüssigen, noch früher in dunst- und dampfförmigen, und in weiterer Vergangenheit in feinsten (ätherischen) Zuständen. Erst die abnehmende Wärme hat die Verfestigung der Stoffe bewirkt. Hier soll nun zurückgegangen werden bis zu dem feinsten ätherischen Zustande der Stoffe unseres irdischen Wohnplatzes. Als sich die Erde in einer solchen Entwickelungsepoche befand, betrat sie der Mensch. Früher gehörte er anderen Welten an, von denen später gesprochen werden soll. – Nur auf die unmittelbar vorhergehende soll noch gedeutet werden. Sie war eine sogenannte astrale oder seelische Welt. Die Wesen dieser Welt führten kein äußeres (physisches), leibliches Dasein. Auch der Mensch nicht. Er hatte bereits das im vorhergehenden Aufsatz erwähnte Bilderbewußtsein ausgebildet. Er hatte Gefühle, Begierden. Doch alles das war in einem Seelenleib beschlossen. Nur dem hellseherischen Blick wäre ein solcher Mensch wahrnehmbar gewesen. – Und allerdings hatten alle höher entwickelten damaligen Menschenwesen ein solches Hellsehen, obgleich es ganz dumpf und traumartig war. Es war nicht selbstbewußtes Hellsehen. – Diese Astralwesen sind die Vorfahren des Menschen in einem gewissen Sinne. Was man heute «Mensch» nennt, trägt ja bereits den selbstbewußten *Geist* in sich. Dieser vereinigte sich mit dem Wesen, das aus jenem Vorfahren in der Mitte der lemurischen Zeit entstanden war. (Auf diese Vereinigung ist in den früheren Aufsätzen bereits hingedeutet. Wenn hier der Entwickelungsgang der Menschenvorfahren bis in diese Zeit dargelegt sein wird, soll die Sache noch einmal genauer zur Sprache kommen.) – Die Seelen- oder Astralvorfahren des Menschen wurden in die feine oder Ätheredre hereinversetzt. Sie sogen den feinen Stoff gleichsam – wie ein Schwamm, um grob zu sprechen – in sich auf. Indem sie sich so mit Stoff durchdrangen, bildeten sie sich ätherische Leiber. Dieselben hatten eine länglich elliptische Form, doch waren durch zarte Schattierungen des Stoffes Gliedmaßen und andere später zu bildende Organe bereits veranlagt. Der ganze Vorgang in dieser Masse war aber ein rein physisch-chemischer; nur war er geregelt und beherrscht von der Seele. – Hatte eine solche Stoffmasse eine bestimmte Größe erreicht, so spaltete sie sich in zwei, von denen eine jede dem Gebilde ähnlich war, aus dem sie entstanden war, und in der auch dieselben Wirkungen sich vollzogen wie in jenem. – Es war ein jegliches solches neue Gebilde wieder so seelenbegabt wie das Mutterwesen. Das rührte davon her, daß nicht etwa nur eine bestimmte Anzahl von Menschenseelen den irdischen Schauplatz betrat, sondern gleichsam ein Seelenbaum, der ungezählte Einzelseelen aus seiner gemeinsamen Wurzel hervorgehen lassen konnte. Wie eine Pflanze aus unzähligen Samenkörnern immer aufs neue ersprießt, so das seelische Leben in den zahllosen Sprossen, die sich aus den fortdauernden Spaltungen ergaben. (Allerdings war vom Anfang an eine engbegrenzte Zahl von Seelen*arten* vorhanden, wovon später gesprochen werden soll. Doch innerhalb dieser Arten ging die Entwickelung in der beschriebenen Weise vor sich. Jede Seelenart trieb ungezählte Sprossen.)

Mit dem Eintritt in die irdische Stofflichkeit war aber in den Seelen selbst eine bedeutungsvolle Veränderung vor sich gegangen. Solange die Seelen selbst nicht Stoffliches an sich hatten, konnte auch kein äußerer stofflicher Vorgang auf sie wirken. Alle Wirkung auf sie war eine reine seelische, hellseherische. Sie lebten so das Seelische in ihrer Umgebung mit. Alles, was damals vorhanden war, wurde in dieser Art miterlebt. Die Wirkungen der Steine, Pflanzen, Tiere, die ja in dieser Zeit auch nur als astrale (seelische) Gebilde existierten, wurden als innere Seelenerlebnisse empfunden. – Dazu kam nun beim Betreten der Erde etwas ganz Neues. Äußere stoffliche Vorgänge übten eine Wirkung auf die selbst in stofflichem Kleide auftretende Seele aus. Zunächst waren es nur die Bewegungsvorgänge dieser stofflichen Außenwelt, die im Innern des Ätherleibes selbst Bewegungen hervorriefen. Wie wir heute das Erzittern der Luft als Schall wahrnehmen, so diese Ätherwesen die Erschütterungen des sie umgebenden ätherischen Stoffes. Ein solches Wesen war im Grunde ein einziges Gehörorgan. Dieser Sinn entwickelte sich zuerst. Aber man sieht hieraus, daß das abgesonderte Gehörorgan sich erst später bildete.

Mit der fortschreitenden Verdichtung des irdischen Stoffes

verlor das Seelenwesen allmählich die Fähigkeit, diesen zu gestalten. Nur die schon gebildeten Leiber konnten noch ihresgleichen aus sich hervorbringen. Eine neue Art der Fortpflanzung tritt auf. Das Tochterwesen erscheint als ein beträchtlich kleineres Gebilde als das Mutterwesen und wächst erst allmählich zu dessen Größe heran. Während früher keine Fortpflanzungsorgane vorhanden waren, treten jetzt solche auf. – Aber nunmehr spielt sich auch nicht mehr bloß ein physisch-chemischer Vorgang in dem Gebilde ab. Ein solcher chemisch-physischer Vorgang könnte jetzt die Fortpflanzung nicht bewirken. Der äußere Stoff ist eben wegen seiner Verdichtung nicht mehr so, daß die Seele ihm unmittelbar Leben geben kann. Es wird daher im Innern des Gebildes eine besondere Partie abgesondert. Diese entzieht sich den unmittelbaren Einwirkungen des äußeren Stoffes. Nur der außer dieser abgesonderten Partie befindliche Leib bleibt diesen Einwirkungen ausgesetzt. Er ist noch in derselben Verfassung wie früher der ganze Leib. In der abgesonderten Partie wirkt nun das Seelische weiter. Hier wird die Seele der Träger des Lebensprinzipes (in der theosophischen Literatur Prana genannt). So erscheint jetzt der leibliche Menschenvorfahr mit zwei Gliedern ausgestattet. Das eine ist der physische Leib (die physische Hülle). Sie ist den chemischen und physischen Gesetzen der umgebenden Welt unterworfen. Das zweite ist die Summe von Organen, die dem besonderen Lebensprinzip unterworfen sind. – Nun ist aber dadurch ein Teil der Seelentätigkeit freigeworden. Diese hat keine Macht mehr über den physischen Teil des Leibes. Dieser Teil der Seelentätigkeit wendet sich nun nach innen und gestaltet einen Teil des Leibes zu besonderen Organen aus. Und dadurch beginnt ein Innenleben des Leibes. Dieser lebt nicht mehr bloß die Erschütterungen der Außenwelt mit, sondern er fängt an, sie im Innern als besondere Erlebnisse zu *empfinden*. Hier liegt der Ausgangspunkt der Empfindung. Zuerst tritt diese Empfindung als eine Art Tastsinn auf. Das Wesen *fühlt* die Bewegungen der Außenwelt, den Druck, den die Stoffe ausüben und so weiter. Auch die Anfänge einer Wärme- und Kälteempfindung treten auf.

Damit ist eine wichtige Entwickelungsstufe der Menschheit erreicht. Dem physischen Körper ist die unmittelbare Einwirkung der Seele entzogen. Er ist ganz der physischen und chemischen Stoffwelt überantwortet. Er zerfällt in dem Augenblicke, in dem die Seele in ihrer Wirksamkeit, von den anderen Teilen aus, seiner nicht mehr Herr werden kann. Und damit tritt eigentlich erst das auf, was man «Tod» nennt. In bezug auf die Zustände vorher kann von einem Tode nicht die Rede sein. Bei der Teilung lebt das Muttergebilde restlos in den Tochtergebilden fort. Denn in diesen wirkt die ganze umgebildete Seelenkraft wie vorher in dem Muttergebilde. Es bleibt bei der Teilung nichts übrig, in dem nicht Seele wäre. Jetzt wird das anders. Sobald die Seele keine Macht mehr über den physischen Leib hat, unterliegt dieser den chemischen und physischen Gesetzen der Außenwelt, das heißt er stirbt ab. Als Seelenwirksamkeit bleibt nur, was in der Fortpflanzung und in dem entwickelten Innenleben tätig ist. Das heißt: es entstehen Nachkommen durch die Fortpflanzungskraft, und zugleich sind diese Nachkommen mit einem Überschuß an organbildender Kraft begabt. In diesem Überschuß lebt immer von neuem das Seelenwesen auf. Wie früher der ganze Leib von Seelentätigkeit erfüllt wurde bei der Teilung, so jetzt die Fortpflanzungs- und Empfindungsorgane. Man hat es also mit einer *Wiederverkörperung* des Seelenlebens in dem neu entstehenden Tochterorganismus zu tun.

In der theosophischen Literatur werden diese beiden Entwickelungsstufen des Menschen als die beiden ersten Wurzelrassen unserer Erde beschrieben. Die erste heißt die polarische, die zweite die hyperboräische Rasse.

Man muß sich vorstellen, daß die Empfindungswelt dieser Menschenvorfahren noch eine ganz allgemeine, unbestimmte war. Nur zweierlei von unseren heutigen Empfindungsarten waren doch schon geschieden: die Gehör- und die Tastempfindung. Durch die Veränderung sowohl des Leibes wie auch der physischen Umegbung war aber nicht mehr das ganze Menschengebilde geeignet, sozusagen «Ohr» zu sein. Ein besonderer Teil des Leibes blieb geeignet, die feinen Erschütterungen fortan mitzuerleben. Er lieferte das Material, aus dem sich dann allmählich *unser* Gehörorgan entwickelte. Doch Tastorgan blieb so ziemlich der ganze übrige Leib.

Es ist ersichtlich, daß der ganze bisherige Entwickelungsvorgang des Menschen mit einer Veränderung des Wärmezustandes der Erde zusammenhängt. Die in seiner Umgebung befindliche Wärme war es in der Tat, welche den Menschen bis zu der geschilderten Stufe gebracht hat. Nun war aber die äußere Wärme auf einem Punkte angelangt, bei dem ein weiteres Fortschreiten des Menschengebildes nicht mehr möglich gewesen wäre. Es tritt nunmehr im Innengebilde eine Gegenwirkung gegen die weitere Abkühlung der Erde ein. Der Mensch wird zum Erzeuger einer eigenen Wärmequelle. Bisher hatte er den Wärmegrad seiner Umgebung. Jetzt treten Organe in ihm auf, die ihn fähig machen, sich den Wärmegrad selbst zu entwickeln, den er für sein Leben nötig hat. Bisher war sein Inneres von zirkulierenden Stoffen durchzogen, die in dieser Richtung von der Umgebung abhängig waren. Jetzt konnte er für diese Stoffe Eigenwärme entwickeln. Die Leibessäfte wurden zum warmen Blute. Damit war er als physisches Wesen zu einem weit höheren Grade von Selbständigkeit gelangt, als er ihn früher hatte. Das ganze Innenleben wurde gesteigert. Die Empfindung hing noch ganz von den Wirkungen der Außenwelt ab. Die Erfüllung mit Eigenwärme gab dem Körper ein selbständiges *physisches* Innenleben. Nun hatte die Seele einen Schauplatz im Innern des Leibes, auf dem sie ein Leben entwickeln konnte, das nicht mehr bloß ein Mitleben der Außenwelt war.

Durch diesen Vorgang ist das Seelenleben in den Bereich des Irdisch-Stofflichen hineingezogen worden. Vorher konnten Begierden, Wünsche, Leidenschaften, konnten Lust und Leid der Seele nur wieder durch Seelisches entstehen. Was von einem anderen seelischen Wesen ausging, erweckte in einer bestimmten Seele Neigung, Abneigung, erregte die Leidenschaften und so weiter. Kein äußerer physischer Gegenstand hätte eine solche Wirkung tun können. Jetzt erst trat die Möglichkeit ein, daß solche äußere Gegenstände für die Seele etwas zu bedeuten hatten. Denn sie empfand die Förderung des mit der Eigenwärme erwachten Innenlebens als Wohlgefühl, die Störung dieses Innenlebens als Mißbehagen. Ein äußerer Gegenstand, der geeignet ist, zur Unterhaltung des leiblichen Wohlbehagens beizutragen, konnte *begehrt, gewünscht* werden. Das, was man in der theosophischen Literatur «Kama» – den Wunschleib – nennt, war mit dem irdischen Menschen verbunden. Die Gegenstände der Sinne wurden Gegenstände des Begehrungsvermögens. Der Mensch wurde durch seinen Wunschleib an das irdische Dasein gebunden.

Nun fällt diese Tatsache mit einem großen Weltereignisse zusammen, mit dem es ursächlich verknüpft ist. Bisher war zwischen Sonne, Erde und Mond keine materielle Trennung. Diese drei waren in ihrer Wirkung auf den Menschen *ein* Körper. Jetzt trat die Trennung ein; die feinere Stofflichkeit, die alles in sich schließt, was vorher der Seele die Möglichkeit gegeben hatte, unmittelbar belebend zu wirken, sonderte sich als Sonne ab; der derbste Teil trat als Mond heraus; und die Erde hielt mit ihrer Stofflichkeit die Mitte zwischen beiden. Natürlich war diese Trennung keine plötzliche, sondern der ganze Prozeß vollzog sich allmählich, während der Mensch von dem Zustande der Fortpflanzung durch Teilung bis zu dem zuletzt geschilderten vorrückte. Ja, gerade durch die genannten Weltprozesse wurde diese Fortentwickelung des Menschen bewirkt. Zuerst zog die Sonne ihre Stofflichkeit aus dem gemeinsamen Weltkörper heraus. Dadurch wurde dem Seelischen die Möglichkeit entzogen, die zurückbleibende Erdmaterie unmittelbar zu beleben. Dann fing der Mond an, sich herauszubilden. Dadurch kam die Erde in den Zustand, der das charakterisierte Empfindungsvermögen gestattete. – Und im Verein mit diesem Fortgang entwickelte sich auch ein neuer Sinn. Die Wärmeverhältnisse der Erde wurden solche, daß die Körper allmählich die feste Begrenzung annahmen, die Durchsichtiges von Undurchsichtigem trennte. Die aus der Erdmasse herausgetretene Sonne erhielt ihre Aufgabe als Lichtspenderin. Im Menschenleibe entstand der Sinn des Sehens. Zunächst war dieses Sehen nicht ein solches, wie wir es heute kennen. Licht und Dunkelheit wirkten als unbestimmte Gefühle auf den Menschen. Er empfand zum Beispiel das Licht unter gewissen Verhältnissen als behaglich, sein Leibesleben fördernd, und suchte es auf, strebte ihm zu. Dabei verlief das eigentliche Seelenleben noch immer in traumhaften Bildern. In diesem Leben stiegen Farbenbilder auf und ab, die sich nicht unmittelbar auf äußere Dinge bezogen. Diese Farbenbilder bezog der Mensch noch auf seelische Wirkungen. Helle Farbenbilder erschienen ihm, wenn ihn angenehme seelische Wirkungen trafen, finstere Bilder, wenn er von unangenehmen seelischen Einflüssen berührt wurde. – Es ist in dem bisherigen das, was durch das Auftreten der Eigenwärme bewirkt worden ist, als «Innenleben» bezeichnet worden. Man sieht aber, daß es ein Innenleben im Sinne der späteren Menschheitsentwickelung noch nicht ist. Alles geht stufenweise vor sich, auch die Entwickelung des Innenlebens. In dem Sinne, wie das im vorigen Aufsatz gemeint ist, tritt dieses wahre Innenleben erst auf, wenn die Befruchtung mit dem Geiste kommt, wenn der Mensch beginnt zu denken über das, was von außen auf ihn wirkt. – Aber alles, was hier geschildert wurde, zeigt, wie der Mensch hineinwächst in den Zustand, der im vorigen Abschnitt dargestellt worden ist. – Und man bewegt sich eigentlich schon in der Zeit, die dort charakterisiert worden ist, wenn man das folgende beschreibt: Immer mehr lernt die Seele das, was sie vorher in sich erlebt und nur auf Seelisches bezogen hat, auf das äußere körperliche Dasein anwenden. Das geschieht nun mit den Farbenbildern. Wie früher ein sympathischer Eindruck eines Seelischen mit einem Farbenbilde von heller Art in der eigenen Seele verknüpft wurde, so jetzt ein heller Lichteindruck von außen. Die Seele fing an, die Gegenstände um sich her farbig zu sehen. Das war verknüpft mit der Ausbildung neuer Sehwerkzeuge. Zu dem unbestimmten Fühlen des Lichtes und der Dunkelheit in früheren Zuständen hatte der Leib ein heute nicht mehr vorhandenes Auge. (Die Sage von den Zyklopen mit dem einen Auge ist eine Erinnerung an diese Zustände.) Die beiden Augen entwickelten sich, als die Seele anfing, die äußeren Lichteindrücke intimer mit ihrem Eigenleben zu verbinden. Es verlor sich damit das Wahrnehmungsvermögen für das Seelische in der Umgebung.

Die Seele wurde immer mehr und mehr zum Spiegel der Außenwelt. Diese Außenwelt wird als *Vorstellung* im Innern der Seele wiederholt. – Hand in Hand damit ging die Trennung der Geschlechter. Auf der einen Seite wurde der Menschenleib nur empfänglich für die Befruchtung durch ein anderes Menschenwesen, auf der anderen entwickelten sich die körperlichen «Seelenorgane» (Nervensystem), durch welche die sinnlichen Eindrücke der Außenwelt in der Seele abgespiegelt wurden. – Und damit war der Einzug des denkenden Geistes in den Menschenleib vorbereitet.

ANFANG DER GEGENWÄRTIGEN ERDE AUSTRITT DER SONNE

Es soll nunmehr die Akasha-Chronik zurückverfolgt werden bis in die urferne Vergangenheit, in welcher die gegenwärtige Erde ihren Anfang genommen hat. Unter Erde soll dabei verstanden werden derjenige Zustand unseres Planeten, durch welchen dieser der Träger von Mineralien, Pflanzen, Tieren und Menschen in ihrer jetzigen Gestalt ist. Denn diesem Zustande gingen andere voran, in welchen die genannten Naturreiche in wesentlich anderen Gestalten vorhanden waren. Das, was man jetzt Erde nennt, hat viele Wandlungen durchlaufen, ehe es Träger unserer gegenwärtigen Mineral-, Pflanzen-, Tier- und Menschenwelt hat werden können. Auch während solch früherer Zustände waren zum Beispiel Mineralien vorhanden: aber sie haben ganz anders ausgesehen als unsere heutigen. Über diese vergangenen Zustände wird hier noch gesprochen werden. Diesmal soll nur darauf aufmerksam gemacht werden, wie der nächstvorhergegangene Zustand sich in den gegenwärtigen umgewandelt hat. – Man kann solche Umwandlung dadurch ein wenig zur Vorstellung bringen, daß man sie vergleicht mit dem Durchgang eines Pflanzenwesens durch den Keimzustand. Man stelle sich eine Pflanze vor, mit Wurzel, Stengel, Blättern, Blüte und Frucht. Sie nimmt Stoffe aus ihrer Umgebung auf und scheidet solche wieder aus. Doch alles, was an ihr Stoff, Gestalt und Vorgang ist, entschwindet, bis auf den kleinen Keim. Durch diesen entwickelt sich das Leben hindurch, um im neuen Jahre in gleicher Form wieder zu erstehen. So ist alles, was im vorhergehenden Zustande auf unserer Erde vorhanden war, geschwunden, um im gegenwärtigen wieder zu erstehen. Was man für den vorhergehenden Zustand Mineral, Pflanze, Tier nennen könnte, ist vergangen, wie bei der Pflanze Wurzel, Stengel und so weiter vergangen sind. Und dort wie hier ist ein Keimzustand geblieben, aus dem sich die alte Form wieder neu bildet. In dem Keim liegen die Kräfte verborgen, welche die neue Form aus sich hervorgehen lassen.

Man hat es also in dem Zeitpunkt, von dem hier gesprochen werden soll, mit einer Art von Erdenkeim zu tun. Dieser hat in sich die Kräfte enthalten, welche zu der heutigen Erde führten. Diese Kräfte sind durch die früheren Zustände erworben worden. Diesen Erdenkeim hat man sich aber *nicht* als einen dichtstofflichen wie denjenigen einer Pflanze vorzustellen. Er war vielmehr seelischer Natur. Er bestand aus jenem feinen, bildsamen, beweglichen Stoff, den man in der okkultistischen Literatur den «astralen» nennt. – In diesem Astralkeim der Erde sind zunächst *nur* menschliche Anlagen. Es sind die Anlagen zu den späteren Menschenseelen. Alles, was sonst schon in früheren Zuständen in mineralischer, pflanzlicher, tierischer Natur vorhanden war, ist in diese menschlichen Anlagen aufgesogen, mit ihnen verschmolzen worden. Bevor also der Mensch die physische Erde betritt, ist er *Seele,* astralische Wesenheit. Als solche findet er sich auf der physischen Erde ein. Diese ist in einer äußerst feinen Stofflichkeit vorhanden, die man in der okkultistischen Literatur den *feinsten Äther* nennt. – Woher diese Äthererde stammt, kommt in den nächsten Aufsätzen zur Darstellung. Mit diesem Äther verbinden sich die astralischen Menschenwesen. Sie prägen ihre Wesenheit diesem Äther gleichsam ein, so daß er ein Abbild der astralischen Menschenwesenheit wird. Man hat es also in diesem Anfangszustande mit einer Äthererde zu tun, die eigentlich nur aus diesen Äthermenschen besteht, die nur ein Konglomerat aus ihnen ist. Der Astralleib oder die Seele des Menschen ist eigentlich noch zum größten Teile *außer* dem Ätherleib und organisiert ihn von außen. Für den Geheimforscher nimmt sich diese Erde etwa folgendermaßen aus. Sie ist eine Kugel, die sich wieder aus unzähligen kleinen Ätherkugeln – den Äthermenschen – zusammensetzt, und ist von einer *astralen* Hülle umgeben, wie die gegenwärtige Erde von einer Lufthülle umgeben ist. In dieser astralen Hülle (Atmosphäre) leben die Astralmenschen und wirken von da aus auf ihre ätherischen Abbilder. Die astralen Menschenseelen schaffen in den Ätherabbildern Organe und bewirken in diesen ein menschliches Ätherleben. Es ist innerhalb der ganzen Erde nur *ein* Stoffzustand, eben der feine lebendige Äther, vorhanden. In theosophischen Büchern wird diese erste Menschheit die erste (polarische) Wurzelrasse genannt.

Die Weiterentwickelung der Erde geschieht nun so, daß sich aus dem *einen* Stoffzustand *zwei* bilden. Es scheidet sich gleichsam eine dichtere aus und läßt eine dünnere Stofflichkeit zurück. Die dichtere Stofflichkeit ist ähnlich unserer heutigen Luft; die dünnere ist gleich derjenigen, welche bewirkt, daß sich chemische Elemente aus der früheren ungeteilten Stofflichkeit herausbilden. Daneben bleibt ein Rest der früheren Stofflichkeit, des belebten Äthers, bestehen. Nur ein Teil desselben gliedert sich in die beiden genannten Stoffzustände. Man hat es also jetzt mit drei Stoffen innerhalb der physischen Erde zu tun. Während vorher die astralischen Menschenwesen in der Erdenhülle nur auf eine Stofflichkeit wirkten, haben sie jetzt auf drei zu wirken. Und sie wirken darauf in folgender Weise. Was luftartig geworden ist, leistet der Arbeit der Astralmenschen zunächst Widerstand. Es nimmt nicht alles an, was an Anlagen in den vollkommenen Astralmenschen enthalten ist. Die Folge davon ist, daß sich die astralische Menschheit in zwei Gruppen teilen muß. Die eine Gruppe ist eine solche, welche die luftförmige Stofflichkeit bearbeitet und darinnen ein Abbild von sich selbst schafft. Die andere Gruppe vermag mehr. Sie kann die beiden anderen Stofflichkeiten bearbeiten, sie kann von sich ein solches Abbild schaffen, daß dieses aus dem lebendigen Äther *und* der anderen die chemischen Elementarstoffe bewirkenden Ätherart besteht. Es soll diese Ätherart hier der chemische Äther genannt werden. Diese zweite Gruppe der Astralmenschen hat diese ihre höhere Fähigkeit aber nur dadurch erworben, daß sie einen Teil – die erste Gruppe – der astralischen Wesenheit von sich ausgeschieden und zu niedriger Arbeit verurteilt hat. Hätte sie die Kräfte in sich behalten, welche diese niedere Arbeit bewirkten, so hätte sie selbst nicht höher steigen können. Man hat es hier also mit einem Vorgang zu tun, der darin besteht, daß sich etwas Höheres auf Kosten eines andern entwickelt, das es aus sich ausscheidet.

Innerhalb der physischen Erde bietet sich jetzt folgendes Bild. Zweierlei Wesenheiten sind entstanden. Erstens solche

Wesenheiten, die einen luftförmigen Körper haben, an welchem von dem zu ihm gehörigen Astralwesen von außen gearbeitet wird. Diese Wesen sind tierartig. Sie bilden ein erstes Tierreich auf der Erde. Diese Tiere haben Gestalten, welche ziemlich abenteuerlich den heutigen Menschen vorkämen, wenn sie hier beschrieben würden. Ihre Gestalt – man muß festhalten, daß diese Gestalt nur luftartigen Stoff hat – gleicht keiner der jetzt vorhandenen Tierformen. Höchstens haben sie eine entfernte Ähnlichkeit mit gewissen Schnecken- oder Muschelschalen, die heute existieren. Neben diesen Tierformen schreitet die physische Menschenbildung vorwärts. Der nun höher gestiegene astralische Mensch schafft von sich ein physisches Abbild, das aus zwei Stoffarten besteht, aus dem Lebensäther und dem chemischen Äther. Man hat es also zu tun mit einem Menschen, der aus dem Astralleib besteht und der in einen Ätherleib hineinarbeitet, welcher seinerseits wieder aus zwei Ätherarten: Lebensäther und chemischen Äther besteht. Durch den Lebensäther hat dieses physische Menschenabbild die Fähigkeit, sich fortzupflanzen, Wesen seinesgleichen aus sich hervorgehen zu lassen. Durch den chemischen Äther entwickelt es gewisse Kräfte, welche den heutigen chemischen Anziehungs- und Abstoßungskräften ähnlich sind. Dadurch ist dieses Menschenabbild imstande, gewisse Stoffe aus der Umwelt an sich heranzuziehen und mit sich zu vereinigen, um sie später durch die abstoßenden Kräfte wieder auszuscheiden. Natürlich können diese Stoffe nur aus dem beschriebenen Tierreich und aus dem Menschenreiche selbst genommen sein. Man hat es mit dem Anfange einer Ernährung zu tun. Diese ersten Menschenabbilder waren also Tier- und Menschenfresser. – Neben all diesen Wesen bleiben auch noch die Nachkommen der früheren bloßen Lebensätherwesen vorhanden; aber sie verkümmern, da sie sich den neuen Erdverhältnissen anpassen müssen. Aus diesen bilden sich dann später, nach vielen Umwandlungen, die sie durchmachen, die einzelligen Tierwesen und auch die Zellen, welche später die komplizierteren Lebewesen zusammensetzen.

Der weitere Vorgang ist nun der folgende. Die luftartige Stofflichkeit spaltet sich in zwei, wovon die eine dichter, wäßrig wird, die andere luftartig verbleibt. Aber auch der chemische Äther spaltet sich in zwei Stoffzustände; der eine wird dichter und bildet das, was hier Lichtäther genannt werden soll. Er bewirkt in den Wesenheiten, die ihn in sich haben, die Gabe des Leuchtens. Ein Teil aber des chemischen Äthers bleibt als solcher bestehen. – Nun hat man es mit einer physischen Erde zu tun, die sich aus folgenden Stoffarten zusammensetzt: Wasser, Luft, Lichtäther, chemischer Äther und Lebensäther. Damit nun die astralischen Wesenheiten wieder auf diese Stoffarten wirken können, findet wieder ein Vorgang statt, durch den sich Höheres auf Kosten eines Niedrigeren entwickelt, das ausgeschieden wird. Dadurch entstehen physische Wesenheiten der folgenden Art. Erstens solche, deren physischer Leib aus Wasser und Luft besteht. Auf diese wirken nun grobe ausgeschiedene Astralwesenheiten. Damit entsteht eine neue Gruppe von Tieren in gröberer Stofflichkeit als die früheren. – Eine andere neue Gruppe von physischen Wesenheiten hat einen Leib, der aus Luft- und Lichtäther, mit Wasser vermischt, bestehen kann. Diese sind pflanzenähnliche Wesenheiten, die aber wieder an Gestalt sehr verschieden sind von den gegenwärtigen Pflanzen. Die dritte neue Gruppe stellt nun erst den damaligen Menschen dar. Sein physischer Leib besteht aus drei Ätherarten, dem Lichtäther, dem chemischen Äther und dem Lebensäther. Wenn man bedenkt, daß nun auch Nachkömmlinge der alten Gruppen fortbestehen, so kann man ermessen, welche Mannigfaltigkeit von Lebewesen auf der damaligen Stufe des Erdendaseins schon vorhanden war.

Nun folgt ein wichtiges kosmisches Ereignis. Die Sonne scheidet sich aus. Es gehen damit gewisse Kräfte aus der Erde einfach fort. Diese Kräfte sind zusammengesetzt aus einem Teil dessen, was im Lebensäther, chemischen und Lichtäther bisher auf der Erde vorhanden war. Diese Kräfte wurden damit aus der bisherigen Erde gleichsam herausgezogen. Eine radikale Änderung ging dadurch mit allen Gruppen der Erdenwesen vor sich, die in sich diese Kräfte vorher enthalten hatten. Sie erlitten eine Umbildung. Das, was oben Pflanzenwesen genannt wurde, erlitt zunächst eine solche Umbildung. Ein Teil ihrer Lichtätherkräfte wurde ihnen entzogen. Sie konnten dann sich als Lebewesen nur entfalten, wenn die ihnen entzogene Kraft des Lichtes von außen auf sie wirkte. So kamen die Pflanzen unter die Einwirkung des Sonnenlichtes. – Ein Ähnliches trat auch für die Menschenleiber ein. Auch ihr Lichtäther mußte fortan mit dem Sonnenlichtäther zusammenwirken, um lebensfähig zu sein. – Es wurden aber nicht nur diejenigen Wesen betroffen, welche unmittelbar Lichtäther verloren, sondern auch die anderen. Denn in der Welt wirkt alles zusammen. Auch die Tierformen, die nicht selbst Lichtäther enthielten, wurden ja früher von ihren Mitwesen auf der Erde bestrahlt und entwickelten sich unter dieser Bestrahlung. Auch sie kamen jetzt unmittelbar unter die Einwirkung der außen stehenden Sonne. – Der Menschenleib aber im besonderen entwickelte Organe, die für das Sonnenlicht empfänglich waren: die ersten Anlagen der Menschenaugen.

Für die Erde war die Folge des Heraustretens der Sonne eine weitere stoffliche Verdichtung. Es bildete sich fester Stoff aus dem flüssigen heraus; ebenso schied sich der Lichtäther in eine andere Lichtätherart und in einen Äther, der den Körpern das Vermögen gibt, zu erwärmen. Damit wurde die Erde eine Wesenheit, die Wärme in sich entwickelte. Alle ihre Wesen kamen unter den Einfluß der Wärme. Wieder mußte im Astralischen ein ähnlicher Vorgang stattfinden wie früher; die einen Wesen bildeten sich höher auf Kosten von anderen. Es schied sich ein Teil von Wesen aus, der geeignet war, die derbe, feste Stofflichkeit zu bearbeiten. Und damit war für die Erde das feste Knochengerüst des *mineralischen Reiches* entstanden. Zunächst waren alle höheren Naturreiche noch nicht auf diese feste mineralische Knochenmasse wirksam. Man hat daher auf der Erde ein Mineralreich, das hart ist, ein Pflanzenreich, das als dichteste Stofflichkeit Wasser und Luft hat. In diesem Reiche hatte sich nämlich durch die geschilderten Vorgänge der Luftleib selbst zu einem Wasserleib verdichtet. Daneben bestanden Tiere in den mannigfaltigsten Formen, solche mit Wasser- und solche mit Luftleibern. Der Menschenleib selbst war einem Verdichtungsprozeß anheimgefallen. Er hatte seine dichteste

Leiblichkeit bis zur Wässerigkeit verdichtet. Dieser sein Wasserleib war durchzogen von dem entstandenen Wärmeäther. Das gab seinem Leib eine Stofflichkeit, die man etwa gasartig nennen könnte. Diesen materiellen Zustand des Menschenleibes bezeichnet man in Werken der Geheimwissenschaft als denjenigen des *Feuernebels*. Der Mensch war in diesem Leibe von Feuernebel verkörpert.

Damit ist die Betrachtung der Akasha-Chronik bis dicht vor jene kosmische Katastrophe vorgeschritten, welche durch den Austritt des Mondes von der Erde bewirkt worden ist.

Man muß sich durchaus klarmachen, daß der Mensch erst später die dichte Stofflichkeit annahm, die er jetzt die seinige nennt, und zwar erst ganz allmählich. Will man sich von seiner Leiblichkeit auf der jetzt besprochenen Entwickelungsstufe eine Vorstellung machen, so kann man das am besten, wenn man sie sich denkt ähnlich einem Wasserdampf oder einer in der Luft schwebenden Wolke. Nur ist diese Vorstellung natürlich eine solche, die sich der Wirklichkeit ganz *äußerlich* nähert. Denn die Feuerwolke «Mensch» ist innerlich belebt und organisiert. Im Verhältnis aber zu dem, was der Mensch später geworden ist, hat man ihn sich seelisch auf dieser Stufe als schlummernd, ganz dämmerhaft bewußt noch vorzustellen. Alles, was Intelligenz, Verstand, Vernunft genannt werden kann, fehlt noch diesem Wesen. Es bewegt sich, mehr schwebend als schreitend, durch vier gliedmaßenähnliche Organe vorwärts, seitwärts, rückwärts, nach allen Seiten. Im übrigen ist über die Seele dieser Wesen ja schon einiges gesagt worden.

Aber man darf nicht denken, daß die Bewegungen oder andere Lebensäußerungen dieser Wesen unvernünftig oder regellos verliefen. Sie waren vielmehr vollkommen gesetzmäßig. Alles, was geschah, hatte Sinn und Bedeutung. Nur war die leitende Macht, der Verstand, nicht in den Wesen selbst. Sie wurden vielmehr von einem Verstande dirigiert, der außerhalb ihrer selbst war. Höhere, reifere Wesen, als sie selbst waren, umschwebten sie gleichsam und leiteten sie. Denn das ist die wichtige Grundeigenschaft des Feuernebels, daß sich in ihm die Menschenwesen auf der charakterisierten Stufe ihres Daseins verkörpern konnten, daß aber gleichzeitig in ihm auch höhere Wesen Leib annehmen konnten und so mit den Menschen in voller Wechselwirkung standen. Der Mensch hatte seine Triebe, Instinkte, Leidenschaften bis zu der Stufe gebracht, daß diese im Feuernebel sich gestalten konnten. Die andern angeführten Wesen aber konnten mit ihrer Vernunft, mit ihrem verständigen Walten innerhalb dieses Feuernebels schaffen. Diese letzteren hatten ja noch höhere Fähigkeiten, durch die sie in obere Regionen hinaufreichten. Von diesen Regionen gingen ihre Entschlüsse, ihre Impulse aus; aber in dem Feuernebel erschienen die tatsächlichen Wirkungen dieser Entschlüsse. Alles, was auf der Erde durch Menschen geschah, entsprang dem geregelten Verkehr des menschlichen Feuernebelkörpers mit demjenigen dieser höheren Wesen. – Man kann also sagen, der Mensch strebte in einem Aufstieg. Er sollte in dem Feuernebel im menschlichen Sinne höhere Eigenschaften entwickeln, als er früher hatte. Die anderen Wesen aber strebten nach dem Materiellen hinunter. Sie waren auf dem Wege, ihre schaffenden Kräfte in immer dichteren und dichteren stofflichen Formen zum Dasein zu bringen. Für sie bedeutet das im weiteren Sinne ja keineswegs eine Erniedrigung. Man muß sich gerade über diesen Punkt völlig klar werden. Es ist höhere Macht und Fähigkeit, dichtere Formen der Stofflichkeit zu dirigieren als dünnere. Auch diese höheren Wesen hatten in früheren Zeiträumen ihrer Entwickelung eine ähnlich eingeschränkte Macht wie etwa jetzt der Mensch. Auch sie hatten, wie der Mensch in der Gegenwart, einmal nur Macht über das, was in «ihrem Innern» vorging. Und es gehorchte ihnen nicht die äußere derbe Materie. Jetzt strebten sie einem Zustande entgegen, in dem sie Außendinge magisch lenken und leiten sollten. Sie waren also in dem geschilderten Zeitraume dem Menschen voraus. Er strebte hinauf, um erst in feineren Materien den Verstand zu verkönpern, damit dieser später nach außen wirken könne; sie hatten früher sich bereits den Verstand eingekörpert und erhielten jetzt magische Kraft, um den Verstand hineinzugliedern in die sie umgebende Welt. Der Mensch bewegte sich somit *aufwärts* durch die Feuernebelstufe, sie drangen durch eben diese Stufe *abwärts* zur Ausbreitung ihrer Macht.

Im Feuernebel können vorzüglich diejenigen Kräfte wirksam sein, welche der Mensch als seine niederen Leidenschafts- oder Triebkräfte kennt. Sowohl der Mensch selbst wie auch die höheren Wesen bedienen sich auf der geschilderten Feuernebelstufe dieser Kräfte. Auf die oben beschriebene Menschengestalt wirken – und zwar innerhalb derselben – diese Kräfte so, daß der Mensch die Organe entwickeln kann, die dann ihn zum Denken, also zur Ausbildung der Persönlichkeit befähigen. In den höheren Wesen wirken aber diese Kräfte auf der in Betracht kommenden Stufe so, daß diese Wesen sich ihrer bedienen können, um unpersönlich die Einrichtungen der Erde zu schaffen. Dadurch entstehen durch diese Wesen auf der Erde Gestaltungen, welche selbst ein Abbild der Verstandesregeln sind. Im Menschen entstehen also durch die Wirkung der Leidenschaftskräfte die persönlichen Verstandesorgane; rings um ihn herum bilden sich verstanderfüllte Organisationen durch dieselben Kräfte.

Und nun denke man sich diesen Prozeß ein wenig vorgerückt; oder vielmehr, man vergegenwärtige sich, was in der Akasha-Chronik verzeichnet ist, wenn man einen etwas späteren Zeitpunkt ins Auge faßt. Da hat sich der Mond von der Erde abgetrennt. Eine große Umwälzung hat sich dadurch vollzogen. Ein großer Teil der Wärme ist aus den Dingen gewichen, die um den Menschen herum sind. Diese Dinge sind dadurch zu derberer, dichterer Stofflichkeit übergegangen. Der Mensch muß in dieser abgekühlten Umgebung leben. Das kann er nur, wenn er seine eigene Stofflichkeit verändert. Mit dieser Stoffverdichtung ist aber zugleich eine Gestaltänderung verknüpft. Denn der Zustand des Feuernebels auf der Erde ist ja selbst einem ganz anderen gewichen. Die Folge davon ist, daß die geschilderten höheren Wesen nicht mehr den Feuernebel zum Mittel ihrer Wirksamkeit haben. Sie können daher auch nicht mehr auf diejenigen seelischen Lebensäußerungen der Menschen ihren Einfluß entfalten, der vorher ihr hauptsächliches Wirkungsfeld war. Aber sie haben Macht erhalten über die Gebilde des Menschen, die sie vorher selbst aus dem Feuernebel heraus geschaffen haben. – Diese Wirkungsänderung geht Hand in Hand mit einer Verwandlung der Menschengestalt. Diese hat die eine Hälfte mit zwei Bewegungsorganen zur unteren Körperhälfte umgewandelt, die dadurch hauptsächlich der Träger der Ernährung und Fortpflanzung geworden ist. Die andere Hälfte wurde gleichsam nach oben gewendet. Aus den beiden anderen Bewegungsorganen sind die Ansätze zu Händen geworden. Und solche Organe, die vorher noch mit zur Ernährung und Fortpflanzung gedient haben, bilden sich zu Sprach- und Denkorganen um. Der Mensch hat sich aufgerichtet. Das ist die unmittelbare Folge des Mondaustrittes. Und mit dem Monde sind alle diejenigen Kräfte aus dem Erdenkörper heraus geschwunden, durch welche sich der Mensch während seiner Feuernebelzeit noch selbst befruchten und Wesen seinesgleichen ohne äußeren Einfluß hervorbringen konnte. Seine ganze untere Hälfte – dasjenige, was man oft die niedere Natur nennt – ist nun unter den verstandesmäßig gestaltenden Einfluß der höheren Wesenheiten gekommen. Was diese Wesenheiten dadurch, daß die nunmehr im Monde abgesonderte Kraftmasse noch mit der Erde vereinigt war, vorher noch im Menschen selbst regeln konnten, das müssen sie jetzt durch das Zusammenwirken der beiden Geschlechter organisieren. Daraus ist es begreiflich, daß der Mond von den Eingeweihten als das Symbol für die Fortpflanzungskraft angesehen wird. An ihm haften ja sozusagen diese Kräfte. Und die geschilderten höheren Wesen haben eine Verwandtschaft mit dem Monde, sind gewissermaßen Mondgötter. Sie wirkten vor der Abtrennung des Mondes durch dessen Kraft im Menschen, nachher wirkten ihre Kräfte von außen auf die Fortpflanzung des Menschen ein. Man kann auch sagen, jene edlen geistigen Kräfte, welche vorher durch das Mittel des Feuernebels auf die noch höheren Triebe des Menschen einwirkten, sind jetzt heruntergestiegen, um ihre Macht in dem Gebiete der Fortpflanzung zu entfalten. Tatsächlich wirken edle Götterkräfte in diesem Gebiete regelnd und organisierend. – Und damit ist ein wichtiger Satz der Geheimlehre zum Ausdruck gebracht, der so lautet: Die höheren, edlen Gotteskräfte haben Verwandtschaft mit den – *scheinbar* – niederen Kräften der Menschennatur. Das Wort «scheinbar» muß hier in seiner ganzen Bedeutung aufgefaßt werden. Denn es wäre eine vollständige Verkennung der okkulten Wahrheiten, wenn man in den Fortpflanzungskräften an sich etwas Niedriges sehen wollte. Nur wenn der Mensch diese Kräfte mißbraucht, wenn er sie in den Dienst seiner Leidenschaften und Triebe zwingt, liegt etwas Verderbliches in diesen Kräften, nicht aber, wenn er sie durch die Einsicht *adelt,* daß göttliche Geisteskraft in ihnen liegt. Dann wird er diese Kräfte in den Dienst der Erdentwickelung stellen und die Absichten der charakterisierten höheren Wesenheiten durch seine Fortpflanzungskräfte ausführen. Veredelung dieses ganzen Gebietes und Stellung desselben unter göttliche Gesetze ist das, was die Geheimwissenschaft lehrt, nicht aber Ertötung desselben. Die letztere kann nur die Folge äußerlich aufgefaßter und zum mißverständlichen Asketismus verzerrter okkulter Grundsätze sein.

Man sieht, daß in der zweiten, oberen Hälfte der Mensch sich etwas entwickelt hat, auf das die geschilderten höheren Wesen keinen Einfluß haben. Über diese Hälfte gewinnen nun andere Wesen eine Macht. Es sind diejenigen, welche in früheren Entwickelungsstufen zwar weitergekommen sind als die Menschen, noch nicht aber so weit wie die Mondgötter. Sie konnten im Feuernebel noch keine Macht entfalten. Jetzt aber, wo ein späterer Zustand eingetreten ist, wo in den menschlichen Verstandesorganen durch den Feuernebel etwas gebildet ist, vor dem sie selbst in einer früheren Zeit standen, jetzt ist ihre Zeit gekommen. Bei den Mondgöttern war es bis zu dem nach außen wirkenden und ordnenden Verstand schon früher gekommen. In ihnen war dieser Verstand da, als die Epoche des Feuernebels eintrat. Sie konnten nach außen auf die Dinge der Erde wirken. Die eben besprochenen Wesen hatten es in früherer Zeit nicht bis zur Ausbildung eines solchen nach außen wirkenden Verstandes gebracht. Deshalb traf sie die Feuernebelzeit unvorbereitet. Nun ist aber Verstand da. In den Menschen ist er vorhanden. Und sie bemächtigen sich jetzt dieses menschlichen Verstandes, um durch ihn auf die Dinge der Erde zu wirken. Wie vorher die Mondgötter auf den *ganzen* Menschen gewirkt haben, so wirken diese jetzt nur auf dessen untere Hälfte; auf die obere Hälfte aber wirkt der Einfluß der genannten unteren Wesenheiten. So kommt der Mensch unter eine doppelte Führung. Seinem niederen Teile nach steht er unter der Macht der Mondgötter, seiner ausgebildeten Persönlichkeit nach aber gelangt er unter die Führung derjenigen Wesenheiten, die man mit dem Namen «*Luzifer*» – als ihren Regenten – zusammenfaßt. Die luziferischen Götter vollenden also ihre eigene Entwickelung, indem sie sich der erwachten menschlichen Verstandeskräfte bedienen. Sie konnten es früher bis zu dieser Stufe noch nicht bringen. Damit aber geben sie dem Menschen zugleich die Anlage zur Freiheit, zur Unterscheidung von «Gut» und «Böse». Unter der bloßen Führung der Mondgötter ist das menschliche Verstandesorgan zwar gebildet, aber diese Götter hätten das Gebilde schlummern lassen; sie hatten kein Interesse daran, sich desselben zu bedienen. Sie hatten ja ihre eigenen Verstandeskräfte. Die luziferischen Wesen hatten um ihrer selbst willen das Interesse, den menschlichen Verstand auszubilden, ihn hinzulenken auf die Dinge der Erde. Sie wurden damit für die Menschen die Lehrer von alledem, was durch den menschlichen Verstand vollbracht werden kann. Aber sie konnten auch nichts weiter sein als die *Anreger*. Sie konnten ja nicht *in sich,* sondern eben nur *im Menschen* den Verstand ausbilden. Dadurch entstand eine zweifache Richtung der Tätigkeit auf der Erde. Die eine ging unmittelbar von den Mondgottheiten aus und war vom Anfange an eine gesetzmäßig geregelte, vernünftige. Die Mondgötter hatten ja ihre Lehrzeit schon früher abgemacht, sie waren jetzt über die Möglichkeit des Irrtums hinaus. Die mit den Menschen handelnden luziferischen Götter aber mußten sich erst zu solcher Abklärung durcharbeiten. Unter ihrer Führung mußte der Mensch lernen, die Gesetze seines Wesens zu finden. Er mußte unter Luzifers Führung selbst werden, wie «der Götter einer».

Die Frage liegt nahe: wenn die luziferischen Wesenheiten in ihrer Entwickelung nicht mitgekommen sind bis zu dem verstandeserfüllten Schaffen im Feuernebel, wo sind sie stehengeblieben? Bis zu welcher Stufe irdischer Entwickelung reichte ihre Fähigkeit, um gemeinsame Arbeit mit den Mondgöttern zu leisten? Die Akasha-Chronik gibt darüber Aufschluß. Sie konnten an dem irdischen Schaffen sich bis zu dem Punkte beteiligen, da sich die *Sonne* von der Erde getrennt hat. Es zeigt sich, daß sie bis zu dieser Zeit zwar etwas geringere Arbeit leisteten als die Mondgötter; aber sie gehörten doch der Schar göttlicher Schöpfer an. Nach der Trennung von Erde und Sonne begann auf ersterer eine Tätigkeit – eben die Arbeit im Feuernebel –, zu der zwar die Mondgötter, nicht aber die luziferischen Geister vorbereitet waren. Für sie trat daher eine Periode des Stillstandes, des Wartens ein. Als nun nach dem Abfluten des allgemeinen Feuernebels die Menschenwesen an der Bildung ihrer Verstandesorgane zu arbeiten begannen, da konnten die Luzifergeister wieder aus ihrer Ruhe hervortreten. Denn die Schöpfung des Verstandes ist mit der Tätigkeit der Sonne verwandt. Das Aufgehen des Verstandes in der Menschennatur ist das Aufleuchten einer inneren Sonne. Dies ist nicht nur im bildlichen, sondern ganz im wirklichen Sinne gesprochen. So fanden diese Geister im Innern des Menschen Gelegenheit, ihre mit der *Sonne* zusammenhängende Tätigkeit wieder aufzunehmen, als die Epoche des Feuernebels von der Erde abgeflutet war.

Daraus leuchtet nun auch ein, woher der Name Luzifer, das ist «Lichtträger», stammt, und warum man in der Geheimwissenschaft diese Wesen als «Sonnengötter» bezeichnet.

Alles weitere ist nun nur verständlich, wenn man den Blick zurückwendet auf Zeiträume, welche der Erdentwickelung vorhergegangen sind. Das soll in den weiteren Fortsetzungen der «Akasha-Chronik» geschehen. Da wird gezeigt werden, welche Entwickelung die mit der Erde zusammenhängenden Wesen auf anderen Planeten durchmachten, bevor sie die Erde betraten. Und man wird noch genauer die Natur der «Mond-» und «Sonnengötter» kennenlernen. Zugleich wird dann die Entwickelung des Tier-, Pflanzen- und Mineralreiches vollkommen durchsichtig werden.

EINIGE NOTWENDIGE ZWISCHENBEMERKUNGEN

Es soll in diesen Betrachtungen mit Mitteilungen begonnen werden, die sich auf die Entwickelung des Menschen und der mit ihm zusammenhängenden Wesenheiten vor der «irdischen Periode» beziehen. Denn als der Mensch anfing, sein Schicksal zu verknüpfen mit dem Planeten, den man die «Erde» nennt, hatte er bereits eine Reihe von Entwickelungsstufen durchgemacht, durch die er sich für das irdische Dasein gewissermaßen vorbereitet hat. Man hat von solchen Stufen drei zu unterscheiden und bezeichnet diese als *drei planetarische Entwickelungsstufen*. Die Namen, welche man in der Geheimwissenschaft für diese Stufen gebraucht, sind Saturn-, Sonne- und Mondperiode. Es wird sich zeigen, daß diese Benennungen *zunächst* nichts zu tun haben mit den Himmelskörpern von heute, welche in der physischen Astronomie diese Namen tragen, obwohl in *weiterem* Sinne eine dem vorgerückten Mystiker bekannte Beziehung auch zu ihnen besteht. – Man sagt nun wohl auch, der Mensch habe, bevor er die Erde betrat, andere Planeten bewohnt. Doch hat man unter diesen «anderen Planeten» nur frühere Entwickelungszustände der Erde selbst und ihrer Bewohner zu verstehen. Die Erde mit allen Wesen, die zu ihr gehören, hat, bevor sie «Erde» geworden ist, die drei Zustände des Saturn-, Sonne- und Monddaseins durchgemacht. Saturn, Sonne, Mond sind gewissermaßen die drei Inkarnationen der Erde in der Vorzeit. Und was man in diesem Zusammenhange Saturn, Sonne und Mond nennt, ist heute ebensowenig als physischer Planet noch vorhanden wie die früheren physischen Inkarnationen eines Menschen neben seiner heutigen noch vorhanden sind. – Wie es sich mit dieser «planetarischen Entwickelung» des Menschen und der anderen zur Erde gehörigen Wesen verhält, wird eben den Gegenstand der folgenden Abhandlungen «Aus der Akasha-Chronik» bilden. Damit soll nicht gesagt werden, daß den genannten drei Zuständen nicht noch weitere vorhergegangen seien. Allein alles, was ihnen vorangeht, verliert sich in ein Dunkel, in das geheimwissenschaftliche Forschung zunächst nicht hineinzuleuchten vermag. Denn diese Forschung beruht nicht auf einer Spekulation, auf einem Spinnen in bloßen Begriffen, sondern auf wirklicher *geistiger Erfahrung*. Und so wie unser physisches Auge auf freiem Felde nur bis zu einer gewissen Grenze zu sehen vermag und über den Horizont nicht hinausblicken kann, so kann auch das «Geistesauge» nur bis zu einem gewissen Zeitpunkte blicken. *Geheimwissenschaft beruht auf Erfahrung und sie bescheidet sich innerhalb dieser Erfahrung*. Nur Begriffshaarspalterei will erforschen, was «ganz im Anfange» der Welt war, oder «warum eigentlich Gott die Welt erschaffen habe?» Für den Geheimforscher handelt es sich vielmehr darum, zu begreifen, daß man solche Fragen auf einer gewissen Stufe der Erkenntnis gar nicht mehr stellt. Denn innerhalb der geistigen *Erfahrung* offenbart sich dem Menschen alles, was ihm zur Erfüllung seiner Bestimmung auf unserem Planeten nötig ist. Wer geduldig sich hineinarbeitet in die Erfahrungen der Geheimforscher, der wird sehen, daß der Mensch volle Befriedigung für alle ihm notwendigen Fragen *innerhalb* der geistigen Erfahrung gewinnen kann. Man wird zum Beispiel in den folgenden Aufsätzen sehen, wie sich vollkommen die Frage nach dem «Ursprunge des Bösen» löst und vieles andere, wonach der Mensch verlangen muß. – Es soll hier auch durchaus nicht gesagt werden, daß der Mensch *niemals* über die oben genannten Fragen nach dem «Ursprunge der Welt» und ähnlichem Aufschluß erlangen könne. *Er kann es*. Aber er muß, um es zu können, erst durch die Erkenntnisse hindurchgehen, welche *innerhalb* der nächsten geistigen Erfahrung sich offenbaren. Dann erkennt er, daß er diese Fragen in einer anderen Weise zu stellen hat, als dies bisher von ihm geschehen ist.

Je tiefer man sich hineinarbeitet in die wahre Geheimwissenschaft, desto *bescheidener* wird man eben. Man erkennt dann erst, wie man sich ganz allmählich reif und würdig machen muß für gewisse Erkenntnisse. Und Stolz oder Unbescheidenheit werden endlich Namen für Eigenschaften des Menschen, welche auf einer gewissen Erkenntnisstufe keinen Sinn mehr haben. Man sieht, wenn man ein klein wenig erkannt hat, wie unermeßlich groß der Weg ist, der vor einem liegt. Durch Wissen erlangt man eben die Einsicht in das: «wie wenig man weiß». Und man erlangt auch das Gefühl für die ungeheure Verantwortung, die man auf sich nimmt, wenn man von übersinnlichen Erkenntnissen redet. Doch kann die Menschheit ohne diese übersinnlichen Erkenntnisse nicht leben. Wer aber solche Erkenntnisse verbreitet, der bedarf der Bescheidenheit und einer wahren echten Selbstkritik, eines durch nichts zu erschütternden Strebens nach Selbsterkenntnis und äußerster Vorsicht.

Solche Zwischenbemerkungen sind hier notwendig, da ja jetzt zu noch höheren Erkenntnissen der Aufstieg unternommen werden soll, als diejenigen sind, welche man in den vorhergehenden Abschnitten der «Akasha-Chronik» findet.

Zu den Ausblicken, die man in den folgenden Mitteilungen in die Vergangenheit des Menschen machen wird, sollen dann solche *in die Zukunft* kommen. Denn einer wahren geistigen Erkenntnis kann die Zukunft sich aufschließen, wenn auch nur in dem Maße, als es für den Menschen zu einer Erfüllung seiner Bestimmung notwendig ist. Wer sich nicht einläßt auf die Geheimwissenschaft und von dem hohen Richterstuhle seiner Vorurteile herab einfach alles in das Gebiet der Phantastik und Träumerei verweist, was von dieser Seite kommt, der wird dieses Verhältnis zur Zukunft am wenigsten verstehen. Und doch könnte eine einfache logische Überlegung verständlich machen, was da in Betracht kommt. Nur werden solche logischen Überlegungen eben bloß so lange angenommen, als sie mit den Vorurteilen der Menschen übereinstimmen. Vorurteile sind mächtige Feinde auch aller Logik.

Man bedenke einmal: wenn Schwefel, Sauerstoff und Wasserstoff unter ganz bestimmten Verhältnissen zusammengebracht werden, so muß Schwefelsäure nach einem notwendigen Gesetze entstehen. Und wer Chemie gelernt hat, der weiß *vorherzusagen,* was eintreten muß, wenn die genannten drei Stoffe unter den entsprechenden Bedingungen in Verhältnis treten. Ein solcher Chemiekundiger ist also ein Prophet auf dem eingeschränkten Gebiete der stofflichen Welt. Und seine Prophetie könnte sich nur dann als falsch erweisen, wenn die Naturgesetze plötzlich andere würden. Der Geheimwissenschafter erforscht nun die geistigen Gesetze gerade in der Art, wie der Physiker oder Chemiker die materiellen Gesetze erforscht. Er tut das in der Art und mit der Strenge, wie es sich auf geistigem Gebiete geziemt. Von diesen großen geistigen Gesetzen hängt aber die Entwickelung der Menschheit ab. Ebensowenig wie *gegen* die Naturgesetze sich in irgendeiner Zukunft Sauerstoff, Wasserstoff und Schwefel verbinden werden, ebensowenig wird im geistigen Leben etwas gegen die geistigen Gesetze geschehen. Und wer die letzteren kennt, der vermag also in die *Gesetzmäßigkeit der Zukunft* zu blicken. –

Es wird hier absichtlich gerade dieser Vergleich für das prophetische Vorausbestimmen der kommenden Menschheitsschicksale gebraucht, weil von der wahren Geheimwissenschaft dieses Vorausbestimmen wirklich ganz in diesem Sinne gemeint ist. Denn für denjenigen, der sich diese wirkliche Meinung des Okkultismus klarmacht, fällt auch der Einwand weg, als ob dadurch, daß die Dinge in gewissem Sinne vorauszubestimmen sind, alle Freiheit des Menschen unmöglich sei. Vorausbestimmen läßt sich, was einem Gesetz entspricht. Aber der Wille wird *nicht* durch das Gesetz bestimmt. Ebenso wie es bestimmt ist, daß in *jedem* Falle nur nach einem bestimmten Gesetz sich Sauerstoff, Wasserstoff und Schwefel zu Schwefelsäure verbinden werden, ebenso sicher ist es, daß es von dem menschlichen Willen abhängen kann, die Bedingungen herzustellen, unter denen das Gesetz wirken wird. Und so wird es auch mit den großen Weltereignissen und Menschenschicksalen der Zukunft sein. Man sieht sie als Geheimforscher voraus, trotzdem sie erst durch menschliche Willkür herbeigeführt werden sollen. Der okkulte Forscher sieht eben auch voraus, was erst durch die Freiheit des Menschen vollbracht wird. Daß dies möglich ist, davon sollen die folgenden Mitteilungen eine Vorstellung geben. – Nur *einen* wesentlichen Unterschied zwischen dem Vorausbestimmen von Tatsachen durch die physische Wissenschaft und demjenigen durch das geistige Erkennen muß man sich klarmachen. Die physische Wissenschaft beruht auf den Einsichten des Verstandes, und ihre Prophetie ist daher auch nur eine verstandesgemäße, die auf Urteile, Schlüsse, Kombinationen und so weiter angewiesen ist. Die *Prophetie durch geistiges Erkennen* geht dagegen aus einem wirklichen *höheren Schauen* oder *Wahrnehmen* hervor. Ja, der Geheimforscher muß sogar auf das allerstrengste alles vermeiden sich vorzustellen, was auf bloßem Nachdenken, Kombinieren, Spekulieren und so weiter beruht. Hier muß er die weitestgehende Entsagung üben und sich ganz klar darüber sein, daß alles Spekulieren, verstandesmäßige Philosophieren und so weiter dem wahren Schauen abträglich ist. Diese Verrichtungen gehören eben durchaus noch der niedrigeren Menschennatur an, und wahrhaft höhere Erkenntnis beginnt erst da, wo diese Natur sich zu der höheren Wesenheit im Menschen erhebt. Damit ist an sich gar nichts gegen diese Verrichtungen gesagt, die auf ihrem Gebiete nicht nur vollberechtigt, sondern auch *einzig* berechtigt sind. An sich ist überhaupt nicht etwas ein Höheres oder Niedrigeres, sondern nur im Verhältnis zu einem anderen. Und was in einer Beziehung hoch steht, kann nach einer anderen Richtung sehr tief stehen. – Was aber durch *Schauen* erkannt werden muß, kann es durch bloßes Nachdenken und durch die herrlichsten Kombinationen des Verstandes *nicht* werden. Ein Mensch mag im gewöhnlichen Wortsinne noch so «geistreich» sein; zur Erkenntnis übersinnlicher Wahrheiten hilft ihm diese «Geistreichheit» gar nicht. Er muß ihrer sogar entsagen und sich ganz allein dem höheren Schauen hingeben. Dann nimmt er da die Dinge so ohne sein «geistreiches» Nachdenken wahr, wie er die Blumen auf dem Felde ohne weiteres Nachdenken wahrnimmt. Es hilft einem nichts, über das Aussehen einer Wiese nachzudenken; aller Witz ist da machtlos. Ebenso muß es sich mit dem Schauen in höheren Welten verhalten.

Was nun auf diese Art über des Menschen Zukunft prophetisch ausgesagt werden kann, das ist die Grundlage für alle *Ideale,* die eine wirkliche *praktische* Bedeutung haben. Ideale müssen, wenn sie Wert haben sollen, so tief in der geistigen Welt begründet sein wie Naturgesetze in der bloß natürlichen Welt. Gesetze der Entwickelung müssen solche wahren Ideale sein. Sonst entspringen sie aus einer wertlosen Schwärmerei und Phantasie und können niemals Verwirklichung finden. Alle großen Ideale der Weltgeschichte im weitesten Sinne sind aus schauender Erkenntnis hervorgegangen. Denn zuletzt stammen alle diese großen Ideale von den großen Geheimforschern oder Eingeweihten, und die Kleineren, die mitarbeiten an dem Menschheitsbau, richten sich entweder bewußt oder – allermeistens – *unbewußt* nach den von den Geheimforschern bestimmten Angaben. Alles Unbewußte hat zuletzt nämlich doch in einem Bewußten seinen Ursprung. Der Maurer, der an einem Hause arbeitet, richtet sich «unbewußt» nach Dingen, die anderen bewußt sind, welche den Ort bestimmt haben, an dem das Haus gebaut werden soll, den Stil, in dem es errichtet werden soll und so weiter. Aber auch diesem Bestimmen von Ort und Stil liegt etwas zugrunde, was den Bestimmern unbewußt bleibt, andern aber *bewußt* ist oder bewußt war. Ein Künstler zum Beispiel weiß, warum der betreffende Stil dort eine gerade, dort eine gewundene Linie verlangt und so weiter. Der, welcher den Stil zu seinem Hause verwendet, bringt sich dieses «Warum» vielleicht nicht zum Bewußtsein. – Es ist ebenso auch mit den großen Vorgängen in der Welt- und Menschheitsentwickelung. Hinter denen, welche auf einem bestimmten Gebiete arbeiten, stehen höhere bewußtere Arbeiter, und so geht die Stufenleiter der Bewußtheit auf- und abwärts. – Hinter den Alltagsmenschen stehen die Erfinder, Künstler, Forscher und so weiter. Hinter diesen stehen die geheimwissenschaftlichen Eingeweihten – und hinter diesen stehen übermenschliche Wesen. Allein das macht die Welt- und Menschheitsentwickelung begreiflich, wenn man sich klar darüber ist, daß das gewöhnliche menschliche Bewußtsein nur *eine* Form des Bewußtseins ist, und daß es *höhere* und *tiefere* Formen gibt. Doch darf man auch hier die Ausdrücke «höher» und «tiefer» nicht falsch anwenden. Sie haben nur eine Bedeutung für den Standpunkt, auf dem der Mensch gerade steht. Es ist ja damit nicht anders als mit «rechts und links». Wenn man irgendwo steht, so sind gewisse Dinge «rechts oder links». Geht man selbst ein wenig «rechts», so sind die Dinge links, die früher rechts gewesen sind.

So ist es wirklich auch mit den Bewußtseinsstufen, die «höher oder tiefer» liegen als die gewöhnliche menschliche. Wenn der Mensch sich selbst höher entwickelt, so ändern sich seine Verhältnisse zu anderen Bewußtseinsstufen. Aber diese Änderungen hängen gerade mit seiner Entwickelung zusammen. Und darum ist es wichtig, hier beispielsweise auf solche anderen Bewußtseinsstufen hinzudeuten.

Beispiele für solche Hindeutung bieten zunächst der Bienenstock oder jenes herrliche Staatswesen, das sich in einem Ameisenhaufen abspielt. Das Zusammenwirken der einzelnen Insektengattungen (Weibchen, Männchen, Arbeiter) geschieht in durchaus gesetzmäßiger Weise. Und die Verteilung der Verrichtungen auf die einzelnen Kategorien kann nur als der Ausdruck vollgültiger Weisheit bezeichnet werden. Was da zustande kommt, ist genau ebenso das Ergebnis eines Bewußtseins, wie die Einrichtungen des Menschen in der physischen Welt (Technik, Kunst, Staat und so weiter) Wirkung seines Bewußtseins sind. Nur ist das dem Bienenstock oder der Ameisengesellschaft zugrunde liegende Bewußtsein nicht in derselben physischen Welt zu finden, in welcher das gewöhnliche menschliche Bewußtsein vorhanden ist. Man kann sich, um den Sachverhalt zu bezeichnen, etwa in folgender Art ausdrücken. Den Menschen findet man in der physischen Welt. Und seine physischen Organe, sein ganzer Bau sind so beschaffen, daß man sein Bewußtsein auch zunächst in dieser physischen Welt sucht. Anders beim Bienenstock oder Ameisenhaufen. Man geht ganz fehl, wenn man auch dabei in demselben Sinne wie beim Menschen für das Bewußtsein, um das es sich zunächst handelt, in der physischen Welt stehenbleibt. Nein, hier muß man vielmehr sich sagen: um das ordnende Wesen des Bienenstockes oder Ameisenhaufens zu finden, kann man nicht in der Welt stehenbleiben, in welcher die Bienen oder Ameisen ihrem physischen Körper nach leben. Der «bewußte Geist» muß da sofort in einer anderen Welt gesucht werden. Derselbe bewußte Geist, der beim Menschen in der physischen Welt lebt, muß eben für die genannten Tierkolonien in einer *übersinnlichen* Welt gesucht werden. Könnte sich der Mensch mit seinem Bewußtsein in diese übersinnliche Welt erheben, so würde er dort den «Ameisen- oder Bienengeist» in voller Bewußtheit als sein Schwesterwesen begrüßen können. *Der Seher kann dieses wirklich.* Man hat also in den angeführten Beispielen Wesen vor sich, die in anderen Welten bewußt sind und nur durch ihre physischen Organe – die einzelnen Bienen und Ameisen – in die physische Welt hereinragen. Es kann nun durchaus sein, daß ein solches Bewußtsein wie das des Bienenstocks oder des Ameisenhaufens in früheren Epochen seiner Entwickelung bereits in der physischen Welt war wie das jetzige menschliche, jedoch sich dann erhoben hat und nur die ausführenden Organe, eben die einzelnen Ameisen und Bienen, in der physischen Welt noch zurückgelassen hat. Ein solcher Entwickelungsgang wird beim Menschen in der Zukunft wirklich stattfinden. Ja, er hat sich in einer gewissen Weise bei den Sehern schon in der Gegenwart abgespielt. Daß das Bewußtsein des heutigen Menschen in der physischen Welt arbeitet, beruht ja darauf, daß seine physischen Teilchen – die Gehirn- und Nervenmoleküle – in einer ganz bestimmten Verbindung miteinander stehen. Was in anderem Zusammenhange – in meinem Buche «Wie erlangt man Erkenntnisse der höheren Welten?» genauer ausgeführt worden ist, das soll auch hier angedeutet werden. Bei der höheren Entwickelung des Menschen wird in der Tat der gewöhnliche Zusammenhang der Gehirnmoleküle gelöst. Sie hängen dann «loser» zusammen, so daß ein Sehergehirn in einer gewissen Beziehung in der Tat mit einem Ameisenhaufen zu vergleichen ist, wenn auch *anatomisch* die Zerklüftung nicht nachweisbar ist. Die Vorgänge spielen sich eben auf den verschiedenen Gebieten der Welt in ganz verschiedener Weise ab. Die einzelnen Moleküle des Ameisenhaufens – eben die Ameisen selbst – hingen in einer längst vergangenen Zeit fest zusammen, wie heute die Moleküle eines menschlichen Gehirns. Damals war das ihnen entsprechende Bewußtsein in der physischen Welt wie heute das menschliche. Und wenn in der Zukunft das menschliche Bewußtsein in «höhere» Welten wandern wird, dann wird der Zusammenhang der sinnlichen Teile in der physischen Welt so lose sein, wie es heute der zwischen den einzelnen Ameisen ist. Das, was für alle Menschen einstens physisch sich vollziehen wird, vollzieht sich mit dem Gehirn des Hellsehers schon heute, nur daß kein Instrument der Sinnenwelt fein genug ist, bei dieser vorauseilenden Entwickelung die Lockerung nachzuweisen. Ja, wie bei den Bienen drei Kategorien entstehen, Königin, Drohnen, Arbeiter, so entstehen in dem «Sehergehirn» drei Kategorien von Molekülen, eigentlich einzelner, lebendiger Wesen, welche das in eine höhere Welt entrückte Bewußtsein des Sehers in bewußtes Zusammenwirken bringt.

Eine andere Stufe der Bewußtheit bietet dasjenige, was man gewöhnlich *Volks- oder Rassengeist* nennt, ohne sich viel Bestimmtes dabei vorzustellen. Für den Geheimforscher liegt auch den gemeinsamen, weisheitsvollen Wirkungen, die sich in dem Zusammenleben der Glieder eines Volkes oder einer Rasse zeigen, ein Bewußtsein zugrunde. Man findet durch die Geheimforschung dieses Bewußtsein ebenso in einer anderen Welt, wie das beim Bewußtsein eines Bienenstocks oder Ameisenhaufens der Fall ist. Nur sind für dieses «Volks-» oder «Rassenbewußtsein» keine Organe in der physischen Welt vorhanden, sondern diese Organe finden sich nur in der sogenannten astralischen Welt. Wie das Bienenstockbewußtsein seine Arbeit durch die physischen Bienen leistet, so das Volksbewußtsein mit Hilfe der Astralleiber der zum Volke gehörigen Menschen. In diesen «Volks- und Rassengeistern» hat man somit eine ganz andere Art von Wesenheiten vor sich wie im Menschen oder im Bienenstock. Es müßten viele Beispiele noch angeführt werden, wenn ganz ersichtlich gemacht werden sollte, wie es unter- und übergeordnete Wesenheiten in bezug auf den Menschen gibt. Das Angeführte aber mag genügen, um den in den folgenden Ausführungen beschriebenen Entwickelungswegen des Menschen eine Einleitung voranzusenden. Denn des Menschen eigener Werdegang ist eben nur zu begreifen, wenn man in Betracht zieht, daß er mit Wesen zusammen sich entwickelt, deren Bewußtsein in anderen Welten, als seine eigene ist, liegen. Was sich in seiner Welt abspielt, hängt von solchen Wesen anderer Bewußtseinsstufen *mit* ab, kann daher nur in Verbindung damit verstanden werden.

VON DER HERKUNFT DER ERDE

Wie der einzelne Mensch von seiner Geburt an verschiedene Stufen durchzumachen hat, wie er aufzusteigen hat vom Säuglingsalter, durch die Kindheit und so weiter bis zum Lebensalter des reifen Mannes oder der reifen Frau, so ist es auch mit der Menschheit im Großen. Sie hat sich durch andere Stufen hindurch zu ihrem gegenwärtigen Zustande entwickelt. Mit den Mitteln des Hellsehers kann man drei Hauptstufen dieser Menschheitsentwickelung verfolgen, welche durchlaufen worden sind, bevor die Bildung der Erde erfolgt ist und dieser Weltkörper der Schauplatz jener Entwickelung geworden ist. Man hat es also gegenwärtig mit der vierten Stufe im großen Weltenleben des Menschen zu tun. Hier sollen vorläufig die in Betracht kommenden Tatsachen erzählt werden. Die innere Begründung wird sich im Laufe der Darstellung ergeben, soweit eine solche in den Worten der gewöhnlichen Sprache – ohne zu der Ausdrucksform der Geheimwissenschaft zu greifen – möglich ist.

Der Mensch war vorhanden, bevor es eine Erde gegeben hat. Doch darf man sich nicht vorstellen – wie das andeutungsweise schon zum Ausdrucke gekommen ist –, daß er etwa vorher auf anderen Planeten gelebt habe und in einem gewissen Zeitpunkte auf die Erde gewandert sei. Diese Erde selbst hat sich vielmehr mit dem Menschen entwickelt. Sie hat ebenso wie er drei Hauptstufen der Entwickelung durchgemacht, bevor sie zu dem geworden ist, was man jetzt «Erde» nennt. Man muß sich vorläufig – wie ja auch bereits angedeutet worden ist – ganz freimachen von der Bedeutung, welche die gegenwärtige Wissenschaft mit den Namen «Saturn», «Sonne» und «Mond» verbindet, wenn man die Darlegungen des Geheimwissenschafters auf diesem Gebiete im rechten Lichte sehen will. Man verbinde bis auf weiteres mit diesen Namen keine andere Bedeutung als diejenige, welche ihnen in den folgenden Mitteilungen unmittelbar gegeben wird.

Ehe der Weltkörper, auf dem sich des Menschen Leben abspielt, «Erde» geworden ist, hat er drei andere Formen gehabt, welche man als Saturn, Sonne und Mond bezeichnet. Man kann also von vier Planeten sprechen, auf denen sich die vier Hauptstufen der Menschenentwickelung vollziehen. Die Sache ist so, daß die Erde, bevor sie eben «Erde» geworden ist, Mond war, noch früher Sonne und noch vorher Saturn. Man ist berechtigt, wie sich aus den folgenden Mitteilungen ergeben wird, drei weitere Hauptstufen anzunehmen, welche die Erde, oder besser gesagt, der Weltkörper, welcher sich zur jetzigen Erde entwickelt hat, noch ferner durchlaufen wird. Diesen hat man in der Geheimwissenschaft die Namen: Jupiter, Venus und Vulkan gegeben. Demgemäß hat also in der Vergangenheit der Weltkörper, mit dem das Menschenschicksal zusammenhängt, drei Stufen durchgemacht, befindet sich jetzt auf seiner vierten und wird weiterhin noch drei zu durchlaufen haben, bis die Anlagen alle entwickelt sein werden, die der Mensch in sich hat, bis er an einem Gipfel seiner Vollkommenheit angelangt sein wird.

Nun hat man sich vorzustellen, daß die Entwickelung des Menschen und seines Weltkörpers nicht so allmählich verläuft wie etwa der Durchgang des einzelnen Menschen durch das Säuglings-, Kindheitsalter und so weiter, wo ein Zustand in den andern mehr oder weniger unvermerkt übergeht. Es sind vielmehr gewisse Unterbrechungen vorhanden. Nicht unmittelbar geht der Saturnzustand in die Sonnenstufe über. Zwischen Saturn- und Sonnenentwickelung und ebenso zwischen den folgenden Formen des menschlichen Weltkörpers sind Zwischenzustände, die man vergleichen könnte mit der Nacht zwischen zwei Tagen, oder mit dem schlafähnlichen Zustand, in dem sich ein Pflanzenkeim befindet, ehe er sich wieder zur vollen Pflanze entwickelt. – In Anlehnung an morgenländische Darstellungen des Sachverhalts nennt die heutige Theosophie einen Entwickelungszustand, in dem das Leben äußerlich entfaltet ist, Manvantara, den dazwischenliegenden Ruhezustand Pralaya. Im Sinne der europäischen Geheimwissenschaft kann man für den ersteren Zustand das Wort «offener Kreislauf», für den zweiten dagegen «verborgener oder geschlossener Kreislauf» gebrauchen. Doch sind auch andere Bezeichnungen üblich.

Saturn, Sonne, Mond, Erde und so weiter sind «offene Kreisläufe», die zwischen ihnen liegenden Ruhepausen «geschlossene».

Es wäre ganz unrichtig, wenn man denken wollte, daß in den Ruhepausen alles Leben erstorben sei, obwohl diese Vorstellung in vielen theosophischen Kreisen heute angetroffen wird. So wenig der Mensch während seines Schlafes aufhört zu leben, ebensowenig erstirbt sein und seines Weltkörpers Leben während eines «geschlossenen Kreislaufes» (Pralaya). Nur sind die Lebenszustände in den Ruhepausen mit den Sinnen, die sich während der «offenen Kreisläufe» ausbilden, nicht wahrzunehmen, wie auch der Mensch während des Schlafes nicht wahrnimmt, was um ihn herum sich abspielt. Warum man den Ausdruck «Kreislauf» für die Entwickelungszustände gebraucht, wird aus den folgenden Ausführungen zur Genüge hervorgehen. Über die gewaltigen Zeiträume, die zu diesen «Kreisläufen» erforderlich sind, kann erst später gesprochen werden.

Ein Faden durch den Fortgang der Kreisläufe kann gefunden werden, wenn man vorläufig die Entwickelung des menschlichen *Bewußtseins* durch dieselben hindurch verfolgt. Alles andere kann sich sachgemäß an diese Betrachtung des Bewußtseins anschließen. – Das Bewußtsein, welches der Mensch während seiner Laufbahn auf der Erde entfaltet, soll – im Einklange mit der europäischen Geheimwissenschaft – das «helle Tagesbewußtsein» genannt werden. Es besteht darin, daß der Mensch durch seine gegenwärtigen Sinne die Dinge und Wesen der Welt wahrnimmt und daß er sich mit Hilfe seines Verstandes und seiner Vernunft Vorstellungen und Ideen über diese Dinge und Wesen bildet. Er handelt dann in der sinlichen Welt gemäß diesen seinen Wahrnehmungen, Vorstellungen und Ideen. Dieses Bewußtsein hat nun der Mensch erst auf der vierten Hauptstufe seiner Weltentwickelung ausgebildet; auf Saturn, Sonne und Mond war es noch nicht vorhanden. Da lebte er in anderen Bewußtseinszuständen. Man kann demgemäß die drei vorhergehenden Entwickelungsstufen als die Entfaltung niederer Bewußtseinszustände bezeichnen.

Der niedrigste Bewußtseinszustand wurde während der Saturnentwickelung durchgemacht; ein höherer ist der Sonnenzustand, dann folgt das Mond- und endlich das Erdenbewußtsein.

Diese früheren Bewußtseine unterscheiden sich von dem irdischen hauptsächlich durch zwei Merkmale, durch den Helligkeitsgrad und durch den Umkreis, auf welchen sich die Wahrnehmung des Menschen erstreckt. – Das Saturnbewußtsein hat den geringsten Helligkeitsgrad. Es ist ganz dumpf. Schwer ist es, deswegen eine genauere Vorstellung von dieser Dumpfheit zu geben, weil sogar die Dumpfheit des Schlafes noch um einen Grad heller ist als dieses Bewußtsein. In abnormen, sogenannten tiefen Trancezuständen kann der gegenwärtige Mensch noch in diesen Bewußtseinszustand zurückfallen. Und auch derjenige Mensch, welcher Hellseher im Sinne der Geheimwissenschaft ist, kann sich eine zutreffende Vorstellung davon bilden. Nur lebt dieser selbst nicht etwa in diesem Bewußtseinszustand. Er erhebt sich vielmehr zu einem weit höheren, der aber doch in gewissen Hinsichten diesem ursprünglichen ähnlich ist. Beim gewöhnlichen Menschen der gegenwärtigen Erdenstufe ist dieser Zustand, den er einstmals durchgemacht hat, durch das «helle Tagesbewußtsein» ausgelöscht. Das «Medium», das in tiefen Trance verfällt, wird aber in denselben zurückversetzt, so daß es so wahrnimmt, wie einstens alle Menschen während der «Saturnzeit» wahrgenommen haben. Und ein solches Medium kann dann entweder während des Trance oder nach dem Erwachen von Erlebnissen erzählen, welche denen des Saturnschauplatzes ähnlich sind. Man darf allerdings nur sagen «ähnlich», nicht etwa «gleich» sind, denn die Tatsachen, welche sich auf dem Saturn abgespielt haben, sind ein für allemal vorüber; nur solche, die mit ihnen eine gewisse Verwandtschaft haben, spielen sich auch jetzt noch in der Umgebung des Menschen ab. Und nur ein «Saturnbewußtsein» kann diese letzteren wahrnehmen. – Der Hellseher im obigen Sinne erlangt nun wie das gekennzeichnete Medium ein solches Saturnbewußtsein; aber er behält dazu auch sein «helles Tagesbewußtsein», welches der Mensch auf dem Saturn noch nicht hatte, und welches das Medium während des Trancezustandes verliert. Ein solcher Hellseher ist also zwar nicht im Saturnbewußtsein selbst; aber er kann sich eine Vorstellung davon bilden. – Während nun dieses Saturnbewußtsein an Helligkeit dem gegenwärtigen menschlichen um einige Grade nachsteht, ist es an dem Umfang dessen, was es wahrnehmen kann, demselben überlegen. Es kann nämlich in seiner Dumpfheit nicht nur alles das bis aufs kleinste wahrnehmen, was auf seinem eigenen Weltkörper vorgeht, sondern es kann auch noch die Dinge und Wesen auf anderen Weltkörpern beobachten, welche mit seinem eigenen – dem Saturn – in Verbindung stehen. Und es kann auch auf diese Dinge und Wesen eine gewisse Wirkung ausüben. (Es braucht wohl kaum gesagt zu werden, daß diese Beobachtung anderer Weltkörper ganz verschieden von derjenigen ist, welche der gegenwärtige Mensch mit seiner wissenschaftlichen Astronomie vornehmen kann. Diese astronomische Beobachtung stützt sich auf das «helle Tagesbewußtsein» und nimmt daher andere Weltkörper von außen wahr. Das Saturnbewußtsein ist dagegen unmittelbares Empfinden, ein Miterleben dessen, was auf anderen Weltkörpern vorgeht. Nicht ganz, aber doch einigermaßen zutreffend, spricht man sich aus, wenn man sagt, ein Saturnbewohner erlebt Dinge und Tatsachen anderer Weltkörper – und seines eigenen –, wie der jetzige Mensch sein Herz und seinen Herzschlag oder ähnliches in seinem eigenen Leibe miterlebt.)

Dieses Saturnbewußtsein entwickelt sich langsam. Es geht als erste Hauptstufe der Menschheitsentwickelung durch eine Reihe untergeordneter Stufen hindurch, welche in der europäischen Geheimwissenschaft «kleine Kreisläufe» genannt werden. In der theosophischen Literatur ist es üblich geworden, diese «kleinen Kreisläufe» «Runden» und ihre weiteren Unterabteilungen – noch kleinere Kreisläufe – «Globen» zu nennen. Von diesen untergeordneteren Kreisläufen wird in den folgenden Ausführungen gesprochen werden. Hier sollen zunächst die Hauptstufen der Entwickelung – der leichteren Übersichtlichkeit halber – verfolgt werden. Auch soll zunächst nur vom Menschen gesprochen werden, obwohl mit seiner Entwickelung diejenige unter- und übergeordneter Wesenheiten und

Dinge gleichzeitig verläuft. Es soll dann an den Fortgang des Menschen sachgemäß angeschlossen werden, was sich auf die Entwickelung anderer Wesenheiten bezieht.

Als die Entfaltung des Saturnbewußtseins abgeschlossen war, trat eine der oben erwähnten langen Ruhepausen (ein Pralaya) ein. Nach diesem entwickelte sich aus dem menschlichen Weltkörper das, was in der Geheimwissenschaft die «Sonne» genannt wird. Und auf der Sonne entstanden auch die Menschenwesen wieder aus ihrem Schlafe heraus. In ihnen war als Anlage das vorher entfaltete Saturnbewußtsein vorhanden. Dieses brachten sie zunächst denn auch wieder aus der Anlage hervor. Man kann sagen, der Mensch wiederholte auf der Sonne den Saturnzustand, bevor er zu einem höheren aufstieg. Nur ist hier nicht eine einfache Wiederholung, sondern eine solche in anderer Form gemeint. Doch wird von den Formenverwandlungen später bei Behandlung der kleineren Kreisläufe gesprochen werden. Da werden auch die Unterschiede in den einzelnen «Wiederholungen» zutage treten. Vor der Hand soll nur die Bewußtseinsentwickelung zur Darstellung kommen. – Nach der Wiederholung des Saturnzustandes tritt das «Sonnenbewußtsein» des Menschen zutage. Dieses ist um einen Grad heller als das vorhergehende, aber es hat dafür auch an Weite des Umblickes verloren. In seiner gegenwärtigen Lebenslage hat der Mensch während des tiefen, traumlosen Schlafes einen ähnlichen Bewußtseinszustand, wie er einstens auf der Sonne ihn hatte. Nur kann derjenige, welcher nicht Hellseher oder nicht Medium ist, die Dinge und Wesen, die dem Sonnenbewußtsein entsprachen, nicht wahrnehmen. Mit dem Trance eines bis zu diesem Zustand herabgestimmten Mediums und dem höheren Bewußtsein des wahren Hellsehers verhält es sich auch hier wieder so, wie das in bezug auf das Saturnbewußtsein besprochen worden ist. – Der Umfang des Sonnenbewußtseins erstreckt sich nur auf die Sonne und die mit ihr zu allernächst zusammenhängenden Weltkörper. Nur diese und deren Ereignisse kann der Sonnenbewohner miterleben, wie – um noch einmal das obige Gleichnis zu gebrauchen – der jetzige Mensch seinen Herzschlag erlebt. Der Saturnbewohner hat so das Leben auch solcher Weltkörper mitgemacht, die nicht unmittelbar in den nächsten Bereich des Saturn gehörten.

Ist nun die Sonnenstufe durch die entsprechenden untergeordneten Kreisläufe durchgegangen, so tritt auch sie in eine Ruhepause. Aus dieser heraus erwacht der menschliche Weltkörper zu seinem «Monddasein». Wieder macht der Mensch, bevor er höher steigt, die Saturn- und Sonnenstufe durch, in zwei kleineren Kreisläufen. Dann tritt er in sein Mondbewußtsein ein. Von diesem ist es nun schon leichter eine Vorstellung zu bilden, weil eine gewisse Ähnlichkeit besteht zwischen dieser Bewußtseinsstufe und dem von Träumen durchzogenen Schlafe. Ausdrücklich muß aber gesagt werden, daß auch hier nur von einer *Ähnlichkeit,* nicht etwa von einer Gleichheit gesprochen werden darf. Denn zwar verläuft das Mondenbewußtsein in Bildern, wie sie der Traum darbietet; aber diese Bilder entsprechen in einer ähnlichen Art den Dingen und Vorgängen in der Umgebung des Menschen wie die Vorstellungen des gegenwärtigen «hellen Tagesbewußtseins». Nur ist eben alles in diesem Entsprechen noch dumpf, eben bildhaft. Man kann sich die Sache etwa in folgender Art veranschaulichen. Man nehme an, ein Mondwesen käme in die Nähe eines Gegenstandes, sagen wir eines Salzes. (Natürlich hat es damals noch nicht «Salz» in der heutigen Form gegeben, aber man muß ja, um sich verständlich zu machen, im Gebiete von Bildern und Vergleichen bleiben.) Dieses Mondwesen – der Vorgänger des gegenwärtigen Menschen – nimmt nicht einen räumlich ausgedehnten Gegenstand von bestimmter Färbung und Form außer sich wahr, sondern die Annäherung an diesen Gegenstand bewirkt, daß ein gewisses Bild – eben ähnlich wie ein Traumbild – gewissermaßen im Innern des Wesens aufsteigt. Dieses Bild hat einen gewissen Farbenton, welcher davon abhängt, wie der Gegenstand beschaffen ist. Wenn dieser dem Wesen sympathisch, seinem Leben förderlich ist, so ist der Farbenton hell in gelben Nuancen, oder auch grün; handelt es sich um einen unsympathischen Gegenstand oder einen solchen, der dem Wesen schädlich ist, so tritt eine blutig-rötliche Farbennuance auf. In solcher Art sieht auch heute der Hellseher, nur ist er sich bei diesem Schauen vollbewußt, während der Mondbewohner eben nur ein traumhaftes, dämmeriges Bewußtsein hatte. Die «im Innern» dieser Bewohner aufleuchtenden Bilder hatten ein genau bestimmtes Verhältnis zu der Umgebung. Es war in ihnen nichts Willkürliches. Deshalb konnte man sich nach ihnen richten, man handelte unter den Eindrücken dieser Bilder so, wie man heute unter den Eindrücken der Sinneswahrnehmungen handelt. – Die Entwickelung dieses traumartigen Bewußtseins – der dritten Hauptstufe – war die Aufgabe des «Mondkreislaufes». Als der «Mond» durch die entsprechenden «kleinen Kreisläufe» durchgegangen war, trat wieder eine Ruhepause (Pralaya) ein. Und nach derselben dämmerte die «Erde» aus der Finsternis auf.

DIE ERDE UND IHRE ZUKUNFT

Die vierte Hauptstufe der menschlichen Entwickelung wird auf der Erde durchlebt. Es ist dies derjenige Bewußtseinszustand, in dem sich der Mensch gegenwärtig befindet. Bevor er aber zu diesem gekommen ist, mußte er und mit ihm die ganze Erde erst in drei kleineren Kreisläufen (den sogenannten «Runden» der theosophischen Literatur) nacheinander den Saturn-, Sonne- und Mondzustand wiederholen. Jetzt lebt der Mensch im vierten Erdenkreislauf. Er ist bereits ein Stück über die Mitte dieses Kreislaufes hinausgelangt. Auf dieser Bewußtseinsstufe nimmt der Mensch nicht mehr nur Bilder traumartig wahr, die als Wirkung seiner Umgebung in seiner Seele aufsteigen, sondern es treten für ihn Gegenstände «draußen im Raume» auf. Auf dem Monde und auch noch während der Wiederholungsstufen auf der Erde stieg zum Beispiel ein Farbenbild auf in seiner Seele, wenn ihm ein entsprechender Gegenstand nahekam. Das ganze Bewußtsein bestand aus solchen in der Seele auf- und abwogenden Bildern, Tönen und so weiter. Erst beim Auftreten des vierten Bewußtseinszustandes tritt die Farbe nicht mehr bloß in der Seele, sondern an einem äußeren räumlich begrenzten Gegenstande auf, der Ton ist nicht mehr bloß ein inneres Erklingen der Seele; sondern ein Gegenstand im Raume tönt. Man nennt deshalb in der Geheimwissenschaft diesen vierten, den irdischen, Bewußtseinszustand auch das *«gegenständliche Bewußtsein»*. Langsam und allmählich hat dieser sich im Verlauf der Entwickelung herausgebildet, indem die physischen Sinnesorgane nach und nach entstanden sind, und so an äußeren Gegenständen die mannigfaltigsten sinnlichen Eigenschaften wahrnehmbar machten. Und außer den schon jetzt entwickelten Sinnen sind andere erst noch im Keime vorhanden, die in der folgenden Erdenzeit zur Entfaltung kommen und die Sinneswelt noch in einer viel größeren Mannigfaltigkeit zeigen werden, als dies schon heute der Fall ist. Im Vorhergehenden ist das allmähliche Wachsen dieses Erdenbewußtseins dargestellt worden, und in den folgenden Ausführungen wird diese Darstellung wesentliche Erweiterungen und Ergänzungen erfahren.

Die farbige Welt, die tönende und so weiter, welche der frühere Mensch also in seinem Innern wahrgenommen hat, tritt ihm während des Erdenlebens draußen im Raume entgegen. Dafür aber tritt in seinem Innern eine neue Welt auf, die Vorstellungs- oder Gedankenwelt. Von Vorstellungen und Gedanken kann man beim Mondbewußtsein nicht reden. Dasselbe besteht lediglich in den gekennzeichneten Bildern. Ungefähr um die Mitte der Erdentwickelung – die Sache bereitet sich eigentlich schon etwas früher vor – tritt in dem Menschen die Fähigkeit auf, sich Vorstellungen und Gedanken über die Gegenstände zu bilden. Und diese Fähigkeit bildet auch die Grundlage für das Gedächtnis und das Selbstbewußtsein. Erst der vorstellende Mensch kann die Erinnerung an das ausbilden, was er wahrgenommen hat; und erst der denkende Mensch gelangt dazu, sich als ein selbständiges, selbstbewußtes Wesen von seiner Umgebung zu unterscheiden, sich als ein «Ich» kennenzulernen. Die ersten drei geschilderten Stufen waren also Bewußtseinsstufen, die vierte ist nicht bloß Bewußtsein, sondern *Selbstbewußtsein.*

Nun bildet sich aber schon wieder innerhalb des jetzigen Selbstbewußtseins, des Gedankenlebens, die Anlage zu noch höheren Bewußtseinszuständen heraus. Diese Bewußtseinszustände wird der Mensch auf den nächsten Planeten zu durchleben haben, in welche sich die Erde nach ihrer gegenwärtigen Gestalt verwandeln wird. Es ist nicht widersinnig, von diesen zukünftigen Bewußtseinszuständen, also auch von dem Leben auf den folgenden Planeten etwas auszusagen. Denn erstens schreitet der Hellseher in seiner Entwickelung seinen Mitbrüdern – aus gewissen an anderem Orte anzugebenden Gründen – voran. Es bilden sich bei ihm also schon jetzt diejenigen Bewußtseinszustände heraus, zu denen die ganze Menschheit mit fortschreitender Planetenentwickelung gelangen muß. Man hat also in dem Hellseherbewußtsein schon Bilder der künftigen Menschheitsstufen. Und dann sind ja drei folgende Bewußtseinszustände als Keimanlage schon jetzt in allen Menschen vorhanden; und die hellseherische Forschung hat Mittel, um anzugeben, was aus diesen Keimanlagen werden kann.

Allerdings, wenn hier gesagt wird, der Hellseher entwickele in sich schon jetzt die Bewußtseinszustände, zu denen in der Zukunft die ganze Menschheit fortschreiten wird, so ist dies mit einer Einschränkung zu verstehen. Der Hellseher bildet zum Beispiel heute innerhalb der seelischen Welt ein Schauen aus, das in Zukunft beim Menschen in einer physischen Art auftreten wird. Aber dieser zukünftige physische Zustand des Menschen wird das getreue Abbild sein des entsprechenden gegenwärtigen seelischen beim Hellseher. Die Erde selbst wird sich ja entwickeln, und dadurch werden in ihren kommenden physischen Bewohnern ganz andere Formen auftreten als heute da sind; aber diese physischen Formen bereiten sich in den heutigen seelischen und geistigen vor. Was zum Beispiel heute der Hellseher als eine Licht- und Farbenwolke um den physischen Menschenkörper herum sieht als sogenannte «Aura», das wird sich später in eine physische Form verwandeln; und andere Sinnesorgane als die heutigen werden dem Zukunftsmenschen die Fähigkeit geben, die anderen Formen wahrzunehmen. Der Hellseher aber sieht eben die geistigen Vorbilder der späteren Sinneswesen (also zum Beispiel die Aura) mit seinen geistigen Sinnen schon heute. Ihm ist ein *Blick in die Zukunft* möglich, von dessen Eigenart allerdings nur sehr schwer eine Anschauung durch die heutige Sprache und für die gegenwärtigen menschlichen Vorstellungen gegeben werden kann.

Die Vorstellungen des jetzigen Bewußtseinszustandes sind schattenhaft, blaß im Verhältnis zu den farbigen und tönenden Gegenständen der Außenwelt. Der Mensch spricht daher auch von den Vorstellungen als von etwas, das «nicht wirklich» ist. Ein «bloßer Gedanke» wird in Gegensatz gebracht zu einem Ding oder Wesen, das «wirklich» ist, weil es durch die Sinne wahrgenommen wird. Aber die Vorstellungen und Gedanken tragen die Anlage in sich, wieder wirklich, bildhaft zu werden. Wenn heute der Mensch von der Vorstellung «rot» spricht, ohne daß er einen roten Gegenstand vor sich hat, so ist diese Vorstellung gleichsam nur ein Schattenbild der wirklichen «Röte». Später wird der Mensch dazu gelangen, nicht nur die schattenhafte Vorstellung des «Roten» in seiner Seele aufsteigen zu lassen, sondern wenn er «Rot» denkt, wird wirklich auch «Rot» vor ihm sein. Er wird Bilder, nicht bloß Vorstellungen *schaffen* können. Etwas Ähnliches wird damit für ihn erreicht sein, was schon für das Mondbewußtsein da war. Aber die Bilder werden nicht traumhaft in ihm auf- und abwogen, sondern er wird sie wie die heutigen Vorstellungen mit vollem *Selbstbewußtsein* in sich hervorrufen. Ein Gedanke an eine Farbe wird die Farbe selbst sein; eine Vorstellung von einem Tone wird der Ton selbst sein und so weiter. Eine Bilderwelt wird künftig durch des Menschen eigene Macht in seiner Seele auf- und abwogen, wogegen während des Monddaseins eine solche Bilderwelt ohne sein Zutun ihm das Innere ausfüllte. Und nicht verschwinden wird der räumliche Charakter der gegenständlichen Außenwelt. Die Farbe, welche mit der Farbenvorstellung zugleich entsteht, wird nicht bloß ein Bild in der Seele sein, sondern sie wird sich draußen im Raum entfalten. Und die Folge davon wird sein, daß der Mensch Wesen und Dinge höherer Art wird wahrnehmen können, als diejenigen seiner jetzigen Umgebung sind. Das sind Dinge und Wesen, welche von feinerer geistiger und seelischer Art sind, so daß sie sich in die gegenständlichen Farben, die für die heutigen physischen Sinneswerkzeuge wahrnehmbar sind, nicht kleiden, die sich aber durch die feineren seelischen und geistigen Farben und Töne offenbaren, welche der Mensch der Zukunft aus seiner Seele heraus wird erwecken können.

Der Mensch nähert sich also einem Zustande, in welchem er ein für solche Wahrnehmungen geeignetes *selbstbewußtes Bilderbewußtsein* haben wird.* Die kommende Erdentwickelung wird einerseits das gegenwärtige Vorstellungs- und Gedankenleben zu immer höherer, feinerer, vollkommenerer Entfaltung bringen; anderseits aber wird sich während dieser Zeit allmäh-

* Die Zusammenstellung «selbstbewußtes Bilder-Bewußtsein» mag befremden, doch drückt sie wohl am besten den Sachverhalt aus. Man könnte, wenn man wollte, auch sagen: Bilderselbstbewußtsein.

lich auch schon das selbstbewußte Bilderbewußtsein nach und nach herausformen. Zu vollem Leben wird jedoch das letztere im Menschen erst auf dem nächsten Planeten gelangen, in den sich die Erde umformen wird, und der in der Geheimwissenschaft der «Jupiter» heißt. Dann wird der Mensch mit Wesen in Verkehr treten können, welche seiner gegenwärtigen Sinneswahrnehmung vollständig verborgen bleiben. Begreiflich ist, daß nicht nur das Wahrnehmungsleben dadurch ein ganz anderes wird, sondern daß sich auch die Taten, die Gefühle, alle Beziehungen zur Umgebung vollkommen umwandeln. Der Mensch wird so, wie er heute nur Sinneswesen bewußt beeinflussen kann, dann auf ganz andere Kräfte und Gewalten bewußt wirken können; und er selbst wird aus ganz anderen Reichen als jetzt ihm vollkommen erkennbare Einflüsse empfangen. Von Geburt und Tod in dem gegenwärtigen Sinne kann auf dieser Stufe nicht mehr die Rede sein. Denn der «Tod» tritt ja doch nur dadurch ein, daß das Bewußtsein auf eine Außenwelt angewiesen ist, mit der es durch die physischen Sinnesorgane in Verkehr tritt. Versagen diese physischen Sinnesorgane ihren Dienst, dann hört jede Beziehung zur Umwelt auf. Das heißt eben, der Mensch «ist gestorben». Wenn nun seine Seele so weit ist, daß sie die Einflüsse von der Außenwelt nicht durch die physischen Werkzeuge empfängt, sondern durch die Bilder, die sie aus Eigenem schafft, dann ist sie auch auf dem Punkte angelangt, ihren Verkehr mit der Umwelt willkürlich zu regeln, das heißt, ihr Leben wird nicht ohne ihren Willen unterbrochen. Sie ist Herr über Geburt und Tod geworden. Das alles wird also mit dem errungenen selbstbewußten Bilderbewußtsein auf dem «Jupiter» eintreten. Es wird dieser Zustand der Seele auch das «psychische Bewußtsein» genannt.

Der nächste Bewußtseinszustand, zu dem sich der Mensch auf einem weiteren Planeten, der «Venus», entwickelt, unterscheidet sich von dem vorigen dadurch, daß die Seele nun nicht bloß Bilder, sondern Gegenstände und Wesen selbst erschaffen kann. Es geschieht dies bei dem *selbstbewußten Gegenstandsbewußtsein* oder überpsychischen Bewußtsein. Durch das Bilderbewußtsein kann der Mensch von übersinnlichen Wesen und Dingen etwas wahrnehmen, und er kann diese durch die Erweckung seiner Bildvorstellungen beeinflussen. Aber damit zum Beispiel dasjenige geschehe, was er von einem solchen übersinnlichen Wesen will, muß dieses auf seine Veranlassung hin die eigenen Kräfte in Bewegung setzen. Der Mensch ist also Herr über Bilder, und er kann durch diese Bilder Wirkungen veranlassen. Aber er ist noch nicht Herr über die Kräfte selbst. Wenn sein selbstbewußtes Gegenstandsbewußtsein ausgebildet sein wird, dann wird er auch über schöpferische Kräfte anderer Welten Herr sein. Er wird Wesen nicht nur wahrnehmen und beeinflussen, sondern selbst schaffen.

Dies ist der Gang der Bewußtseinsentfaltung: erst beginnt es dämmerhaft; man nimmt nichts von anderen Dingen und Wesen wahr, sondern nur die Innenerlebnisse (Bilder) der eigenen Seele; dann wird die Wahrnehmung entwickelt. Und zuletzt wandelt sich das Wahrnehmungsbewußtsein in ein schöpferisches um. Bevor sich der Erdenzustand in das Jupiterleben hinüberwendet, sind – nach dem vierten irdischen Kreislauf – noch drei kleinere Kreisläufe durchzumachen. Diese dienen der weiteren Vervollkommnung des Erdenbewußtseins in einer Art, welche in den folgenden Aufsätzen beschrieben werden wird, wenn die Entwickelung der kleineren Kreisläufe und ihrer Unterabteilungen bei allen sieben Planeten zur Darstellung kommen wird. Hat sich, nach einer Ruhepause (Pralaya), die Erde in den Jupiter verwandelt, und ist der Mensch auf diesem Planeten angekommen, dann müssen während vier kleinerer Kreisläufe wieder die vier vorhergehenden Zustände – Saturn-, Sonnen-, Mond-, Erdenzustand – wiederholt werden; und erst während des fünften Jupiterkreislaufes gelangt der Mensch auf die Stufe, die oben als das eigentliche Jupiterbewußtsein gekennzeichnet worden ist. In einer entsprechenden Art kommt das «Venusbewußtsein» während des sechsten Venuskreislaufes zum Vorschein.

Eine Tatsache, welche in den folgenden Aufsätzen eine gewisse Rolle spielen wird, soll hier nur kurz angedeutet werden. Sie betrifft die Schnelligkeit, mit welcher die Entwickelung auf den einzelnen Planeten verläuft. Diese ist nämlich nicht auf allen Planeten gleich. Das Leben verläuft zunächst mit der größten Schnelligkeit auf dem Saturn, dann nimmt die Geschwindigkeit auf der Sonne ab, wird auf dem Monde noch kleiner und bewegt sich am langsamsten auf der Erde. Auf dieser selbst wird es immer langsamer bis zu dem Punkte, in dem sich das Selbstbewußtsein entwickelt. Dann wächst die Geschwindigkeit wieder. Heute hat also der Mensch den Zeitpunkt der größten Langsamkeit seiner Entwickelung bereits überschritten. Das Leben hat begonnen, sich wieder zu beschleunigen. Auf dem Jupiter wird die Schnelligkeit des Mondes, auf der Venus diejenige der Sonne wieder erreicht sein.

Der letzten Planet, der noch in die Reihe der irdischen Verwandlungen gezählt werden kann, der also auf die Venus folgt, wird von der Geheimwissenschaft «Vulkan» genannt. Auf diesem Planeten wird das vorläufige Ziel der Menschheitsentwickelung erreicht. Der Bewußtseinszustand, in welchen da der Mensch eintritt, wird die *«Gottseligkeit»* oder auch das spirituelle Bewußtsein genannt. Der Mensch wird es nach Wiederholung der sechs vorhergehenden Stufen auf dem siebenten Vulkankreislauf erlangen. Über das Leben auf diesem Planeten kann öffentlich nicht viel mitgeteilt werden. In der Geheimwissenschaft spricht man von ihm so, daß man sagt: «Über den Vulkan und sein Leben sollte von keiner Seele nachgedacht werden, die mit ihrem Denken noch an einen physischen Körper gebunden ist.» Das heißt, es können nur die Geheimschüler der höheren Ordnung über den Vulkan etwas erfahren, die ihren physischen Körper verlassen dürfen und außerhalb desselben übersinnliche Erkenntnisse sich aneignen können.

So drücken sich also im Laufe der Menschheitsentwickelung die sieben Stufen des Bewußtseins in sieben Planetenentfaltungen aus. Nun hat das Bewußtsein auf jeder Stufe wieder sieben untergeordnete Zustände zu durchlaufen. Diese kommen in den bereits angedeuteten kleineren Kreisläufen zum Dasein. (Die theosophischen Schriften nennen diese sieben Kreisläufe «Runden».) Diese untergeordneten Zustände werden von der Geheimwissenschaft des Abendlandes *«Lebenszustände»* genannt, im Gegensatz zu den übergeordneten «Bewußtseinszuständen».

Oder man sagt auch, jeder Bewußtseinszustand bewege sich durch sieben «Reiche». Nach dieser Rechnung hat man also in der ganzen Menschheitsentwickelung siebenmal sieben, das ist neunundvierzig kleine Kreisläufe oder «Reiche» (nach gebräuchlicher theosophischer Ausdrucksweise «Runden»), zu unterscheiden. Und weiter hat wieder jeder kleine Kreislauf sieben noch kleinere zu durchlaufen, die man «Formzustände» (in theosophischer Sprache «Globen») nennt. Das gibt für den vollen Menschheitskreislauf siebenmal neunundvierzig verschiedene «Formzustände» oder dreihundertdreiundvierzig.

Die nächsten Ausführungen, die von dieser Entwickelung handeln werden, sollen zeigen, daß die Übersicht über das Ganze keine so komplizierte ist, wie es zuerst bei Nennung der Zahl dreihundertdreiundvierzig erscheinen könnte. Es wird sich zeigen, wie der Mensch sich erst recht verstehen kann, wenn er diese seine Entwickelung kennt.

Die große Menschheitsentwickelung durch die sieben Bewußtseinsstufen hindurch vom Saturn bis zum Vulkan ist in einer der vorigen Schilderungen mit dem Gang durch das Leben zwischen Geburt und Tod, durch das Säuglingsalter, die Kindheit und so weiter bis zum Greisenalter verglichen worden. Man kann den Vergleich noch weiter ausdehnen. Wie bei der gegenwärtigen Menschheit sich die einzelnen Lebensalter nicht bloß folgen, sondern auch nebeneinander vorhanden sind, so ist es auch bei der Entfaltung der Bewußtseinsstufen. Der Greis, der reife Mann oder die reife Frau, der Jüngling und so weiter, sie wandeln *neben*einander. So waren auch auf dem Saturn nicht bloß die Menschenvorfahren als Wesen mit dem dumpfen Saturnbewußtsein vorhanden, sondern neben ihnen andere Wesen, welche die höheren Bewußtseinsstufen schon entwickelt hatten. Es gab also schon, als die Saturnentwickelung begann, Naturen mit Sonnenbewußtsein, andere mit Bilderbewußtsein (Mondbewußtsein), solche mit einem Bewußtsein, das dem gegenwärtigen Bewußtsein des Menschen gleicht, dann eine vierte Gattung mit selbstbewußtem (psychischem) Bilderbewußtsein, eine fünfte mit selbstbewußtem (überpsychischem) Gegenstandsbewußtsein, und eine sechste mit schöpferischem (spirituellem) Bewußtsein. Und auch damit ist die Reihe der Wesen noch nicht erschöpft. Nach der Vulkanstufe wird ja auch der Mensch sich noch weiter entwickeln und dann noch höhere Bewußtseinsstufen erklimmen. Wie das äußere Auge in nebelgraue Ferne, blickt das innere Auge des Sehers in Geisterweite auf noch fünf Bewußtseinsformen, von denen aber eine Beschreibung ganz unmöglich ist. Es kann also im ganzen von *zwölf* Bewußtseinsstufen die Rede sein.

Der Saturnmensch hatte also in seinem Umkreise elf andere Wesensarten neben sich. Die vier höchsten Arten haben auf Entwickelungsstufen ihre Aufgaben gehabt, welche dem Saturnleben noch vorangingen. Sie waren, als dieses Leben begann, bereits auf einer so hohen Stufe der eigenen Entwickelung angelangt, daß sich ihr weiteres Dasein in Welten nunmehr abspielte, die über die Menschenreiche hinausliegen. Von ihnen kann und braucht daher hier nicht gesprochen zu werden.

Die anderen Wesensarten jedoch – sieben außer dem Saturnmenschen – sind alle an der Entwickelung des Menschen beteiligt. Sie verhalten sich dabei als schöpferische Mächte, leisten ihre Dienste in einer Art, die in den folgenden Ausführungen beschrieben werden soll.

Die erhabensten von diesen Wesen waren diejenigen, welche, als die Saturnentwickelung begann, bereits eine Bewußtseinsstufe erreicht hatten, die der Mensch erst nach seinem Vulkanleben erlangen wird, also ein hohes schöpferisches (überspirituelles) Bewußtsein. Auch diese «Schöpfer» hatten einmal die Menschheitsstufen durchzumachen. Das geschah auf Weltkörpern, die dem Saturn vorangegangen waren. Ihre Verbindung mit der Menschheitsentwickelung blieb aber noch bis in die Mitte des Saturnlebens bestehen. Man nennt sie in der Geheimwissenschaft wegen ihres erhaben-feinen Strahlenkörpers «strahlende Leben» oder auch «strahlende Flammen». Und weil der Stoff, aus dem dieser Körper bestand, einige entfernte Ähnlichkeit mit dem Willen des Menschen hat, werden sie auch die «Geister des Willens» genannt. – Diese Geister sind die Schöpfer des Saturnmenschen. Aus ihrem Leibe strömen sie den Stoff aus, welcher der Träger des menschlichen Saturnbewußtseins werden kann. Die Entwickelungsperiode, während welcher dieses geschieht, wird der erste kleine Saturnkreislauf genannt. (In der Sprache der theosophischen Literatur die «erste Runde».) Der Stoffleib, den der Mensch auf diese Art erhält, ist die erste Anlage seines späteren physischen Körpers. Man kann also sagen, der Keim zum physischen Menschenkörper wird während des ersten Saturnkreislaufes durch die Geister des Willens gelegt; und es hat in jener Zeit dieser Keim das dumpfe Saturnbewußtsein.

Auf diesen ersten kleineren Saturnkreislauf folgen dann noch sechs andere. Der Mensch erlangt innerhalb dieser Kreisläufe keinen höheren Bewußtseinsgrad. Aber der Stoffleib, den er erhalten hat, wird weiter ausgearbeitet. Und an dieser Ausarbeitung beteiligen sich in der mannigfaltigsten Art die anderen Wesensarten, auf welche oben hingedeutet worden ist.

Nach den «Geistern des Willens» kommen Wesen mit schöpferischem (spirituellem) Bewußtsein, ähnlich dem, welches der Mensch auf dem Vulkan erlangen wird. Sie werden «Geister der Weisheit» genannt. Die christliche Geheimwissenschaft nennt sie «Herrschaften» (Kyriotetes), während sie die «Geister des Willens» «Throne» nennt.* Sie bringen ihre eigene Entwickelung während des zweiten Saturnkreislaufes um ein Stück vorwärts und bearbeiten den Menschenleib dabei zugleich so, daß diesem eine «weisheitsvolle Einrichtung», ein vernünftiger Bau eingepflanzt wird. Genauer betrachtet, beginnt diese ihre Arbeit am Menschen schon bald nach der Mitte des ersten Kreislaufes und ist ungefähr um die Mitte des zweiten abgeschlossen.

Die dritte Art von Geistern mit dem selbstbewußten (überpsychischen) Gegenstandsbewußtsein heißt «Geister der Be-

* Wer die christliche Lehre wirklich kennt, der weiß, daß zu ihr die Vorstellungen dieser dem Menschen übergeordneten geistigen Wesen durchaus gehören. Nur sind sie einer veräußerlichten Religionslehre seit einiger Zeit abhanden gekommen. Wer auf die Dinge wirklich eingeht und tiefer blickt, der wird erkennen, daß auf Seiten des Christentums nicht der geringste Grund vorliegt, die Geheimwissenschaft zu bekämpfen, sondern daß im Gegenteil diese Geheimwissenschaft im vollsten Einklang steht mit dem wahren Christentum. Wenn die Theologen und Religionslehrer sich darauf einlassen wollten, die Geheimwissenschaft zu studieren, so müßten sie um ihres Christentums willen in ihr die beste Helferin und Förderin in der Gegenwart erblicken. Aber allerdings denken viele Theologen auch ganz materialistisch; und es ist bezeichnend, daß man heute sogar in einer populären Schrift, die zur Förderung der christlichen Erkenntnisse bestimmt ist, die Worte lesen kann: «Engel» seien für «Kinder und Ammen». Solch eine Behauptung entspringt einer vollständigen Verkennung des echten christlichen Geistes. Und nur wer das wahre Christentum einer vermeintlich fortgeschrittenen «Wissenschaft» opfert, kann eine solche Behauptung tun. Die Zeit aber wird kommen, wo eine höhere Wissenschaft über die Kindlichkeit solcher Behauptungen zur Tagesordnung übergehen wird.

wegung» oder auch der «Tätigkeit». In der christlichen Geheimwissenschaft nennt man sie «Mächte» (Dynamis). (In der theosophischen Literatur findet sich für sie der Ausdruck «Mahat».) Mit dem Fortgang ihrer eigenen Entwickelung verbinden sie von der Mitte des zweiten Saturnkreislaufes ab die weitere Ausarbeitung des menschlichen Stoffleibes, dem sie die Fähigkeit der Bewegung, der krafterfüllten Wirksamkeit einpflanzen. Diese Arbeit erreicht um die Mitte des dritten Saturnkreislaufes ihr Ende.

Nach diesem Punkt setzt die Arbeit der vierten Wesensart ein, der sogenannten «Geister der Form». Sie haben ein selbstbewußtes Bilderbewußtsein (psychisches Bewußtsein). Die christliche Geheimlehre hat für sie den Namen «Gewalten» (Exusiai). Durch ihre Arbeit erlangt der menschliche Stoffleib, der vorher eine Art beweglicher Wolke war, eine begrenzte (plastische) Form. Diese Tätigkeit der «Formgeister» ist um die Mitte des vierten Saturnkreislaufes vollendet.

Dann folgt die Tätigkeit der «Geister der Finsternis», die auch «Geister der Persönlichkeit» oder der «Selbstheit» (Egoismus) genannt werden. Ihnen kommt auf dieser Stufe ein Bewußtsein zu, das dem gegenwärtigen menschlichen Erdenbewußtsein ähnlich ist. Sie bewohnen den geformten menschlichen Stoffleib als «Seelen» in einer ähnlichen Art, wie heute die Menschenseele ihren Leib bewohnt. Sie pflanzen dem Leib eine Art von Sinnesorganen ein, welche der Keim sind zu den Sinnesorganen, die sich später während der Erdentwickelung am Menschenkörper entwickeln. – Man muß sich nur klarmachen, daß sich diese «Sinneskeime» von den heutigen Sinneswerkzeugen des Menschen doch noch wesentlich unterscheiden. Der Mensch der Erde könnte durch solche «Sinneskeime» nichts wahrnehmen. Denn für ihn müssen die Bilder der Sinneswerkzeuge erst noch durch einen feineren Ätherkörper, der sich auf der Sonne bildet, und durch einen Astralkörper, der sein Dasein der Mondenentwickelung verdankt, hindurchgehen. (Alles das werden die weiteren Ausführungen klarlegen.) Aber die «Geister der Persönlichkeit» können die Bilder der «Sinneskeime» durch ihre eigene Seele so bearbeiten, daß sie mit ihrer Hilfe äußere Gegenstände so wahrnehmen können, wie dies der Mensch während seiner Erdentwickelung tut. Indem sie so am Menschenleibe arbeiten, machen die «Geister der Persönlichkeit» ihre eigene «Menschheitsstufe» durch. Sie sind somit von der Mitte des vierten bis zur Mitte des fünften Saturnkreislaufes *Menschen.* – Diese Geister pflanzen also dem Menschenleib die Selbstheit, den Egoismus, ein. Da sie auf dem Saturn selbst erst auf ihrer Menschheitsstufe angelangt sind, bleiben sie noch lange mit der Menschheitsentwickelung verbunden. Sie haben also auch in folgenden Kreisläufen noch wichtige Arbeit am Menschen zu leisten. Und diese Arbeit wirkt immer im Sinne der Einimpfung der Selbstheit. Ihren Wirkungen sind ebenso die Ausartungen der Selbstheit in Selbstsucht zuzuschreiben, wie sie anderseits die Urheber aller Selbständigkeit des Menschen sind. Ohne sie wäre derselbe nie eine in sich abgeschlossene Wesenheit, eine «Persönlichkeit» geworden. Die christliche Geheimlehre gebraucht für sie den Ausdruck «Urkräfte» (Archai), und in der theosophischen Literatur werden sie als Asuras bezeichnet.

Die Arbeit dieser Geister wird um die Mitte des fünften Saturnkreislaufes abgelöst von derjenigen der «Söhne des Feuers», welche auf dieser Stufe noch ein dumpfes Bilderbewußtsein haben, gleich dem Mondenbewußtsein des Menschen. Sie erreichen die Stufe der Menschheit erst auf dem nächsten Planeten, der Sonne. Ihre Arbeit ist daher hier noch in einem gewissen Grade unbewußt, traumhaft. Durch sie wird aber die Tätigkeit der «Sinneskeime» aus dem vorigen Kreislauf belebt. Die von den «Feuergeistern» erzeugten Lichtbilder scheinen durch diese Sinneskeime nach außen. Der Menschenvorfahr wird dadurch zu einer Art leuchtender Wesenheit erhoben. Während das Saturnleben sonst dunkel ist, leuchtet jetzt der Mensch aus der allgemeinen Finsternis auf. – Noch die «Geister der Persönlichkeit» wurden dagegen in dieser allgemeinen Finsternis zu ihrem Menschendasein erweckt. – Das Menschenwesen selbst kann sich auf dem Saturn aber seiner Leuchtkraft nicht bedienen. Die Lichtkraft seiner Sinneskeime würde durch sich selbst nichts ausdrücken können, aber es finden durch sie andere erhabenere Wesen die Möglichkeit, sich dem Saturnleben zu offenbaren. Durch die Leuchtquellen der Menschenvorfahren strahlen sie etwas von ihrer Wesenheit auf den Planeten nieder. Es sind dies erhabene Wesen aus der Reihe jener vier, von denen oben gesagt worden ist, daß sie in ihrer Entwickelung bereits über alle Verbindung mit dem Menschendasein hinausgewachsen seien. Ohne daß für sie selbst eine Notwendigkeit vorläge, strahlen sie jetzt durch «freien Willen» etwas von ihrer Natur aus. Die christliche Geheimlehre spricht hier von der Offenbarung der *Seraphime* (Seraphim), der «Geister der Alliebe». Dieser Zustand dauert bis zur Mitte des sechsten Saturnkreislaufes.

Darnach setzt die Arbeit jener Wesen ein, welche auf dieser Stufe ein dumpfes Bewußtsein haben, wie es dem Menschen gegenwärtig im tiefen, traumlosen Schlafe zukommt. Es sind die «Söhne des Zwielichtes», die «Geister der Dämmerung». (In den theosophischen Schriften nennt man sie Lunar Pitris oder auch Barhishad-Pitris.) Sie erreichen die Stufe der Menschheit erst auf dem Monde. Sowohl sie wie auch ihre Vorgänger, die Feuersöhne, sind daher auf der Erde schon über die Stufe des Menschentums hinausgewachsen. Sie sind auf der Erde höhere Wesen, welche die christliche Geheimlehre «Engel» nennt (Angeloi), während sie für die Feuersöhne den Ausdruck (Erzengel» (Archangeloi) gebraucht. Diese Söhne des Zwielichts entwickeln nun in dem herangewachsenen Menschenvorfahren eine Art Verstand, dessen er sich aber bei seinem dumpfen Bewußtsein noch nicht selbst bedienen kann. Durch diesen Verstand offenbaren sich jetzt wieder erhabene Wesenheiten, wie vorher durch die Sinneskeime die Seraphim. Durch die Menschenleiber lassen jetzt die Geister den Verstand über den Planeten fließen, welche die christliche Geheimlehre «Cherubime» (Cherubim) nennt.

Um die Mitte des siebenten Saturnkreislaufes setzt eine neue Tätigkeit ein. Jetzt ist nämlich der Mensch so weit, daß er an seinem eigenen Stoffleib unbewußt arbeiten kann. Durch diese seine eigene Tätigkeit schafft der Mensch in der völligen Dumpfheit des Saturndaseins die erste Keimanlage zum eigentlichen

«Geistesmenschen» (vergleiche meine «Theosophie»), welcher am Ende der Menschheitsentwickelung erst zur vollen Entfaltung gelangt. In der theosophischen Literatur nennt man dies «Atma». Es ist das höchste Glied der sogenannten Monade des Menschen. Für sich selbst wäre es auf dieser Stufe ganz dumpf und unbewußt. Aber wie die Seraphim und Cherubim durch ihren freien Willen sich in den beiden vorhergehenden Menschenstufen offenbaren, so jetzt die Throne, jene Wesen, die ganz im Anfange des Saturndaseins den Menschenleib aus ihrer eigenen Wesenheit ausstrahlen ließen. Die Keimanlage des «Geistesmenschen» (Atma) wird ganz von der Kraft dieser Geister des Willens durchdrungen und behält diese Kraft dann durch alle folgenden Entwickelungsstufen. Der Mensch in seinem dumpfen Bewußtsein kann auf dieser Stufe freilich noch nichts von dieser Keimanlage merken; aber er entwickelt sich weiter, und später leuchtet dann auch für sein eigenes Bewußtsein diese Keimanlage auf.

Diese Arbeit ist am Ende des Saturnlebens noch nicht abgeschlossen; sie setzt sich in den ersten Sonnenkreislauf hinein fort. Man bedenke, daß die Arbeit der höheren Geister, die hier gekennzeichnet worden ist, nicht mit Anfang und Ende eines kleineren Kreislaufes (einer Runde) zusammenfällt, sondern daß sie von der Mitte des einen bis zur Mitte des nächsten geht. Und ihre größte Tätigkeit entfaltet sie gerade in den *Ruhepausen zwischen den Kreisläufen.* Sie steigt von der Mitte eines Kreislaufes (Manvantara) an, wird am stärksten in der Mitte einer Ruhepause (Pralaya) und flutet dann im nächsten Kreislauf ab. (Es ist ja schon in den vorigen Kapiteln davon gesprochen worden, daß während der Ruhepausen das Leben keineswegs aufhört.)

Aus dem obigen ist auch ersichtlich, in welchem Sinne die christliche Geheimwissenschaft davon spricht, daß sich im «Beginne der Zeiten» zuerst die Seraphim, Cherubim und Throne offenbarten.

Damit ist der Saturnlauf so weit verfolgt, bis sich sein Leben durch eine Ruhepause hindurch in das der Sonne hinüberentwickelt. Davon in den folgenden Ausführungen.

Der leichteren Übersichtlichkeit halber soll hier eine Zusammenstellung der Entwickelungstatsachen des ersten Planeten stehen.

I. Es ist dieser Planet derjenige, auf dem sich das dumpfeste menschliche Bewußtsein entfaltet (ein tiefes Trancebewußtsein). Zugleich damit bildet sich die erste Anlage des physischen Menschenleibes.

II. Diese Entwickelung geht durch sieben Unterstufen (kleinere Kreisläufe oder «Runden») hindurch. Auf jeder dieser Stufen setzen höhere Geister an der Ausbildung des Menschenleibes mit ihrer Arbeit ein, und zwar im

1. Kreislauf die Geister des Willens (Throne),
2. Kreislauf die Geister der Weisheit (Herrschaften),
3. Kreislauf die Geister der Bewegung (Mächte),
4. Kreislauf die Geister der Form (Gewalten),
5. Kreislauf die Geister der Persönlichkeit (Urkräfte),
6. Kreislauf die Geister der Söhne des Feuers (Erzengel),
7. Kreislauf die Geister der Söhne des Zwielichtes (Engel).

III. Im vierten Kreislauf erheben sich die Geister der Persönlichkeit zur Stufe der Menschheit.

IV. Vom fünften Kreislauf an offenbaren sich die Seraphim.

V. Vom sechsten Kreislauf an offenbaren sich die Cherubim.

VI. Vom siebenten Kreislauf an offenbaren sich die Throne, die eigentlichen «Schöpfer der Menschen».

VII. Durch die letztere Offenbarung entsteht in dem siebenten Kreislauf des ersten Planeten die Anlage zum «Geistmenschen», zu Atma.

DAS LEBEN DER SONNE

Auf das große Weltzeitalter des Saturn, welches in den früheren Ausführungen gekennzeichnet ist, folgt dasjenige der Sonne. Zwischen beiden liegt eine Ruhepause (Pralaya). Während dieser nimmt alles, was sich vom Menschen auf dem Saturn entwickelt hat, einen solchen Charakter an, der sich zum später auszubildenden Sonnenmenschen verhält wie der Same zu der Pflanze, die aus ihm hervorgeht. Der Saturnmensch hat gleichsam seinen Samen hinterlassen, der eine Art von Schlaf hält, um sich dann als Sonnenmensch zu entfalten.

Der letztere macht nun auf der Sonne seine zweite Bewußtseinsstufe durch. Sie gleicht derjenigen, in welche heute noch der Mensch während des ruhigen, traumlosen Schlafes verfällt. Dieser Zustand, der gegenwärtig das Wachsein unterbricht, ist ein Rest, gewissermaßen eine Erinnerung an die Zeit der Sonnenentwickelung. Man kann ihn auch jenem dumpfen Bewußtseinszustande vergleichen, in dem heute sich die Pflanzenwelt befindet. Denn in der Tat hat man in der Pflanze ein schlafendes Wesen zu erkennen.

Man muß sich, um die Menschheitsentwickelung zu begreifen, vorstellen, daß die Sonne in diesem zweiten großen Kreislauf noch ein Planet war und erst später zu dem Fixsterndasein aufgerückt ist. Im geheimwissenschaftlichen Sinne ist ein Fixstern derjenige, welcher einem (oder mehreren) von ihm entfernten Planeten Lebenskräfte zusendet. Dies war während des zweiten Kreislaufes bei der Sonne noch nicht der Fall. Sie war damals noch mit den Wesen, denen sie die Kraft gab, vereint. Diese – also auch der Mensch auf seiner damaligen Entwickelungsstufe – lebten noch auf ihr. Eine von der Sonne abgetrennte planetarische Erde und einen Mond gab es nicht. Alles, was heute an Stoffen, Kräften und Wesen auf und in der Erde lebt, und alles, was jetzt dem Monde angehört, war noch innerhalb der Sonne. Es bildete einen Teil *ihrer* Stoffe, Kräfte und Wesenheiten. Erst während des nächsten (dritten) großen Kreislaufes löste sich als ein besonderer Planet das von der

Sonne ab, was man in der Geheimwissenschaft den *Mond* nennt. Das ist nicht der gegenwärtige Mond, sondern der Vorgänger unserer Erde, gleichsam deren vorige Verkörperung (Reinkarnation). Aus diesem Monde wurde die Erde, nachdem er wieder aus seinem Stoffe herausgelöst und abgeworfen hatte, was man heute als Mond bezeichnet. Im dritten Kreislaufe waren also zwei Körper an Stelle der früheren planetarischen Sonne vorhanden, nämlich der Fixstern Sonne und der abgespaltene planetarische Mond. Und dieser hatte den Menschen und die andern Wesen, die sich während des Sonnenlaufes als Menschengenossen entwickelt hatten, mit sich heraus aus der Sonne genommen. Die letztere spendete nun den Mondwesen *von außen* die Kräfte, die sie früher unmittelbar aus ihr, als ihrem Wohnplatz, bezogen hatten. – Nach dem dritten (Monden-) Kreislauf trat dann wieder eine Ruhepause (Pralaya) ein. In dieser vereinigten sich die beiden getrennten Körper (Sonne und Mond) und machten gemeinsam den Samenschlafzustand durch. In der vierten Kreislaufperiode traten dann im Anfange Sonne und planetarischer Mond als *ein* Körper aus dem Schlafdunkel hervor. Und während der ersten Hälfte dieses Kreislaufes löste sich unsere Erde mit dem Menschen und seinen Genossen aus der Sonne heraus. Etwas später warf sie dann den heutigen Mond ab, so daß nunmehr drei Glieder als Abkömmlinge des einstigen Sonnenplaneten vorhanden sind.

Auf dem Sonnenplaneten machten nun im zweiten großen Weltalter der Mensch und die bei der Saturnbesprechung erwähnten Wesen eine weitere Stufe ihrer Entwickelung durch. Die Anlage des späteren physischen Leibes des Menschen, die sich auf dem Saturn allmählich entfaltet hatte, tritt beim Beginn des Sonnenkreislaufes wie eine Pflanze aus dem Samen hervor. Aber sie bleibt hier nicht so, wie sie vorher war. Sie wird vielmehr durchsetzt von einem zweiten feineren, aber in sich kraftvolleren Leib, dem Ätherleib. Während der Saturnleib des Menschen eine Art Automat war (ganz leblos), wird er jetzt durch den Ätherleib, der ihn nach und nach ganz durchsetzt, zum belebten Wesen. Der Mensch wird dadurch eine Art Pflanze. Sein Aussehen ist allerdings nicht dasjenige der heutigen Pflanzen. Er gleicht vielmehr schon ein wenig in seinen Formen dem gegenwärtigen Menschen. Nur ist die Anlage zum Kopfe, wie jetzt die Pflanzenwurzel, nach unten hin zum Sonnenmittelpunkte gewendet, und die Fußanlagen sind wie die Pflanzenblüte nach oben gerichtet. Eine willkürliche Bewegung hat dieses Pflanzenmenschengebilde noch nicht.*

So formt sich aber der Mensch erst während des zweiten von den sieben kleineren Kreisläufen (Runden), welche die Sonne durchmacht. Für die Dauer des ersten dieser kleinen Kreisläufe ist noch kein Ätherleib im Menschengebilde vorhanden. Es wird da vielmehr noch einmal alles kurz wiederholt, was während des Saturnzeitalters durchgemacht worden ist. Der physische Menschenleib behält noch seinen automatischen Charakter; aber er verändert etwas seine frühere Form. Diese könnte nämlich, wenn sie so bliebe, wie sie auf dem Saturn war, keinen Ätherleib beherbergen. Sie wird so umgestaltet, daß sie Träger dieses Leibes werden kann. Während der folgenden sechs Kreisläufe wird dann der Ätherleib immer mehr ausgebildet, und durch seine Kräfte, die auf den physischen Leib wirken, erhält auch dieser allmählich eine immer vollkommenere Form. – Die Umwandlungsarbeit, welche da mit dem Menschen vollzogen wird, leisten die Geister, die zusammen mit dem Menschen schon bei Besprechung der Saturnentwickelung genannt worden sind.

Diejenigen Geister, welche «strahlende Leben» oder «Flammen» heißen (in der christlichen Geheimwissenschaft «Throne»), kommen dabei nicht mehr in Betracht. Sie haben ihre bezügliche Arbeit während der ersten Hälfte des ersten Saturnkreislaufes

* Für einen an der gegenwärtigen sinnlichen Wahrnehmung hängenden Menschen wird es natürlich schwer, sich vorzustellen, daß der Mensch als Pflanzenwesen in der Sonne selbst gelebt habe. Es scheint undenkbar, daß ein Lebewesen in solchen physikalischen Verhältnissen sein könnte, wie sie für diese Tatsache angenommen werden müssen. Aber es ist ja doch nur eine *jetzige* Pflanze an die gegenwärtige physische Erde angepaßt. Und sie hat sich nur so entwickelt, weil ihre Umgebung die entsprechende ist. Das Sonnenpflanzenwesen hatte andere Lebensbedingungen, welche den damaligen physischen Sonnenverhältnissen entsprachen.

beendet. Was während des ersten Sonnenkreislaufes (Runde) zu beobachten ist, das ist die Arbeit der «Geister der Weisheit» (Herrschaften oder Kyriotetes in der christlichen Geheimlehre). Sie haben ja (vergleiche die bisherigen Ausführungen) um die Mitte des ersten Saturnkreislaufes in die Menschenentwickelung eingegriffen. Nun setzen sie während der ersten Hälfte des ersten Sonnenkreislaufes ihre Arbeit fort, indem sie die weisheitsvolle Einrichtung des physischen Körpers in aufeinanderfolgenden Stufen wiederholen. Etwas später gesellt sich zu dieser Arbeit diejenige der «Geister der Bewegung» (Dynamis im Christentum, Mahat in der theosophischen Literatur) hinzu. Es wird dadurch diejenige Periode des Saturnkreislaufes wiederholt, in welcher dem menschlichen Leibe die Fähigkeit der Beweglichkeit erteilt wurde. Dieser entfaltet also wieder seine Beweglichkeit. Ebenso wiederholen aufeinanderfolgend die «Geister der Form» (Exusiai), diejenigen der «Finsternis» (Archai christlich, Asuras theosophisch), dann die «Söhne des Feuers» (Erzengel) und zuletzt die «Geister des Zwielichts» (Engel, Lunar Pitris) ihre Arbeiten. Damit sind sechs kleinere Perioden des ersten Sonnenlaufes (der ersten Sonnenwende) gekennzeichnet. – In einer siebenten solchen kleineren Periode greifen dann neuerdings die «Geister der Weisheit» (Herrschaften) ein. Während sie in ihrer vorhergehenden Arbeitsperiode dem Menschenleibe einen weisen Bau gegeben haben, verleihen sie jetzt den beweglich gewordenen Gliedern die Fähigkeit, die Bewegung selbst zu einer weisheitsvollen zu machen. Vorher war nur die Bauweise, jetzt wird auch die Bewegung selbst zu einem Ausdruck innerer Weisheit. Damit erreicht der erste Sonnenkreislauf sein Ende. Er besteht somit aus sieben aufeinanderfolgenden kleineren Kreisläufen, von welchem jeder eine kurze Wiederholung eines Saturnkreislaufes (einer Saturnrunde) ist. Man hat sich gewöhnt, in der theosophischen Literatur diese sieben kleineren Kreisläufe, welche eine sogenannte «Runde» zusammensetzen, «Globen» zu nennen. (Somit verläuft eine Runde in sieben «Globen».)

Auf den ersten Sonnenkreislauf folgt nun nach einer Ruhepause (Pralaya) der zweite. Die einzelnen «kleinsten Kreisläufe» oder «Globen» sollen später genauer beschrieben werden; jetzt soll zum weiteren Sonnenkreislauf übergegangen werden. – Schon am Ende des ersten ist der Menschenkörper reif zur Aufnahme des Ätherkörpers geworden, und zwar dadurch, daß ihm «die Geister der Weisheit» die weisheitsvolle Beweglichkeit möglich gemacht haben. – Mittlerweile haben sich aber diese «Geister der Weisheit» selbst weiter entwickelt. Sie sind durch die Arbeit, die sie geleistet haben, fähig geworden, aus sich selbst ihren Stoff so auszuströmen, wie die «Flammen» im Beginne des Saturnkreislaufes den ihren ausströmten und dadurch dem physischen Leibe die stoffliche Grundlage gaben. Der Stoff der «Geister der Weisheit» ist nun der «Äther», das ist in sich bewegliche und kraftvolle Weisheit, mit anderem Wort «Leben». Der Äther- oder Lebensleib des Menschen ist also eine Ausströmung der «Weisheitsgeister». – Diese Ausströmung dauert fort, bis um die Mitte des zweiten Sonnenkreislaufes dann wieder die «Geister der Bewegung» mit einer neuen Tätigkeit einsetzen können. Ihre Arbeit konnte sich vorher nur auf den physischen Menschenleib erstrecken; jetzt greift sie über auf den Ätherleib und pflanzt ihm die krafterfüllte Wirksamkeit ein. Dies dauert so fort bis zur Mitte des dritten Sonnenkreislaufes. Dann beginnt die Leistung der «Geister der Form». Durch sie erhält der Ätherleib, der vorher nur wolkenartige Beweglichkeit hatte, eine bestimmte Gestalt (Form). – In der Mitte des vierten Sonnenlaufes erhalten nun diese «Geister der Form» ein solches Bewußtsein, wie es der Mensch auf der «Venus» haben wird, die er als zweitnächsten Planeten nach dem Erdendasein betreten wird. Das ist ein überpsychisches Bewußtsein. Sie gelangen dazu als zu einer Frucht ihrer Tätigkeit während des dritten und vierten Sonnenlaufes. Dadurch kommen sie zur Fähigkeit, die während der Saturnperiode und seither ausgebildeten Sinneskeime, die bis jetzt nur physikalische Apparate waren, mit dem Äther in *belebte Sinne* umzugestalten.

Durch einen ähnlichen Vorgang haben sich in dieser Zeit die «Geister der Finsternis» (Archai christlich, Asuras theosophisch) zur Stufe des psychischen Bewußtseins erhoben, das der Mensch als bewußtes Bilderbewußtsein erst auf dem Jupiter entwickeln wird. Sie kommen dadurch in die Lage, bewußt von der Astralwelt aus zu wirken. Nun kann von der Astralwelt aus der Ätherkörper eines Wesens beeinflußt werden. Die «Geister der Finsternis» taten das in bezug auf den Ätherleib des Menschen. Sie pflanzten ihm jetzt den Geist der Selbstheit (Selbständigkeit und Selbstsucht) ein, wie sie das vorher mit dem physischen Leibe getan haben. Man sieht also, daß der Egoismus stufenweise durch diese Geister allen Gliedern der menschlichen Wesenheit eingepflanzt wird. – Um dieselbe Zeit erlangten die «Söhne des Feuers» die Bewußtseinsstufe, welche der Mensch heute hat als sein Wachbewußtsein. Man kann also von ihnen sagen, sie werden jetzt *Menschen.* Und sie können sich nun des physischen Menschenleibes zu einer Art Verkehr mit der Außenwelt bedienen. In ähnlicher Art haben sich ja die «Geister der Persönlichkeit» des physischen Leibes von der Mitte des vierten Saturnkreislaufes an bedienen können. Nur haben diese sich der Sinneskeime zu einer Art von Wahrnehmung bedient. Die «Söhne des Feuers» sind aber ihrer Natur nach solche, welche die Wärme ihrer Seele in ihre Umgebung ausgießen. Der physische Menschenleib ist nun so weit, daß sie durch ihn das tun können. Ihre Wärme wirkt etwa wie die Brutwärme des Huhnes auf das bebrütete Ei, das heißt, sie hat eine lebenerweckende Kraft. Alles, was von solch lebenerweckender Kraft in dem Menschen und seinen Genossen ist, das wurde durch die Söhne des Feuers damals dem Ätherkörper eingepflanzt. Man hat es also hier mit dem Ursprunge jener Wärme zu tun, welche alle Lebewesen zur Bedingung ihrer Fortpflanzung haben. Es wird sich später zeigen, welche Umwandlung diese Wärmekraft durchmachte, als sich der Mond von der Sonne loslöste.

Um die Mitte des fünften Kreislaufes sind dann die «Söhne des Feuers» so weit selbst gediehen, daß sie die Fähigkeit, die sie vorher durch den physischen Menschenleib ausübten, nunmehr dem Ätherleib einimpfen können. Sie lösen jetzt die «Geister der Persönlichkeit» ab in der Arbeit an diesem Ätherleib, der dadurch zum Erreger einer Fortpflanzungstätigkeit wird. – Den physischen Leib überlassen sie in dieser Zeit den Söhnen des Zwielichtes (Engel im Christentum, Lunar Pitris in der Theosophie). Diese haben mittlerweile ein dumpfes Bilderbewußtsein erlangt, wie es der Mensch auf dem Monde haben wird. Sie haben auf dem Saturn dem Menschenvorfahren eine Art Verstandesorgan gegeben. Jetzt bilden sie die physischen Werkzeuge des Menschengeistes, deren er sich auf späteren Entwickelungsstufen bewußt bedienen wird, weiter aus. Dadurch können sich auf der Sonne schon von der Mitte des fünften Kreislaufes an die Seraphim durch den Menschenleib hindurch noch vollkommener offenbaren, als das auf dem Saturn möglich war.

Von der Mitte des sechsten Sonnenlaufes an ist der Mensch selbst so weit, daß er unbewußt an seinem physischen Leib arbeiten kann. Er löst also in dieser Beziehung nunmehr die «Söhne des Zwielichtes» ab. Durch diese Tätigkeit schafft er in Dumpfheit die erste Keimanlage des lebendigen Geistwesens, die man Lebensgeist (Buddhi) nennt. Erst auf späteren Stufen seiner Entwickelung wird er sich diesen Lebensgeist auch zum Bewußtsein bringen. Wie vom siebenten Saturnkreislauf an die Throne ihre Kraft freiwillig in die dort gebildete Geistesmenschenanlage ergossen, so jetzt die Cherubim ihre Weisheit, die fortan durch alle folgenden Entwickelungsstufen dem Lebensgeiste des Menschen erhalten bleibt. Von der Mitte des siebenten Sonnenlaufes an tritt auch wieder der schon auf dem Saturn veranlagte Keim des Geistesmenschen (Atma) hervor. Er verbindet sich mit dem Lebensgeist (Buddhi), und es entsteht die belebte Monade (Atma-Buddhi). – Während der Mensch in dieser Zeit unbewußt an seinem physischen Leibe arbeitet, übernehmen die Söhne des Zwielichtes das, was jetzt am Ätherleibe zu seiner Weiterentwickelung getan werden muß. Sie sind in dieser Hinsicht die Nachfolger der Söhne des Feuers. Sie strahlen nämlich ihre Bewußtseinsbilder in diesen Ätherleib ein und genießen dadurch in einer Art traumhaften Zustandes die Fortpflanzungskraft dieses Leibes, die von den Söhnen des Feuers erregt worden ist. Dadurch bereiten sie die Entwickelung der Lust an dieser Kraft vor, die sich später (auf dem Monde) bei dem Menschen und seinen Mitlebewesen entwickelt.

Nun war auf dem Saturn der Mensch in seinem physischen Leibe gebildet worden. Dieser war damals völlig unbelebt. Ein solcher unbelebter Leib wird von der Geheimwissenschaft Mineral genannt. Man kann deshalb auch sagen: Der Mensch war auf dem Saturn Mineral, oder er ging durch das Mineralreich hindurch. Dieses Menschenmineral hatte nicht die Form eines gegenwärtigen. Mineralien wie die jetzigen gab es damals noch nicht.

Auf der Sonne wurde, wie gezeigt worden ist, dieses Menschenmineral, das aus dem Schlafdunkel wie aus einer Keimanlage wieder hervorging, belebt. Es wurde zur Menschenpflanze, der Mensch schritt durch das Pflanzenreich hindurch. – Nun wurden aber nicht alle Menschenmineralien auf diese Art belebt. Das hätte nicht geschehen können, denn der Pflanzenmensch brauchte zu seinem Leben der mineralischen Grundlage. Wie es heute keine Pflanzen geben kann ohne ein Mineralreich, aus dem sie ihre Stoffe aufnehmen, so war es auf der Sonne mit dem Pflanzenmenschen. Dieser mußte daher einen Teil der Menschenanlagen zugunsten seiner weiteren Entwickelung auf der Stufe des Minerals zurücklassen. Und da auf der Sonne ganz andere Verhältnisse vorhanden waren als auf dem Saturn, so nahmen diese zurückgestoßenen Mineralien ganz andere Gestalten an, als sie auf dem Saturn gehabt haben. Es entstand somit neben dem Menschen-Pflanzenreiche ein zweites Gebiet, ein besonderes Mineralreich. Man sieht, der Mensch steigt in ein höheres Reich auf, indem er einen Teil seiner Genossen hinabstößt in ein niederes. Diesen Vorgang werden wir auf den folgenden Entwickelungsstufen sich noch oft wiederholen sehen. Er entspricht einem Grundgesetz der Entwickelung.

*

Nun soll auch hier wieder der leichteren Übersichtlichkeit halber eine Zusammenstellung der Entwickelungstatsachen auf der Sonne gegeben werden.

I. Die Sonne ist derjenige Planet, auf dem sich der zweite menschliche Bewußtseinszustand, der des traumlosen Schlafes, entwickelt. Der physische Menschenleib steigt zu einer Art Pflanzendasein hinauf, indem ihm ein Ätherleib eingegliedert wird.

II. Diese Entwickelung geht durch sieben Unterstufen (kleinere Kreisläufe oder «Runden») hindurch.

1. In dem ersten dieser Kreisläufe werden die Entwickelungsstufen des Saturn in bezug auf den physischen Leib in etwas veränderter Form wiederholt.

2. Am Ende des *ersten Kreislaufes* beginnt die Ausströmung des Ätherkörpers durch die «Geister der Weisheit».

3. In der Mitte des *zweiten Kreislaufes* setzt die Arbeit der «Geister der Bewegung» an diesem Körper ein.

4. In der Mitte des *dritten Kreislaufes* nimmt die Leistung der «Geister der Form» ihren Anfang am Ätherkörper.

5. Von der Mitte des *vierten Kreislaufes* ab erhält dieser Leib die Selbstheit durch die «Geister der Persönlichkeit».

6. Der physische Leib ist mittlerweile durch die von früher an ihm tätigen Kräfte so weit vorgeschritten, daß durch ihn sich die «Geister des Feuers» vom *vierten Kreislauf* an zum Menschentum erheben können.

7. In der Mitte des *fünften Kreislaufes* übernehmen die vorher durch die Menschheit hindurchgeschrittenen «Geister des Feuers» die Arbeit am Ätherkörper. Im physischen Leib wirken zu dieser Zeit die «Söhne des Zwielichtes».

8. Um die Mitte des *sechsten Kreislaufes* geht die Arbeit am Ätherkörper an die «Söhne des Zwielichtes» über. Den physischen Leib bearbeitet der Mensch selbst.

9. Inmitten des *siebenten Kreislaufes* ist die belebte Monade entstanden.

DAS LEBEN AUF DEM MONDE

Im Weltzeitalter des *Mondes,* welches auf dasjenige der Sonne folgt, entwickelt der Mensch seinen dritten von den sieben Bewußtseinszuständen. Der erste hat sich während der sieben Saturnkreisläufe herausgebildet, der zweite während der Sonnenentwickelung; der vierte ist derjenige, den der Mensch eben jetzt während des Erdenlaufs allmählich entfaltet; drei weitere werden auf folgenden Planeten zum Dasein kommen. Den Bewußtseinszustand des Saturnmenschen kann man mit keinem solchen des gegenwärtigen Menschen vergleichen, denn er war dumpfer als derjenige des traumlosen Schlafes. Das Sonnenbewußtsein aber ist diesem traumlosen Schlafzustand zu vergleichen oder auch dem gegenwärtigen Bewußtsein der – schlafenden – Pflanzenwelt. Doch hat man es da immer nur mit Ähnlichkeiten zu tun. Es wäre ganz unrichtig, wenn man glauben wollte, daß sich irgend etwas mit völliger Gleichheit in den großen Weltzeitaltern wiederhole. – So hat man es auch aufzufassen, wenn jetzt das Mondenbewußtsein mit demjenigen verglichen wird, mit dem es einige Ähnlichkeit hat, nämlich mit dem des traumerfüllten Schlafes. Es ist das sogenannte Bilderbewußtsein, bis zu dem es der Mensch auf dem Monde bringt. Die Ähnlichkeit besteht darin, daß sowohl beim Monden- wie auch beim Traumbewußtsein im Innern des Wesens *Bilder* aufsteigen, welche ein gewisses Verhältnis haben zu Dingen und Wesen der Außenwelt. Doch sind diese Bilder nicht wie beim gegenwärtigen wachenden Menschen *Abbilder* dieser Dinge und Wesen. Die Traumbilder sind Nachklänge an die Tageserlebnisse oder sinnbildliche Ausdrücke für Vorgänge in der Umgebung des Träumers oder wohl auch für das, was im Innern der Persönlichkeit vorgeht, welche den Traum hat. Beispiele für die drei Fälle in den Traumerlebnissen sind leicht anzugeben. Zunächst kennt da jeder diejenigen Träume, die nichts weiter sind als verworrene Bilder von mehr oder weniger weit zurückliegenden Tageserlebnissen. Für den zweiten Fall ist ein Beispiel, wenn der Träumer glaubt einen vorübereilenden Eisenbahnzug wahrzunehmen und dann beim Aufwachen merkt, daß das Ticken der neben ihm liegenden Uhr sich in diesem Traumbild versinnlicht hat. Als Beispiel für die dritte Art von Traumbildern kann gelten, wenn jemandem vorkommt, er befinde sich in einem Gemache, das oben an der Decke häßliche Tiere beherbergt, und wenn ihm beim Erwachen aus diesem Traume klar wird, daß sich sein eigener Kopfschmerz in dieser Weise ausgedrückt hat. – Will man nun von solchen verworrenen Traumbildern aus zu einer Vorstellung des Mondenbewußtseins kommen, so muß man sich klarmachen, daß der Charakter der Bildhaftigkeit auch da vorhanden ist, daß aber an Stelle der Verworrenheit und Willkürlichkeit volle Regelmäßigkeit herrscht. Zwar haben die Bilder des Mondenbewußtseins eine noch geringere Ähnlichkeit mit den Gegenständen, auf die sie sich beziehen, als die Traumbilder: aber es findet dafür ein vollkommenes *Entsprechen* von Bild und Gegenstand statt. Gegenwärtig innerhalb der Erdenentwickelung handelt es sich darum, daß die Vorstellung ein Abbild ihres Gegenstandes ist, so ist zum Beispiel die Vorstellung «Tisch» ein Abbild des Tisches selbst. Dies ist nicht so beim Mondenbewußtsein. Man nehme zum Beispiel an, der Mondmensch nähere sich einem Dinge, das ihm sympathisch oder vorteilhaft ist. Dann steigt im Innern seiner Seele ein Farbenbild mit hellem Charakter auf; kommt etwas ihm Schädliches oder Unsympathisches in seine Nähe, dann hat er ein häßliches, finsteres Bild. Die Vorstellung ist nicht ein Abbild, sondern ein solches *Sinnbild* des Gegenstandes, das in ganz bestimmter gesetzmäßiger Art dem Gegenstand entspricht. Infolgedessen kann das Wesen, das solche sinnbildliche Vorstellung hat, sein Leben danach regeln. – Das Seelenleben des Mondenvorfahren verlief also in Bildern, welche mit den gegenwärtigen Träumen das Flüchtige, Schwebende und Sinnbildliche gemein haben, sich aber von diesen durch den vollkommen gesetzmäßigen Charakter unterscheiden.

Die Gundlage für die Entwickelung dieses Bilderbewußtseins bei den Menschenvorfahren des Mondes war die Bildung eines dritten Gliedes neben dem physischen Körper und dem Ätherleib. Man nennt dieses dritte Glied den Astralleib. – Diese Bildung fand aber erst im dritten kleineren Mondkreislaufe – der sogenannten dritten Mondenrunde – statt. Die beiden ersten Mondenumläufe stellen sich lediglich als Wiederholung dessen dar, was auf Saturn und Sonne durchgemacht worden ist. Doch darf auch diese Wiederholung nicht so vorgestellt werden, als ob alle auf Saturn und Sonne vorgefallenen Tatsachen noch einmal abliefen. Was sich wiederholt: die Herausbildung eines physischen Körpers und eines Ätherleibes erfährt zugleich eine solche Umformung, daß diese beiden Glieder der Menschennatur im dritten Mondenkreislauf mit dem Astralleib verbunden werden können, was auf der Sonne noch nicht hätte stattfinden können.

In der dritten Mondenperiode – eigentlich beginnt der Vorgang schon um die Mitte der zweiten – strömen die Geister der Bewegung das Astrale aus ihrer eigenen Natur in den Menschenleib hinein. Während des vierten Kreislaufes – von der Mitte des dritten an – bilden die Geister der Form diesen astralen Leib so aus, daß seine Gestalt, seine ganze Organisation innerliche Vorgänge entwickeln kann. Diese Vorgänge tragen den Charakter dessen, was man gegenwärtig bei Tier und Mensch Trieb, Begierde – oder die Wunschnatur – nennt. Von der Mitte des vierten Mondenkreislaufes an beginnen die Geister der Persönlichkeit mit dem, was dann im fünften Mondenzeitalter ihre Hauptaufgabe ist: sie impfen dem Astralleib die Selbstheit ein, wie sie das in den vorhergehenden Weltaltern bezüglich des physischen und des Ätherleibes getan haben. Damit nun aber in diesem angedeuteten Zeitpunkte, inmitten des vierten Mondenkreislaufes, der physische und der Ätherleib so weit sein können, daß sie einen selbständig gewordenen Astralleib beherbergen können, müssen sie in den aufeinanderfolgenden Entwickelungsstufen durch die bildenden Geister erst dazu gebracht werden. Das geht nun in folgender Art vor sich. Der physische Körper wird im ersten Mondenlauf (Runde) von den Geistern der Bewegung, im zweiten von denen der Form, im dritten von denen der Persönlichkeit, im vierten von den Geistern des Feuers, im fünften von jenen des Zwielichtes zu der notwendigen Reife gebracht. *Genau* genommen vollzieht sich diese

Arbeit der Geister des Zwielichtes von der Mitte des vierten Mondenkreislaufes ab, so daß also zu derselben Zeit, in der die Geister der Persönlichkeit am Astralleib tätig sind, dies bezüglich des physischen Körpers mit den Geistern des Zwielichtes der Fall ist. – Mit dem Ätherleib verhält es sich in folgender Art. Im ersten Mondenlauf werden ihm seine nötigen Eigenschaften von den Geistern der Weisheit, im zweiten von denen der Bewegung, im dritten von denen der Form, im vierten von denen der Persönlichkeit und im fünften von denen des Feuers eingepflanzt. Genau genommen verläuft *diese* Tätigkeit der Feuergeister wieder gleichzeitig mit der Arbeit der Geister der Persönlichkeit am Astralleib, also von der Mitte des vierten Mondenlaufes an in den fünften hinüber.

Betrachtet man zu dieser Zeit den ganzen Menschenvorfahren, wie er sich auf dem Monde ausgebildet hat, so ist somit zu sagen: der Mensch besteht, von der Mitte des vierten Mondenkreislaufes angefangen, aus einem physischen Körper, in dem die Söhne des Zwielichtes, aus einem Ätherleib, in welchem die Geister des Feuers, und endlich aus einem Astralleib, in dem die Geister der Persönlichkeit ihre Arbeit leisten. – Daß die Geister des Zwielichtes in dieser Entwickelungsperiode den physischen Menschenkörper bearbeiten, das bedeutet für sie, daß sie sich jetzt zur Stufe des *Menschentums* erheben, was auf dem Saturn die Geister der Persönlichkeit, auf der Sonne die Feuergeister in demselben Kreislauf getan haben. Man muß sich vorstellen, daß die «Sinneskeime» des physischen Körpers, die sich nun auch weiter ausgebildet haben, von der Mitte des vierten Mondenlaufes an von den Geistern des Zwielichtes benutzt werden können, um mit ihnen die äußeren Gegenstände und Vorgänge auf dem Monde wahrzunehmen. Der Mensch selbst wird erst auf der Erde so weit sein, daß er sich von der Mitte des vierten Kreislaufes an dieser Sinne bedienen kann. Dagegen kommt er um die Mitte des fünften Mondenlaufes (Runde) so weit, daß er *unbewußt* an dem physischen Leib tätig sein kann. Durch diese Tätigkeit schafft er sich in der Dumpfheit seines Bewußtseins die erste Keimanlage dessen, was man «Geistselbst» (Manas) nennt (vergleiche meine «Theosophie»).

Dieses «Geistselbst» gelangt dann im Laufe der weiteren Menschheitsentwickelung zur vollkommenen Entfaltung. Es ist dasjenige, was später in der Vereinigung mit Atma, dem «Geistesmenschen» und mit Buddhi, dem «Lebensgeist» den höheren, geistigen Teil des Menschen bildet. Wie nun auf dem Saturn die *Throne* oder die Geister des Willens den «Geistesmenschen» (Atma) durchdrungen haben, und wie das auf der Sonne die *Cherubim* mit der Weisheit getan haben bezüglich des Lebensgeistes (Buddhi), so vollbringen es jetzt die *Seraphim* mit dem «Geistselbst» (Manas). Sie durchdringen dieses und pflanzen ihm dadurch eine Fähigkeit ein, die in späteren Entwickelungsstufen – auf der Erde – zu jenem Vorstellungsvermögen des Menschen wird, durch das dieser als *denkendes* Wesen in Beziehung treten kann zu seiner ihn umgebenden Welt. – Es soll hier gleich gesagt werden, daß sich von der Mitte des sechsten Mondenlaufes an auch wieder der «Lebensgeist» (Buddhi), von der Mitte des siebenten an der «Geistesmensch» (Atma) zeigen, die sich mit dem «Geistselbst» verbinden, so daß am Ende des ganzen Mondenweltalters der «höhere Mensch» vorbereitet ist. Dieser schläft dann mit dem anderen, was sich auf dem Monde entwickelt hat, durch eine Ruhepause (Pralaya) hindurch, um auf dem Erdenplaneten seinen Entwickelungsweg fortzusetzen.

Während nun von der Mitte des fünften Mondenkreislaufes in den sechsten hinein der Mensch in Dumpfheit an seinem physischen Körper arbeitet, betätigen sich an seinem Ätherleib die Geister des Zwielichtes. Sie haben sich, wie gezeigt worden ist, durch ihre in der vorhergehenden Epoche (Runde) erfolgte Arbeit am physischen Körper dazu vorbereitet, jetzt im Ätherleib die Feuergeister abzulösen, die ihrerseits die Arbeit am Astralleib von den Geistern der Persönlichkeit übernehmen. Diese Geister der Persönlichkeit aber sind in dieser Zeit zu höheren Sphären aufgestiegen. – Die Arbeit der Zwielichtgeister am Ätherleib bedeutet, daß sie ihre eigenen Bewußtseinszustände mit den Bewußtseinsbildern des Ätherleibes verbinden. Dadurch pflanzen sie diesen die *Lust* und den *Schmerz* an den Dingen ein. Auf der Sonne war in dieser Hinsicht der Schauplatz ihres Wirkens noch der bloß physische Leib. Daher waren dort bloß mit den Verrichtungen dieses Leibes, mit *seinen* Zuständen Lust und Leid verknüpft. Jetzt wird das anders. Lust und Leid knüpfen sich nunmehr an die Sinnbilder, die im Ätherkörper entstehen. Es wird somit im menschlichen Dämmerbewußtsein von den Geistern des Zwielichtes eine Gefühlswelt erlebt. Es ist dies dieselbe Gefühlswelt, welche der Mensch in seinem Erdenbewußtsein für sich selbst erleben wird. – Im Astralleib wirken zu der gleichen Zeit die Feuergeister. Sie befähigen diesen zu einem regsamen Empfinden und Fühlen mit der Umwelt. Lust und Leid, wie sie in der eben beschriebenen Art durch die Geister des Zwielichtes im Ätherleib bewirkt werden, tragen einen unregsamen (passiven) Charakter; sie stellen sich mehr als untätige Spiegelbilder der Außenwelt dar. Was aber die Feuergeister im Astralleib bewirken, das sind rege *Affekte,* Liebe und Haß, Zorn, Furcht, Grauen, sturmbewegte Leidenschaften, Instinkte, Triebe und so weiter. Weil nun vorher die Geister der Persönlichkeit (die Asuras) ihre Wesenheit in diesen Leib geimpft haben, so kommen diese Affekte jetzt mit dem Charakter der Selbstheit, der Sonderheit zum Vorschein. Man muß sich nun vergegenwärtigen, wie der Menschenvorfahr auf dem Monde zu dieser Zeit beschaffen ist. Er hat einen physischen Körper, durch welchen er in Dumpfheit ein «Geistselbst» (Manas) entwickelt. Er ist mit einem Ätherleib behaftet, durch den die Zwielichtgeister Lust und Leid fühlen, endlich besitzt er einen Astralleib, der durch die Feuergeister in Trieben, Affekten, Leidenschaften bewegt ist. Aber diese drei Glieder des Mondenmenschen entbehren noch völlig des Gegenstandsbewußtseins. Im Astralleib wogen Bilder auf und ab, und diese werden eben durchglüht von den genannten Affekten. Auf der Erde, wenn das denkende Gegenstandsbewußtsein eintreten wird, wird dieser Astralleib der untergeordnete Träger oder das Werkzeug des vorstellenden Denkens sein. Jetzt aber, auf dem Monde, entfaltet er sich in seiner eigenen vollen Selbständigkeit. Er ist für sich also hier tätiger, bewegter als später auf der Erde. Man kann, wenn man ihn charakterisieren will, davon sprechen, daß er Tiermensch ist. Und als solcher ist er in seiner Art auf einer höheren Stufe als die gegenwärtigen Erdentiere. Er trägt die Eigenschaften der Tierheit vollständiger an sich. Diese sind in einer gewissen Beziehung wilder, ungezügelter als die gegenwärtigen Tiereigenschaften. Deshalb darf man auf dieser Stufe seines Daseins den Menschen ein Wesen nennen, das zwischen dem gegenwärtigen Tiere und dem jetzigen Menschen in seiner Entwickelung mitten darinnensteht. Schritte der Mensch in gerader Linie auf dieser Entwickelungsbahn fort, so würde er ein wildes, zügelloses Wesen. Die Erdenentwickelung bedeutet eine Herabstimmung, eine Bezähmung des Tiercharakters im Menschen. Das Gedankenbewußtsein bewirkt das.

Wenn nun der Mensch, wie er sich auf der Sonne entwickelt hat, Pflanzenmensch genannt wurde, so kann derjenige des Mondes *Tiermensch* genannt werden. Daß sich ein solcher entwickeln kann, setzt voraus, daß auch die Umwelt sich ändert. Es ist gezeigt worden, daß sich der Pflanzenmensch der Sonne nur entwickeln konnte dadurch, daß neben dem Reiche dieses Pflanzenmenschen sich ein Mineralreich als selbständig entfaltete. Während der beiden ersten Mondenzeitalter (Runden) treten nun diese beiden früheren Reiche, Pflanzenreich und Mineralreich, wieder aus dem Dunkel hervor. Sie zeigen sich nur darin verändert, daß sowohl das eine wie das andere etwas derber, dichter geworden ist. Während des dritten Mondenzeitalters spaltet sich nun aus dem Pflanzenreich ein Teil ab. Er macht den Übergang in die Derbheit nicht mit. Dadurch liefert er den Stoff, aus dem die tierische Wesenheit des Menschen sich bilden kann. Eben diese tierische Wesenheit gibt in ihrer Verbindung mit dem höher gebildeten Ätherleib und dem neuentstandenen Astralleib die oben geschilderte dreifache Wesenheit des Menschen. Es kann sich nicht die ganze Pflanzenwelt, die sich auf der Sonne herausgebildet hat, zur Tierheit entfalten. Denn tierische Wesen setzen zu ihrem Dasein die Pflanze voraus. Eine Pflanzenwelt ist die Grundlage einer tierischen. Wie der Sonnenmensch sich nur zur Pflanze erheben konnte dadurch, daß er einen Teil seiner Genossen in ein derberes Mineralreich hinunterstieß, so ist es jetzt beim Mond-Tiermenschen der Fall. Er läßt einen Teil der Wesen, die noch auf der Sonne mit ihm gleicher pflanzlicher Natur waren, auf der

Stufe der derberen Pflanzlichkeit zurück. So wie nun aber der Mond-Tiermensch nicht ist wie das gegenwärtige Tier, sondern zwischen jetzigem Tier und jetzigem Menschen mittendrinnen steht, so ist das Mondmineral zwischen dem gegenwärtigen Mineral und der gegenwärtigen Pflanze. Es hat etwas Pflanzliches. Die Mondfelsen sind nicht Steine in dem heutigen Sinne, sie tragen einen belebten, sprossenden, wachsenden Charakter. Ebenso ist die Mondpflanze mit einem gewissen Charakter der Tierheit behaftet.

Der Mond-Tiermensch hat noch nicht feste Knochen. Sein Gerüste ist noch knorpelartig. Seine ganze Natur ist gegenüber der jetzigen weich. Demgemäß ist auch seine Beweglichkeit noch eine andere. Sein Fortbewegen ist nicht ein gehendes, sondern eher ein springendes, beziehungsweise sogar ein schwebendes. Das konnte so sein, denn der damalige Mond hatte ja nicht, wie die gegenwärtige Erde, eine dünne, luftige Atmosphäre, sondern seine Hülle war wesentlich dichter, sogar dichter als das jetzige Wasser. In diesem dickflüssigen Elemente bewegte er sich vor- und rückwärts, auf und ab. Und in diesem Elemente lebten auch die Mineralien und Tiere, aus denen er seine Nahrung sog. Ja, in diesem Elemente war auch die Kraft enthalten, welche dann auf der Erde ganz auf die Wesen selbst übertragen worden ist, die Kraft der Befruchtung. Der Mensch war nämlich damals noch nicht in zwei Geschlechtern ausgebildet, sondern nur in einem. Und er wurde aus seiner Wasserluft heraus gebildet. Wie aber in der Welt alles in Übergangsstufen vorhanden ist, so bildete sich auch schon in den letzten Mondzeiträumen bei einzelnen Tiermenschenwesen die Zweigeschlechtlichkeit aus als Vorbereitung für den späteren Zustand auf der Erde.

Der sechste und siebente Mondenkreislauf stellen eine Art Abfluten der ganzen beschriebenen Vorgänge dar, aber zugleich das Herausbilden einer Art überreifen Zustandes, bis das Ganze dann in die Ruhepause (Pralaya) übergeht, um in das Erdendasein hinüberzuschlafen.

Nun ist die Entwickelung des menschlichen Astralleibes mit einem gewissen kosmischen Vorgange verbunden, der hier auch beschrieben werden muß. Wenn nach der Ruhepause, die auf das Weltzeitalter der Sonne folgt, diese wieder aufwachend aus dem Dunkel heraustritt, da bewohnt alles, was auf dem so erstehenden Planeten lebt, diesen noch als ein Ganzes. Aber diese wieder erwachende Sonne ist doch anders, als sie vorher war. Ihr Stoff ist nicht mehr so wie vorher durch und durch leuchtend; er hat vielmehr dunklere Partien. Diese sondern sich aus der einheitlichen Masse gleichsam heraus. Und vom zweiten Kreislauf (Runde) an, treten diese Partien immer mehr als ein selbständiges Glied auf; der Sonnenkörper wird dadurch biskuitähnlich. Er besteht aus zwei Teilen, einem wesentlich größeren und einem kleineren, die aber noch durch ein Verbindungsglied zusammenhängen. Im dritten Kreislauf spalten sich dann diese beiden Körper vollständig voneinander ab. Sonne und Mond sind jetzt zwei Körper, und der letztere bewegt sich kreisförmig um die erstere. Mit dem Monde treten zugleich alle die Wesen, deren Entwickelung hier beschrieben worden ist, aus der Sonne heraus. Die Entfaltung des Astralleibes geschieht eben erst auf dem abgespaltenen Mondenkörper. Der charakterisierte kosmische Vorgang ist die Bedingung der geschilderten Weiterentwickelung. Solange die in Betracht kommenden zum Menschen gehörigen Wesen ihre Kraft von ihrem eigenen Sonnenwohnplatz sogen, konnte ihre Entwickelung nicht bis zur gekennzeichneten Stufe kommen. Im vierten Kreislauf (Runde) ist der Mond ein selbständiger Planet, und was für diese Zeit beschrieben worden ist, geht auf diesem Mondenplaneten vor sich.

*

Es sei nun wieder die Entwickelung des Mondenplaneten und seiner Wesen hier übersichtlich zusammengestellt.

I. Der Mond ist der Planet, auf welchem der Mensch das Bilderbewußtsein mit seinem sinnbildlichen (symbolischen) Charakter entwickelt.

II. Während der beiden ersten Kreisläufe (Runden) wird in einer Art Wiederholung der Saturn- und Sonnenvorgänge die Mondenentwickelung des Menschen vorbereitet.

III. Im dritten Kreislauf tritt der menschliche Astralleib durch eine Ausströmung der Geister der Bewegung ins Dasein.

IV. Gleichzeitig mit diesem Vorgang spaltet sich von dem wieder erwachten einheitlichen Sonnenkörper der Mond ab und umkreist den Sonnenrest. Die Entwickelung der mit dem Menschen verbundenen Wesen geht nun auf dem Monde vor sich.

V. Im vierten Kreislauf bewohnen die Geister des Zwielichtes den menschlichen physischen Leib und erheben sich dadurch zu der Stufe der Menschheit.

VI. Dem entstehenden Astralleib wird die Selbständigkeit durch die Geister der Persönlichkeit (Asuras) eingeimpft.

VII. Im fünften Kreislauf beginnt der Mensch in Dumpfheit an seinem physischen Leib zu arbeiten. Dadurch gesellt sich zu der schon vorher vorhandenen Monade das «Geistselbst» (Manas) hinzu.

VIII. Im Ätherleib des Menschen entwickelt sich während des Monddaseins eine Art Lust und Leid, die einen passiven Charakter tragen. Im Astralleib dagegen entfalten sich die Affekte Zorn, Haß, die Instinkte, Leidenschaften und so weiter.

IX. Zu den beiden früheren Reichen, dem Pflanzen- und dem Mineralreich, die auf eine niedrigere Stufe hinabgestoßen werden, gesellt sich das Tierreich, in dem sich der Mensch jetzt selbst befindet.

*

Gegen das Ende des ganzen Weltalters tritt der Mond der Sonne immer näher, und wenn die Zeit der Ruhe (Pralaya) beginnt, haben sich die beiden wieder zu einem Ganzen vereinigt, das dann den Schlafzustand durchmacht, um in einem neuen Weltenalter – dem der Erde – neuerdings zu erwachen.

DAS LEBEN DER ERDE

Es ist in den vorangegangenen Ausführungen gezeigt worden, wie sich aufeinanderfolgend die Bestandteile bilden, welche die sogenannte «niedere Menschennatur» ausmachen: der physische Leib, der Ätherleib und der Astralleib. Auch ist beschrieben worden, wie sich mit dem Hinzukommen eines neuen Leibes die alten immer umgestalten müssen, so daß sie Träger und Werkzeuge des später gebildeten werden können. Mit diesem Fortschritt ist auch ein solcher des menschlichen Bewußtseins verbunden. Solange der niedere Mensch nur einen physischen Leib hat, eignet ihm nur ein ganz dumpfes Bewußtsein, das noch nicht einmal dem des traumlosen Schlafes der Gegenwart gleichkommt, obwohl ja für den heutigen Menschen schon dieser letztere Bewußtseinszustand eigentlich ein «unbewußter» ist. In der Zeit, in welcher der Ätherkörper auftritt, erringt dann der Mensch das Bewußtsein, das ihm heute im traumlosen Schlafe zukommt. Mit der Bildung des Astralkörpers tritt ein dämmerhaftes Bilderbewußtsein auf, ähnlich dem, aber nicht ihm gleich, welches sich gegenwärtig der Mensch zuschreibt, während er träumt. Der vierte, jetzige Bewußtseinszustand soll nunmehr als derjenige des Erdenmenschen beschrieben werden. – Er bildet sich heraus in dem vierten großen Weltenzeitalter, dem der Erde, das folgt auf die vorhergegangenen, das Saturn-, Sonnen- und Mondenzeitalter.

Auf dem Saturn ist der physische Menschenleib in verschiedenen Stufen ausgebildet worden. Er hätte damals noch nicht Träger eines Ätherleibes sein können. Dieser ist auch erst während des Sonnenlaufs dazugekommen. Dabei wurde zugleich in den aufeinanderfolgenden Sonnenkreisläufen der physische Leib so umgestaltet, daß er Träger dieses Ätherleibes sein konnte, beziehungsweise daß der Ätherleib in dem physischen Leibe arbeiten konnte. Während der Mondentwickelung kam der Astralleib hinzu; und wieder wurden der physische Leib und der Ätherleib so umgestaltet, daß sie geeignete Träger und Werkzeuge abgeben konnten für den auftretenden Astralleib. Der

Mensch ist somit auf dem Monde ein Wesen, zusammengesetzt aus physischem Leib, Ätherleib und Astralleib. Durch den Ätherleib ist er imstande, Lust und Leid zu empfinden, durch den Astralleib ist er ein Wesen mit Affekten, Zorn, Haß, Liebe und so weiter.

An den verschiedenen Gliedern seines Wesens sind, wie gezeigt worden ist, höhere Geister tätig. So hat der Ätherleib auf dem Monde durch die Geister des Zwielichtes die Befähigung zu Lust und Leid erhalten; dem Astralleib wurden die Affekte durch die Feuergeister eingepflanzt.

Gleichzeitig spielte sich während der drei großen Kreisläufe auf Saturn, Sonne und Mond noch etwas anderes ab. Während des letzten Saturnkreislaufes wurde der Geistesmensch (Atma) mit Hilfe der Geister des Willens (Throne) gebildet. Während des vorletzten Sonnenkreislaufes kam zu diesem unter Beistand der Cherubim der Lebensgeist (Buddhi) hinzu. Und während des drittletzten Mondenkreislaufes vereinigte sich mit den beiden durch Hilfe der Seraphim das Geistselbst (Manas). Es sind also eigentlich während dieser drei großen Kreisläufe zweierlei Menschenursprünge entstanden: ein niederer Mensch, bestehend aus physischem Leib, Ätherleib, Astralleib, und ein höherer Mensch, bestehend aus Geistesmensch (Atma), Lebensgeist (Buddhi) und Geistselbst (Manas). Die niedere und die höhere Menschennatur gingen zunächst getrennte Wege.

Die Erdentwickelung ist dazu da, die beiden getrennten Menschenursprünge zusammenzuführen.

Zunächst aber geht alles Mondendasein nach dem siebenten kleinen Kreislauf noch in eine Art von Schlafzustand (Pralaya) über. Dadurch wird sozusagen alles in eine unterschiedlose Masse durcheinandergemischt. Auch die Sonne und der Mond, welche im letzten großen Kreislauf getrennt waren, verschmelzen während der letzten Mondenkreisläufe wieder.

Wenn nun aus dem Schlafzustand alles wieder hervortritt, so muß zunächst im wesentlichen während eines ersten kleinen Kreislaufes der Saturnzustand wiederholt werden, während eines zweiten der Sonnenzustand und während eines dritten der Mondkreislauf. Während dieses dritten Kreislaufes nehmen auf dem abermals von der Sonne abgespaltenen Mond die Wesen ungefähr wieder dieselben Daseinsarten an, wie sie sie schon auf dem Monde gehabt haben. Der niedere Mensch ist da ein Mittelwesen zwischen dem heutigen Menschen und dem Tiere, die Pflanzen stehen zwischen der heutigen Tier- und Pflanzennatur mitten drinnen, und die Mineralien tragen nur erst halb den heutigen leblosen Charakter, zum anderen Teile sind sie noch halbe Pflanzen.

Während der zweiten Hälfte dieses dritten Kreislaufes bereitet sich nun schon etwas anderes vor. Die Mineralien verhärten sich, die Pflanzen verlieren allmählich den tierischen Charakter der Empfindlichkeit; und aus der einheitlichen Tiermenschenart entwickeln sich zwei Klassen. Die eine bleibt auf der Stufe der Tierheit zurück, die andere dagegen erleidet eine Zweiteilung des Astralkörpers. Dieser spaltet sich in einen niederen Teil, der auch weiterhin der Träger bleibt für die Affekte, und in einen höheren Teil, der eine gewisse Selbständigkeit erlangt, so daß er eine Art Herrschaft auszuüben vermag über die niederen Glieder, über den physischen Leib, den Ätherleib und den niederen Astralleib. Nun bemächtigen sich dieses höheren Astralleibes die Geister der Persönlichkeit, die ihm eben Selbständigkeit und damit auch Selbstsucht einpflanzen. Nur im niederen menschlichen Astralleib verrichten jetzt die Feuergeister ihre Arbeit, während im Ätherleib die Geister des Zwielichtes tätig sind, und im physischen Leib diejenige Kraftwesenheit ihre Arbeit beginnt, die man als den eigentlichen Menschenvorfahren bezeichnen kann. Dieselbe Kraftwesenheit hat ja auf dem Saturn den Geistesmenschen (Atma) mit Hilfe der Throne, auf der Sonne den Lebensgeist (Buddhi) unter Beistand der Cherubim und auf dem Monde das Geistselbst (Manas) zusammen mit den Seraphim gebildet. – Nun aber ändert sich das. Throne, Cherubim und Seraphim steigen zu höheren Sphären auf; und der geistige Mensch erhält dafür den Beistand der Geister der Weisheit, der Bewegung und der Form. Diese sind nun vereinigt mit Geistselbst, Lebensgeist und Geistesmensch (mit Manas – Buddhi – Atma). Unter dem Beistand dieser Wesenheiten gestaltet während der zweiten Hälfte des dritten Erdenkreislaufes das charakterisierte Menschenkraftwesen seinen physischen Körper aus. Am bedeutsamsten wirken dabei die Geister der Form. Sie gestalten den menschlichen physischen Körper schon so aus, daß er eine Art Vorläufer wird des späteren Menschenkörpers vom vierten Kreislaufe (dem gegenwärtigen oder der vierten Runde).

Im Astralkörper der zurückgebliebenen Tierwesen bleiben ausschließlich die Feuergeister tätig, im Ätherkörper der Pflanzen die Geister des Zwielichtes. Dagegen wirken die Geister der Form an der Umgestaltung des Mineralreiches mit. Sie sind es, welche es verhärten, also ihm starre, feste Formen einpflanzen.

Man darf sich aber bei alledem nicht vorstellen, als ob der Wirkenskreis der genannten Geister einzig nur auf das beschränkt bliebe, was charakterisiert worden ist. Es sind dabei immer nur die Hauptrichtungen der Tätigkeiten gemeint. In untergeordneter Art wirken sämtliche Geistwesen überall mit. So haben zum Beispiel die Geister der Form auch in der angegebenen Zeit gewisse Verrichtungen am physischen Pflanzen- und Tierkörper und so weiter.

Nachdem das alles geschehen ist, verschmelzen alle Wesenheiten – auch Sonne und Mond selbst – gegen das Ende des dritten Erdenkreislaufes wieder und gehen dann durch einen kürzeren Schlafzustand (kleines Pralaya) hindurch. Da ist wieder alles eine unterschiedlose Masse (ein Chaos); und am Ende desselben beginnt der vierte Erdenkreislauf, in dem wir uns gegenwärtig befinden.

Zunächst beginnt alles, was schon vorher im Mineral-, Pflanzen-, Tier- und Menschenreich wesenartig war, in Keimzuständen sich herauszusondern aus der unterschiedlosen Masse. Zunächst können als *selbständige* Keime nur die Menschenvorfahren wieder erscheinen, an deren höherem Astralleib im vorigen kleinen Kreislauf die Geister der Persönlichkeit gearbeitet haben. Alle anderen Wesen des Mineral-, Pflanzen- und Tierreiches führen hier noch kein selbständiges Dasein. (Denn auf dieser Stufe ist alles noch in jenem hochgeistigen Zustand, den man als den «gestaltlosen» oder Arupazustand bezeichnet.

Auf der gegenwärtigen Stufe der Entwickelung sind nur die höchsten menschlichen Gedanken – zum Beispiel die mathematischen und die sittlichen Ideale – aus dem Stoffe gewoben, der auf der geschilderten Stufe allen Wesen zukommt.) Was niedriger ist als diese Menschenvorfahren, kann nur als Tätigkeit an einem höheren Wesen erscheinen. So existieren die Tiere erst als Bewußtseinszustände der Geister des Feuers, die Pflanzen als Bewußtseinszustände der Geister des Zwielichts. Die Mineralien aber haben ein doppeltes Gedankendasein. Zunächst existieren sie als Gedankenkeime in den genannten Menschenvorfahren und dann als Gedanken im Bewußtsein der Geister der Form. Auch der «höhere Mensch» (Geistesmensch, Lebensgeist, Geistselbst) existiert im Bewußtsein der Geister der Form.

Nun findet stufenweise eine Art Verdichtung mit allem statt. Diese Dichtigkeit ist auf der nächsten Stufe aber erst eine solche, die nicht über die Dichtigkeit der Gedanken hinausgeht. Nur können auf derselben schon die im vorhergehenden Kreislauf entstandenen Tierwesen hervortreten. Sie sondern sich aus dem Bewußtsein der Feuergeister heraus und werden selbständige Gedankenwesen. Man nennt diese Stufe diejenige des «gestalteten» oder Rupazustandes. Der Mensch schreitet da insofern weiter, als sein vorher gestaltloser selbständiger Gedankenleib von den Geistern der Form mit einem Leibe aus gröberem gestalteten Gedankenstoff umkleidet wird. Die Tiere bestehen hier als selbständige Wesen überhaupt nur aus diesem Stoff.

Nun geht eine weitere Verdichtung vor sich. Der Zustand, der jetzt erreicht wird, ist mit demjenigen zu vergleichen, aus dem die Vorstellungen des traumartigen Bilderbewußtseins gewoben sind. Man nennt diese Stufe die «astrale». – Der Menschenvorfahr schreitet wieder vor. Sein Wesen erhält zu den beiden übrigen Bestandteilen noch einen Leib, der aus dem gekennzeichneten Stoff besteht. Er hat somit jetzt den inneren gestaltlosen Wesenskern, einen Gedankenkörper und einen astralen Leib. Die Tiere erhalten einen ebensolchen astralen Leib; und die Pflanzen lösen sich aus dem Bewußtsein der Geister des Zwielichtes heraus als selbständige astrale Wesenheiten.

Der weitere Fortschritt der Entwickelung besteht darin, daß die Verdichtung bis zu dem Zustande fortschreitet, welchen man den physischen nennt. Zunächst hat man es mit dem allerfeinsten physischen Zustand zu tun, mit dem des feinsten Äthers. Der Menschenvorfahr erhält – durch die Geister der Form – zu seinen früheren Bestandteilen noch den feinsten Ätherleib. Er besteht somit aus einem gestaltlosen Gedankenkern, einem gestalteten Gedankenleib, einem Astralleib und einem Ätherleib. Die Tiere haben einen gestalteten Gedankenleib, einen Astral- und einen Ätherleib die Pflanzen haben Astral- und Ätherleib; die Mineralien treten hier zuerst als selbständige Äthergestalten hervor. Man hat es also auf dieser Stufe der Entwickelung mit *vier* Reichen zu tun: einem Mineral-, Pflanzen-, Tier- und Menschenreich. Daneben sind aber im Laufe der bisherigen Entwickelung noch drei andere Reiche entstanden. In der Zeit, als sich die Tiere auf der Gedankenstufe (Rupastufe) von den Feuergeistern loslösten, trennten auch die Geister der Persönlichkeit aus sich heraus gewisse Wesenheiten. Sie bestehen aus unbestimmtem Gedankenstoff, der sich wolkenartig ballt und wieder auflöst und so dahinflutet. Man kann von ihnen nicht als von selbständigen Wesenheiten, sondern nur von einer regellosen allgemeinen Masse sprechen. Dies ist das erste Elementarreich. Auf der astralen Stufe trennt sich etwas Ähnliches von den Feuergeistern los. Es sind das schattenhafte Bilder oder Schemen ähnlich den Vorstellungen des traumhaften Bilderbewußtseins. Sie bilden das zweite Elementarreich. Im Anfange der physischen Stufe lösen sich endlich unbestimmte bildhafte Wesenheiten aus den Geistern des Zwielichtes los. Auch sie haben keine Selbständigkeit, aber sie vermögen Kräfte zu äußern, welche ähnlich sind den menschlichen und tierischen Leidenschaften und Affekten. Diese unselbständigen schwirrenden Affekte bilden das dritte Elementarreich. Für Wesen, welche mit einem traumartigen Bilderbewußtsein, oder für solche, welche mit bewußtem Bilderbewußtsein ausgestattet sind, können diese Schöpfungen des dritten Elementarreiches als flutendes Licht, Farbenflocken, als Geruch, Geschmack, als allerlei Töne und Geräusche wahrgenommen werden. Doch müssen alle solche Wahrnehmungen als gespensterhaft gedacht werden.

Man hat sich also von der Erde, da, wo sie als ein feiner ätherischer Körper sich aus ihrem astralen Vorgänger verdichtet, vorzustellen, daß sie ein Konglomerat ist aus einer ätherischen mineralischen Grundmasse, aus ätherischen Pflanzen-, Tier- und Menschenwesen. Gleichsam die Zwischenräume ausfüllend und auch die anderen Wesen durchflutend, sind dann die Geschöpfe der drei Elementarreiche vorhanden.

Diesen Erdenkörper bewohnen die höheren geistigen Wesenheiten, die sich in der mannigfaltigsten Art an den genannten Reichen betätigen. Sie bilden sozusagen eine Geistesgemeinschaft, einen Geistesstaat, und ihre Wohnstätte und Werkstatt ist der Erdenkörper, den sie mit sich tragen, wie eine Schnecke ihr Haus. Dabei ist zu berücksichtigen, daß mit der Erde noch völlig vereinigt ist, was jetzt als Sonne und Mond von ihr abgetrennt ist. Beide Himmelskörper trennen sich erst später von der Erde ab.

Der «höhere Mensch» (Geistesmensch – Lebensgeist – Geistselbst, Atma – Buddhi – Manas) hat auf dieser Stufe noch keine Selbständigkeit. Er bildet da noch ein Glied im Geistesstaat, und zwar ist er zunächst gebunden an die Geister der Form, so wie eine menschliche Hand als ein unselbständiges Glied an einen menschlichen Organismus gebunden ist.

Damit ist der Bildungsweg der Erde bis zum Beginne ihres physischen Zustandes verfolgt. Im weiteren soll gezeigt werden, wie innerhalb dieses Zustandes alles weiter fortschreitet. Es wird dann der bisherige Entwickelungsweg in das hineinlaufen, was schon in den vorhergehenden Kapiteln der Akasha-Chronik in bezug auf den Erdenfortschritt gesagt worden ist.

Solche Zustände der Entwickelung, wie sie hier angeführt sind als gestaltloser, gestalteter, astraler und physischer Zustand, die also Unterschiede in einem kleineren Kreislaufe (einer Runde) bilden, werden in theosophischen Handbüchern Globen genannt. Man spricht also in dieser Beziehung von einem Arupa-, einem Rupa-, einem astralen und einem physischen Globus. Einzelne haben eine solche Bezeichnung unzutreffend gefunden. Hier soll aber weiter nicht von der Namengebung gesprochen werden. Es kommt wahrlich nicht darauf, sondern auf die Sache an. Wenn man sich bemüht, diese zu beschreiben, so gut es geht, so ist es besser, als wenn man viel um Namen sich kümmert. Diese müssen ja doch *immer* in einem gewissen Sinne unzutreffend sein. Denn man muß Tatsachen der geistigen Welt mit Benennungen belegen, die von der Sinnenwelt gekommen sind, kann also doch nur gleichnisweise sprechen.

*

Es ist die Darlegung der Menschenweltentwickelung bis zu dem Punkte geführt worden, wo die Erde an den Beginn ihrer physischen Verdichtung gelangt. Man vergegenwärtige sich den Entwickelungszustand dieser Menschenwelt auf dieser Stufe. Was später als Sonne, Mond und Erde auftritt, ist da noch zu einem einzigen Körper vereinigt. Derselbe hat nur eine feine ätherische Materie. Nur innerhalb dieser Materie haben die später als Menschen, Tiere, Pflanzen und Mineralien auftretenden Wesen ihr Dasein. Zum weiteren Fortschritt der Entwickelung muß sich der eine Weltenkörper zunächst in zwei trennen, wovon der eine zur späteren Sonne, der andere zu einem solchen wird, der die spätere Erde und den späteren Mond noch vereinigt hält. Erst noch später tritt auch für diesen letzteren Weltkörper die Spaltung ein; das, was Mond wird, tritt heraus, und die Erde bleibt als Wohnplatz des Menschen und seiner Mitgeschöpfe für sich allein.

Wer die gebräuchliche theosophische Literatur kennt, muß sich klar darüber werden, daß die Trennung des *einen* Weltkörpers in zwei in dem Zeitraume stattgefunden hat, für den diese Literatur die Entwickelung der sogenannten zweiten menschlichen Hauptrasse ansetzt. Die Menschenvorfahren dieser Rasse werden als Gestalten mit feinen ätherischen Leibern geschildert. Doch darf man sich nicht vorstellen, daß sich solche auf unserer jetzigen Erde hätten entwickeln können, nachdem diese sich schon von der Sonne losgelöst und den Mond von sich abgestoßen hatte. Nach dieser Ablösung sind solche ätherische Leiber nicht mehr möglich gewesen. – Verfolgt man die

Entwickelung der Menschheit in dem Kreislauf, bei dem unsere Betrachtung jetzt angelangt ist und der uns in die Gegenwart heraufführt, so wird man eine Reihe von Hauptzuständen gewahr, von denen unser jetziger der fünfte ist. – Die vorhergehenden Darlegungen aus der Akasha-Chronik haben von diesen Zuständen schon gesprochen. Hier soll nur nochmals angeführt werden, was zu der weiteren Vertiefung der Ausführung nötig ist. – Der erste Hauptzustand zeigt die Menschenvorfahren als durchaus feine ätherische Wesenheiten. Etwas ungenau nennt die gebräuchliche theosophische Literatur diese Wesenheiten die erste Hauptrasse. Im wesentlichen erhält sich dieser Zustand auch noch während der zweiten Epoche, in der jene Literatur die zweite Hauptrasse ansetzt. Bis zu dieser Entwickelungsstufe sind eben Sonne, Mond und Erde noch ein Weltkörper. Nun gliedert sich die Sonne als ein selbständiger Körper ab. Sie nimmt damit der mit dem Monde noch vereinigten Erde alle die Kräfte fort, durch welche die Menschenvorfahren in ihrem ätherischen Zustande haben erhalten werden können. Mit der Abspaltung der Sonne geht eine Verdichtung der Menschenformen und auch der Formen anderer menschlicher Mitgeschöpfe vor sich. Diese Geschöpfe müssen sich jetzt gewissermaßen auf ihrem neuen Wohnplatz einrichten.

Es gehen aber nicht etwa bloß die materiellen Kräfte aus diesem Wohnplatz heraus. Auch geistige Wesenheiten, von denen gesagt worden ist, daß sie in dem charakterisierten *einen* Weltkörper eine Geistesgemeinschaft bildeten, gehen mit fort. Ihr Dasein bleibt mit der Sonne in einem innigeren Zusammenhange als mit dem Weltkörper, den die Sonne aus sich heraus abgestoßen hat. Wären diese Wesenheiten mit den Kräften vereinigt geblieben, die sich später auf Erde und Mond entwickeln, so hätten sie selbst sich nicht zu den ihnen entsprechenden Stufen weiter entwickeln können. Sie brauchten zu dieser Weiterentwickelung einen neuen Wohnplatz. Diesen bietet ihnen die Sonne, nachdem diese sich – sozusagen – von den Erd- und Mondkräften gereinigt hat. Auf der Stufe, auf der diese Wesen jetzt stehen, können sie auf Erd- und Mondkräfte nur noch von außen, von der Sonne aus wirken.

Man sieht, welches der Sinn der gekennzeichneten Abspaltung ist. Gewisse Wesenheiten, die höher sind als der Mensch, haben bis zu diesem Zeitpunkte ihre Entwickelung auf dem *einen* charakterisierten Weltenkörper durchgemacht; jetzt nehmen sie einen Teil desselben für sich in Anspruch und überlassen dem Menschen und seinen Mitgeschöpfen den Rest.

Die Folge der Sonnenabspaltung war eine radikale Revolution in der Entwickelung des Menschen und seiner Mitgeschöpfe. Dieselben fielen gewissermaßen von einer höheren Daseinsstufe zu einer tieferen. Sie mußten das, weil ihnen die unmittelbare Verbindung mit jenen höheren Wesen verlorenging. Sie wären vollständig in eine Sackgasse ihrer eigenen Entwickelung geraten, wenn nicht andere Weltereignisse eingetreten wären, durch die der Fortschritt neu angefacht und die Entwickelung in ganz andere Bahnen gebracht worden wäre. – *Mit* den Kräften, die gegenwärtig in dem abgesonderten Monde vereinigt sind, und die damals noch innerhalb der Erde waren, wäre ein weiterer Fortschritt unmöglich gewesen. Mit diesen Kräften hätte nicht die gegenwärtige Menschheit, sondern nur eine Wesensart entstehen können, bei der die während des dritten großen Kreislaufes, des Mondendaseins, entwickelten Affekte, Zorn, Haß und so weiter sich bis ins maßlose Tierische gesteigert hätten. – Durch einen gewissen Zeitraum hindurch war das auch der Fall. Die unmittelbare Wirkung der Sonnenabspaltung war die Entstehung des dritten Hauptzustandes der Menschenvorfahren, welcher in der theosophischen Literatur als derjenige der dritten Hauptrasse, der lemurischen, bezeichnet wird. Wieder ist die Bezeichnung «Rasse» für diesen Entwickelungszustand keine besonders glückliche. Denn mit dem, was man gegenwärtig als «Rasse» bezeichnet, können die damaligen Menschenvorfahren nur im uneigentlichen Sinne verglichen werden. Man muß sich eben durchaus klar darüber sein, daß die Entwickelungsformen sowohl in ferner Vorzeit, wie auch in der Zukunft von den gegenwärtigen so total verschieden sind, daß unsere gegenwärtigen Bezeichnungen nur als Notbehelfe dienen können und für diese entlegenen Epochen eigentlich allen Sinn verlieren. – Im Grunde kann man von «Rassen» erst anfangen zu sprechen, wenn in dem gekennzeichneten dritten Hauptzustand (dem lemurischen) die Entwickelung etwa in ihrem zweiten Drittel angelangt ist. Da bildet sich erst das heraus, was man jetzt «Rassen» nennt. Es behält dann diesen «Rassencharakter» bei in der Zeit der atlantischen Entwickelung, im vierten Hauptzustand, und weiter bis in unsere Zeit des fünften Hauptzustandes. Doch schon am Ende unseres fünften Zeitalters wird das Wort «Rasse» wieder allen Sinn verlieren. Die Menschheit wird in der Zukunft in Teile gegliedert sein, die man nicht mehr wird als «Rassen» bezeichnen können. Es ist durch die gebräuchliche theosophische Literatur in dieser Beziehung viel Verwirrung angerichtet worden. Namentlich ist dies geschehen durch das Buch, welches auf der anderen Seite das große Verdienst hat, zuerst in der neueren Zeit die theosophische Weltanschauung populär gemacht zu haben, durch Sinnetts «Esoterischen Buddhismus». Da wird die Weltentwickelung so dargestellt, als ob ewig in gleicher Art durch die Weltenkreisläufe hindurch die «Rassen» sich so wiederholten. Das ist aber ganz und gar nicht der Fall. Auch das, was «Rasse» genannt zu werden verdient, *entsteht* und *vergeht*. Und man dürfte den Ausdruck «Rasse» nur für eine gewisse Strecke der Menschheitsentwickelung anwenden. Vor und nach dieser Strecke liegen Entwickelungsformen, die eben ganz etwas anderes sind als «Rassen». – Nur weil das wirkliche Entziffern der Akasha-Chronik zu einer solchen Bemerkung voll berechtigt, ist sie hier gewagt worden. Der Entzifferer weiß sich dabei im vollen Einklange mit der wahren okkulten Geist-Erforschung. Es könnte ihm sonst nimmermehr beifallen, gegen die verdienstvollen Bücher der theosophischen Literatur solches einzuwenden. Auch darf er die – eigentlich ganz überflüssige – Bemerkung machen, daß die Inspirationen des im «Esoterischen Buddhismus» erwähnten großen Lehrers nicht im Widerspruche stehen mit dem hier Dargelegten, sondern daß das Mißverständnis erst dadurch entstanden ist, daß der Autor des genannten Buches die schwer ausdrückbare Weisheit jener Inspirationen in seiner Art in die jetzt übliche Menschensprache umgesetzt hat.

Der dritte Hauptzustand der Menschheitsentwickelung stellt

sich eben als derjenige dar, in dem die «Rassen» erst entstanden sind. Und dieses Ereignis wurde herbeigeführt durch die Abtrennung des Mondes von der Erde. Begleitet war diese Abtrennung von der Entstehung der zwei Geschlechter. Wiederholt ist auf diese Stufe der Menschheitsentwickelung in den Ausführungen aus der «Akasha-Chronik» hingewiesen worden. Als die noch mit dem Monde vereinigte Erde sich aus der Sonne herausspaltete, gab es noch nicht innerhalb der Menschheit ein männliches und weibliches Geschlecht. Jedes Menschenwesen vereinigte in dem noch ganz feinen Leib die beiden Geschlechter. – Nur festgehalten muß werden, daß diese doppelgeschlechtlichen Menschenvorfahren gegenüber dem heutigen Menschen auf einer tiefen Entwickelungsstufe standen. Die niederen Triebe wirkten mit einer maßlosen Energie, und von einer geistigen Entwickelung war noch nichts vorhanden. Daß die letztere angefacht wurde und daß dadurch die niederen Triebe in gewisse Grenzen gebannt wurden, hängt damit zusammen, daß in derselben Zeit, in welcher Erde und Mond sich trennten, die erstere in den Wirkungsbereich anderer Weltkörper kam. Dieses außerordentlich bedeutungsvolle Zusammenwirken der Erde mit andern Weltkörpern, ihre Begegnung mit fremden Planeten in der Zeit, welche die theosophische Literatur die lemurische nennt, soll in einem weiteren Kapitel der «Akasha-Chronik» erzählt werden.

Es soll derselbe Gang der Entwickelung noch einmal von einem andern Gesichtspunkte aus dargelegt werden. Dies geschieht aus einem ganz bestimmten Grunde. Man kann nämlich niemals zu viel darinnen tun, die auf die höheren Welten bezüglichen Wahrheiten von den verschiedensten Seiten zu betrachten. Man sollte sich klar darüber sein, daß man von einer jeden Seite aus doch nur eine ganz armselige Skizze geben kann. Und erst allmählich, wenn man dieselbe Sache von den verschiedensten Seiten aus ansieht, ergänzen sich die Eindrücke, welche man so erhält, zu einem immer lebensvolleren *Bilde*. Nur solche Bilder aber helfen dem Menschen, der in die höheren Welten eindringen will, nicht trockene schematische Begriffe. Je lebendiger die Bilder, je farbenreicher sie sind, desto mehr kann man hoffen, sich der höheren Wirklichkeit zu nähern. – Es ist ja klar, daß gerade die Bilder aus den höheren Welten es sind, welche gegenwärtig bei vielen Zeitgenossen Mißtrauen hervorrufen. Man läßt es sich gerne gefallen, wenn man Begriffschemen, Einteilungen – mit möglichst vielen Namen – mitgeteilt erhält, von Devachan, von der Planetenentwickelung und so weiter; aber man wird schwierig, wenn jemand die übersinnlichen Welten zu schildern wagt, wie man Landschaften von Südamerika als Reisender schildert. Und doch sollte man sich sagen, daß man nur durch lebensfrische Bilder wirklich etwas Nützliches erhält, nicht durch tote Schemen und Namen.

DER VIERGLIEDRIGE ERDENMENSCH

In dieser Darstellung soll vom Menschen ausgegangen werden. So wie er gegenwärtig auf der Erde lebt, besteht dieser Mensch aus dem physischen Leibe, dem Äther- oder Lebensleib, dem Astralleib und dem «Ich». Diese viergliedrige Menschennatur hat in sich die Anlagen zu höherer Entwickelung. Das «Ich» gestaltet von sich aus die «niederen» Leiber um und bildet diesen dadurch höhere Glieder der Menschennatur ein. Die Veredelung und Läuterung des Astralleibes durch das Ich bewirkt die Entstehung des «Geistselbst» (Manas); die Umwandlung des Äther- oder Lebensleibes schafft den Lebensgeist (Buddhi), und die Umgestaltung des physischen Leibes schafft den eigentlichen «Geistesmenschen» (Atma). Die Umwandlung des Astralleibes ist in der gegenwärtigen Periode der Erdenentwickelung in vollem Gange; die bewußte Umwandlung des Ätherleibes und des physischen Leibes gehört späteren Zeiten an; gegenwärtig hat sie bloß bei den Eingeweihten – den Geheimwissenschaftern und ihren Schülern – begonnen. – *Diese* dreifache Umwandlung des Menschen ist die bewußte; ihr ist vorangegangen eine mehr oder weniger unbewußte, und zwar während der bisherigen Erdenentwickelung. Man hat in dieser unbewußten Umwandlung von Astralleib, Ätherleib und physischem Leib die Entstehung der Empfindungsseele, der Verstandesseele und der Bewußtseinsseele zu suchen.*

Nun muß man sich klarmachen, welcher von den drei Leibern des Menschen (dem physischen, dem Äther- und dem Astralleibe) der vollkommenste in seiner Art ist. Man kann leicht versucht sein, den physischen Leib als den niedrigsten und daher auch unvollkommensten anzusehen. Dabei aber macht man sich eines Irrtums schuldig. Zwar werden Astral- und Äther-

* Das Genauere über alles dieses verfolge man in den Auseinandersetzungen meiner Schrift «Über die Erziehung des Kindes vom Gesichtspunkte der Geisteswissenschaft» und in meiner «Theosophie, Versuch einer übersinnlichen Weltbetrachtung und Menschenbestimmung».

leib eine hohe Vollkommenheit in der Zukunft erreichen: gegenwärtig aber ist der physische Leib *in seiner Art* vollkommener als sie in der ihrigen. Nur dadurch, daß der Mensch diesen physischen Leib mit dem niedrigsten irdischen Naturreiche, mit dem Mineralreiche, gemein hat, kann der erwähnte Irrtum entstehen. Den Ätherleib hat nämlich der Mensch mit dem höheren Pflanzenreiche, den Astralleib mit dem Tierreiche gemeinsam. – Nun ist es zwar richtig, daß der physische Menschenleib aus denselben Stoffen und Kräften besteht, die sich im weiten Mineralreiche finden; allein die Art, wie diese Stoffe und Kräfte im Menschenleibe zusammenwirken, ist der Ausdruck einer Weisheit und Vollkommenheit des Baues. Wer nur irgend sich darauf einläßt, nicht bloß mit nüchternem Verstande, sondern mit ganzer fühlender Seele diesen Bau zu studieren, der wird sich bald davon überzeugen, daß dies so ist. Man nehme irgendeinen Teil des menschlichen physischen Körpers für die Betrachtung, zum Beispiel den obersten Teil des Oberschenkelknochens. Derselbe ist keine massive Stoffzusammenfügung, sondern er ist auf das kunstvollste aus Bälkchen, die in verschiedenen Richtungen laufen, zusammengefügt. Keine gegenwärtige Ingenieurkunst könnte einen Brückengerüstbau oder etwas Ähnliches in solcher Weisheit zusammenfügen. Dergleichen übersteigt eben heute noch durchaus jede Vollkommenheit menschlicher Weisheit. Damit mit dem kleinsten Ausmaße von Stoff durch die Bälkchenanordnung die notwendige Tragkraft für das Stützen des menschlichen Oberkörpers erreicht wird, ist der Knochen so weisheitsvoll gebaut. Die geringste Menge Stoff wird dazu verwendet, um die größtmögliche Kraftwirkung durch sie zu erzielen. Man kann sich nur bewundernd in ein solches «Meisterwerk der Naturbaukunst» vertiefen. Und man kann nicht minder bewundernd stehen vor dem Wunderbau des menschlichen Gehirns oder des Herzens, ja, eben der Gesamtheit des menschlichen physischen Körpers. Und man vergleiche einmal damit den Vollkommenheitsgrad, den auf der gegenwärtigen Entwickelungsstufe der Menschheit etwa der Astralleib erlangt hat. Er ist der Träger der Lust und Unlust, der Leidenschaften, Triebe und Begierden und so weiter. Aber welche Attacken führt dieser astralische Leib gegen die weise Einrichtung des physischen Körpers aus! Ein großer Teil der Genußmittel, die der Mensch zu sich nimmt, sind Herzgifte. Daraus geht aber hervor, daß die Tätigkeit, welche den physischen Bau des Herzens bewirkt, weiser handelt als die Tätigkeit des Astralleibes, welche dieser Weisheit sogar entgegenarbeitet. Zwar wird der Astralleib zu höherer Weisheit in der Zukunft aufrücken; gegenwärtig aber ist er *in seiner Art* noch nicht so vollkommen wie der physische Leib in der seinigen. Ein Ähnliches ließe sich für den Ätherleib zeigen; und auch für das «Ich», dieses Wesen, das von Augenblick zu Augenblick sich durch Irrtum und Illusion zu der Weisheit tastend hindurchringen muß.

Vergleicht man die Vollkommenheitsstufen der menschlichen Glieder, so wird man unschwer herausfinden, daß der physische Körper gegenwärtig in seiner Art das Vollkommenste ist, daß einen geringeren Grad von Vollkommenheit der Ätherleib hat, einen noch geringeren der Astralleib; und der unvollkommenste Menschenteil ist gegenwärtig in seiner Art das «Ich». Dies kommt davon, weil innerhalb der planetarischen Entwickelung des menschlichen Wohnplatzes am physischen Menschenleibe am längsten gearbeitet worden ist. Das, was der Mensch gegenwärtig als seinen physischen Körper an sich trägt, hat alle Entwickelungsstufen von Saturn, Sonne, Mond und Erde (bis zu deren heutiger Stufe) miterlebt. Alle Kräfte dieser planetarischen Körper haben nacheinander an diesem Leibe gearbeitet, so daß er allmählich seinen jetzigen Vollkommenheitsgrad erlangen hat können. Er ist also das *älteste* Glied der gegenwärtigen Menschennatur. – Der Ätherleib, wie er sich jetzt am Menschen darstellt, war während der Saturnzeit überhaupt noch nicht vorhanden. Er kam erst während der Sonnenentwickelung hinzu. An ihm haben also nicht die Kräfte von vier planetarischen Körpern gearbeitet wie am physischen Leibe, sondern nur diejenigen dreier: nämlich von der Sonne, Mond und Erde. Er kann also erst in einer zukünftigen Entwickelungsperiode so vollkommen in seiner Art sein, wie es der physische Körper gegenwärtig ist. Der Astralleib hat sich erst während der Mondenzeit zum physischen Körper und zum Ätherleib hinzugesellt, und das «Ich» erst während der Erdenzeit.

Man hat sich nun vorzustellen, daß der physische Menschenkörper auf dem Saturn eine gewisse Stufe seiner Ausbildung erlangt hat und daß diese dann auf der Sonne weitergeführt worden ist in der Art, daß er von damals an der Träger eines Ätherleibes sein konnte. Auf dem Saturn ist eben dieser physische Leib so weit gekommen, daß er ein äußerst zusammengesetzter Mechanismus war, der aber noch nichts vom Leben in sich hatte. Die Kompliziertheit der Zusammensetzung bewirkte, daß er zuletzt zerfiel. Denn diese Kompliziertheit hatte einen so hohen Grad erreicht, daß sie sich durch die bloßen mineralischen Kräfte, welche in ihr wirkten, nicht mehr halten konnte. Und durch dieses Zusammenbrechen der physischen Menschenkörper wurde überhaupt der Untergang des Saturn herbeigeführt. – Dieser Saturn hatte nämlich auf sich von den gegenwärtigen Naturreichen, nämlich dem Mineralreich, dem Pflanzenreich, dem Tierreich und dem Menschenreiche nur erst das letztere. Was man gegenwärtig als Tiere, Pflanzen und Mineralien kennt, gab es auf dem Saturn noch nicht. Auf diesem Weltkörper war von den jetzigen vier Naturreichen nur der Mensch, seinem physischen Körper nach, vorhanden; und dieser physische Körper war allerdings eine Art komplizierten Minerals. Die anderen Reiche sind dadurch entstanden, daß auf den aufeinanderfolgenden Weltkörpern nicht alle Wesen das volle Entwickelungsziel erreichen konnten. So hat nur ein Teil der auf dem Saturn ausgebildeten Menschenkörper das volle Saturnziel erreicht. Diejenigen Menschenleiber, welche dieses Ziel erreicht haben, wurden nun während der Sonnenzeit gleichsam zu neuem Dasein in ihrer alten Form auferweckt, und diese Form wurde mit dem Ätherleib durchdrungen. Sie entwickelten sich dadurch zu einer höheren Stufe der Vollkommenheit. Sie wurden eine Art von Pflanzenmenschen. Derjenige Teil aber der Menschenkörper, welcher auf dem Saturn nicht das volle Entwickelungsziel hat erreichen können, mußte während der Sonnenzeit das Versäumte unter wesentlich ungünstigeren Verhältnissen fortsetzen, als sie für *diese* Entwickelung auf dem

Saturn vorhanden waren. Er blieb daher hinter dem Teil zurück, der auf dem Saturn das volle Ziel erreicht hatte. Es entstand dadurch auf der Sonne ein zweites Naturreich neben dem Menschenreiche.

Es wäre irrtümlich, wenn man glauben wollte, daß alles, was sich an Organen im gegenwärtigen Menschenleibe findet, schon auf dem Saturn veranlagt worden wäre. Das ist nicht der Fall. Es sind vielmehr vorzüglich die Sinnesorgane innerhalb des Menschenleibes, die ihren Ursprung in diese alte Zeit zurückversetzen dürfen. Es haben die ersten Anlagen zu Augen, Ohren und so weiter, die auf dem Saturn als mineralische Körper so sich bildeten wie etwa jetzt auf der Erde die «leblosen Kristalle», einen so alten Ursprung; ihre gegenwärtige Form aber haben die entsprechenden Organe dadurch erhalten, daß sie sich in jeder der folgenden planetarischen Zeiten immer wieder zu höherer Vollkommenheit umbildeten. Auf dem Saturn waren sie physikalische Apparate, nichts weiter. Auf der Sonne sind sie dann umgebildet worden, weil ein Äther- oder Lebensleib sie durchdrang. Sie wurden dadurch in den Lebensprozeß einbezogen. Sie wurden *belebte* physikalische Apparate. Und zu ihnen kamen diejenigen Glieder des menschlichen physischen Leibes hinzu, die sich überhaupt nur unter dem Einfluß eines Ätherleibes entwickeln konnten: die Wachstums-, die Ernährungs-, die Fortpflanzungsorgane. Selbstverständlich gleichen die ersten Anlagen dieser Organe, wie sie sich auf der Sonne herausbildeten, wieder nicht an Vollkommenheit der Form, die sie gegenwärtig haben. – Die höchsten Organe, welche sich der Menschenleib damals eingliederte, indem physischer Körper und Ätherleib zusammenwirkten, waren diejenigen, welche sich in der Gegenwart zu den *Drüsen* ausgewachsen haben. So also ist der physische Menschenleib auf der Sonne ein Drüsensystem, dem die auf entsprechender Stufe stehenden Sinnesorgane eingeprägt sind. – Auf dem Monde geht die Entwickelung weiter. Zu dem physischen Körper und dem Ätherleib kommt der Astralleib hinzu. Dadurch wird dem Drüsensinnesleib eingegliedert die erste Anlage eines Nervensystems. Man sieht, der physische Menschenleib wird in den aufeinanderfolgenden planetarischen Entwickelungszeiten immer komplizierter. Auf dem Monde ist er aus Nerven, Drüsen, Sinnen zusammengefügt. Die Sinne haben eine zweimalige Umgestaltung und Vervollkommnung hinter sich, die Nerven sind auf ihrer ersten Stufe. Betrachtet man den Mondmenschen als Ganzes, dann besteht er aus drei Gliedern: einem physischen Leib, einem Ätherleib und einem Astralleib. Der physische Leib ist dreigliedrig; er hat als *seine* Gliederung die Arbeit der Saturn-, der Sonnen- und der Mondenkräfte in sich. Der Ätherleib ist erst zweigliedrig. Er hat nur in sich die Wirkung der Sonnen- und Mondenarbeit; und der Astralleib ist noch eingliedrig. An ihm haben nur die Mondenkräfte gearbeitet. – Durch die Aufnahme des Astralleibes ist der Mensch auf dem Monde eines Empfindungslebens, einer gewissen Innerlichkeit, fähig geworden. Er kann von dem, was in seiner Umgebung vor sich geht, innerhalb seines Astralleibes *Bilder* gestalten. Diese Bilder sind in einer gewissen Beziehung mit den Traumbildern des gegenwärtigen Menschheitsbewußtseins zu vergleichen; nur sind sie lebhafter, farbenvoller und, was die Hauptsache ist, sie beziehen sich auf Vorgänge der Außenwelt, während die gegenwärtigen Traumbilder bloße Nachklänge des Alltagslebens oder sonstwie *unklare* Spiegelungen innerer oder äußerer Vorgänge sind. Die Bilder des Mondenbewußtseins waren vollkommen dem entsprechend, auf das sie sich nach außen bezogen. Man nehme zum Beispiel an, ein solcher Mondenmensch, wie er eben – bestehend aus physischem Körper, Ätherleib und Astralleib – gekennzeichnet worden ist, hätte sich einem anderen Mondenwesen genähert. Er hätte dasselbe zwar nicht als räumlichen Gegenstand wahrnehmen können, denn solches ist erst im Erdenbewußtsein des Menschen möglich geworden; aber innerhalb seines Astralleibes wäre ein Bild aufgestiegen, das in seiner Farbe und Form ganz genau ausgedrückt hätte, ob das andere Wesen diesem Mondenmenschen Sympathie oder Antipathie entgegenbrachte, ob es ihm nützlich oder gefährlich werden konnte. Der Mondenmensch konnte demnach sein Verhalten genau nach den Bildern einrichten, welche in seinem Bilderbewußtsein aufstiegen. Diese Bilder waren ihm ein vollkommenes Orientierungsmittel. Und das physische Werkzeug, das der Astralleib brauchte, um mit den niedrigeren Naturreichen in Beziehung zu treten, war das dem physischen Leibe eingegliederte Nervensystem.

Daß diese hier geschilderte Umwandlung mit dem Menschen während der Mondenzeit hat vor sich gehen können, dazu war die Mitwirkung eines großen Weltenereignisses nötig. Die Eingliederung des Astralleibes und die ihm entsprechende Ausbildung eines Nervensystems im physischen Körper ist nur dadurch möglich geworden, daß dasjenige, was vorher *ein* Körper war, die *Sonne,* sich in *zwei* spaltete, in *Sonne* und *Mond.* Die erstere rückte zum Fixstern auf, der letztere blieb Planet – was vorher die Sonne auch war – und fing an, die Sonne, aus der er sich herausgespalten hatte, zu umkreisen. Dadurch ging mit allem, was auf Sonne und Mond lebte, eine bedeutungsvolle Umwandlung vor sich. Es soll hier zunächst dieser Umwandlungsprozeß nur insoweit verfolgt werden, als er sich auf das Mondleben bezieht. Der aus physischem und Ätherleib bestehende Mensch war bei der Abspaltung des Mondes von der Sonne mit dem ersteren vereint geblieben. Er ist damit in ganz neue Daseinsbedingungen eingetreten. Denn der Mond hat ja aus der Sonne nur einen Teil der in letzterer enthaltenen Kräfte mit sich genommen; nur dieser Teil wirkte jetzt auf den Menschen von seinem eigenen Weltkörper aus, den andern Teil der Kräfte hat die Sonne in sich zurückbehalten. Dieser Teil wird also dem Monde und damit auch seinem Bewohner, dem Menschen, von außen zugesandt. Wäre das frühere Verhältnis bestehen geblieben, wären alle Sonnenkräfte weiter dem Menschen von seinem eigenen Schauplatz zugeflossen, so hätte nicht jenes Innenleben entstehen können, das sich in dem Aufsteigen der Bilder des Astralleibes zeigt. Die Sonnenkraft blieb *von außen* wirksam auf physischen Leib und Ätherleib, auf die sie früher schon gewirkt hatte. Doch gab sie einen Teil dieser beiden Leiber frei für Einwirkungen, welche von dem durch Abspaltung neu gebildeten Weltkörper, eben dem Mond, ausgingen. So also stand der Mensch auf dem Monde unter einer doppelten Einwirkung, unter derjenigen der Sonne und des Mondes. Und der Einwirkung des Mondes ist zuzuschreiben, daß sich aus dem physischen und dem Ätherleib jene Glieder herausbildeten, welche die Einprägung des Astralleibes gestatteten. Und ein Astralleib kann Bilder nur schaffen, wenn ihm die Sonnenkräfte nicht von dem eigenen Planeten, sondern von außen kommen. Die Mondwirkungen gestalteten die Sinnesanlagen und die Drüsenorgane so um, daß sich diesen ein Nervensystem eingliedern konnte; und die Sonnenwirkungen brachten zustande, daß die Bilder, zu welchen dieses Nervensystem das Werkzeug war, den äußeren Mondvorgängen in der oben beschriebenen Art entsprachen.

Nur bis zu einem gewissen Punkte konnte die Entwickelung in dieser Art fortgehen. Wäre dieser Punkt überschritten worden, so hätte sich der Mondenmensch in seinem Bilderinnenleben verhärtet; und er hätte dadurch allen Zusammenhang mit der Sonne verlieren müssen. Als es so weit war, nahm die Sonne den Mond wieder auf, so daß für einige Zeit beide wieder *ein* Körper waren. Die Vereinigung dauerte so lange, bis der Mensch weit genug war, um durch eine neue Entwickelungsstufe seine Verhärtung, wie sie auf dem Monde hätte eintreten müssen, verhindern zu können. Als dies geschehen war, fand eine neue Trennung statt, doch nahm jetzt der Mond noch Sonnenkräfte mit, die ihm vorher nicht zuteil geworden waren. Und dadurch ist bewirkt worden, daß nach einiger Zeit eine nochmalige Abspaltung stattfand. Was sich von der Sonne zuletzt abgespalten hatte, war ein Weltkörper, welcher alles an Kräften und Wesen enthielt, was gegenwärtig auf Erde und Mond lebt. Die Erde hatte also den Mond, der sie jetzt umkreist, noch in dem eigenen Leibe. Wäre er in ihr geblieben, so hätte sie nimmermehr der Schauplatz einer Menschenentwickelung werden können, wie sie die gegenwärtige ist. Es mußten die Kräfte des jetzigen Mondes erst abgestoßen werden; und der Mensch mußte auf dem so gereinigten Erdenschauplatze zurückbleiben und da seine Entwickelung fortsetzen. Auf diese Art entstanden drei Weltkörper aus der alten Sonne. Und die Kräfte von zweien dieser Weltkörper, der neuen Sonne und des neuen Mondes, werden der Erde und damit ihrem Bewohner von außen zugesendet. –

Durch diesen Fortschritt in der Weltkörperentwickelung ist es möglich geworden, daß der dreigliedrigen Menschennatur, wie sie noch auf dem Monde war, das *vierte Glied,* das «Ich» sich einfügte. Diese Einfügung war verbunden mit einer Vervollkommnung des physischen Leibes, des Ätherleibes und des Astralleibes. Die Vervollkommnung des physischen Leibes bestand darin, daß diesem das System des Herzens als Bereiter des *warmen Blutes* eingegliedert worden ist. Selbstverständlich mußten jetzt das Sinnessystem, das Drüsensystem und das Nervensystem so umgestaltet werden, daß sie sich in dem menschlichen Organismus mit dem neu hinzugekommenen System des warmen Blutes vertragen. Die Sinnesorgane sind aber so umgestaltet worden, daß aus dem bloßen Bilderbewußtsein des alten Mondes das Gegenstandsbewußtsein werden konnte, das die Wahrnehmung *äußerer* Dinge vermittelt, und das gegenwärtig der Mensch besitzt vom Aufwachen am Morgen an bis zum Einschlafen am Abend. Auf dem alten Monde waren die Sinne nach außen noch nicht offen; die Bewußtseinsbilder stiegen von innen auf; eben diese Öffnung der Sinne nach außen ist die Errungenschaft der Erdenentwickelung.

Es ist oben erwähnt worden, daß nicht alle auf dem Saturn veranlagten Menschenleiber das Ziel, das ihnen dort gesteckt war, erreichten und wieso auf der Sonne neben dem Menschenreich in seiner damaligen Gestalt ein zweites Naturreich entstand. Man muß sich nun vorstellen, daß auf jeder der folgenden Entwickelungsstufen, auf Sonne, Mond und Erde immer Wesen hinter ihren Zielen zurückgeblieben sind und daß dadurch die niederen Naturreiche entstanden sind. Das dem Menschen zu allernächst stehende Tierreich ist zum Beispiel dasjenige, welches schon auf dem Saturn zurückgeblieben war, aber zum Teil unter ungünstigen Verhältnissen auf Sonne und Mond die Entwickelung nachgeholt hat, so daß es auf der Erde zwar nicht so weit war wie der Mensch, aber doch zum Teil die Fähigkeit hatte, wie er warmes Blut aufzunehmen. Denn warmes Blut hat es vor der Erdenzeit in *keinem* der Naturreiche gegeben. Die gegenwärtigen kaltblütigen (oder wechselwarmen) Tiere und gewisse Pflanzen sind dadurch entstanden, daß gewisse Wesen des niederen Sonnenreichs wieder hinter der Stufe zurückgeblieben sind, welches die andern Wesen dieses Reiches erreichten. Das gegenwärtige Mineralreich ist am spätesten, nämlich überhaupt erst während der Erdenzeit entstanden.

Der viergliedrige Erdenmensch empfängt von Sonne und Mond die Einflüsse derjenigen Kräfte, welche mit diesen Weltkörpern verbunden geblieben sind. Ihm kommen von der Sonne die dem Fortschritte, dem Wachstum und Werden dienenden Kräfte, von dem Monde die verhärtenden, formenden Kräfte zu. Stände der Mensch nur unter dem Einflusse der Sonne, so würde er sich in einem unermeßlich eiligen Wachstumsfortschritt auflösen. Daher mußte er nach entsprechender Zeit die Sonne einstens verlassen und die Hemmungen des allzu raschen Fortschreitens auf dem abgesonderten alten Monde empfangen. Wäre er aber nun mit diesem dauernd verbunden geblieben, so hätten ihn die Wachstumshemmungen in einer starren Form verhärtet. Daher schritt er zur Erdenbildung weiter, innerhalb welcher sich die beiden Einflüsse in entsprechender Art die Waage halten. Zugleich ist aber damit auch der Zeitpunkt gegeben, in dem sich dem viergliedrigen Menschenwesen ein Höheres: die Seele, als Innenwesen eingliedert.

Der physische Leib des Menschen ist in seiner Form, in seinen Verrichtungen, Bewegungen und so weiter, der Ausdruck und die Wirkung von dem, was in den andern Gliedern, im Ätherleib, Astralleib und Ich, vorgeht. In den bisherigen Betrachtungen aus der «Akasha-Chronik» hat es sich gezeigt, wie im Laufe der Entwickelung nach und nach diese andern Glieder in die Bildung des physischen Leibes eingegriffen haben. Während der Saturnentwickelung war noch keines dieser andern Glieder mit dem physischen Menschenleib verbunden. Damals aber ist die erste Anlage zu dieser Bildung gelegt worden. Man darf jedoch nicht glauben, daß die Kräfte, die dann später von dem Ätherleib, Astralleib und Ich auf den physischen Leib wirkten, während der Saturnzeit nicht schon auf ihn gewirkt hätten. Sie wirkten damals schon, nur in gewissem Sinne von außen, nicht von innen. Die anderen Glieder waren noch nicht gebildet, noch nicht in besonderer Form mit dem physischen Menschenleibe vereinigt; die Kräfte, die sich später in ihnen vereinigten, wirkten jedoch gleichsam aus dem Umkreis – der Atmosphäre – des Saturn und gestalteten die erste Anlage dieses Leibes. Diese Anlage wurde dann auf der Sonne deswegen umgebildet, weil ein Teil dieser Kräfte sich zu dem besonderen menschlichen Ätherleibe formte und nun auf den physischen Leib nicht mehr bloß von außen, sondern von innen wirkte. Dasselbe geschah auf dem Monde mit Bezug auf den Astralleib. Und auf der Erde wurde der physische Menschenleib zum vierten Male umgebildet, indem er zum Wohnhaus des «Ich» wurde, das nun in seinem Innern arbeitet.

Man sieht, der physische Menschenleib ist für den Blick des geisteswissenschaftlichen Forschers nichts Festes, nichts in seiner Gestalt und Wirkungsart Bleibendes. Er ist in fortwährender Umbildung begriffen. Und solche Umbildung vollzieht sich auch im gegenwärtigen Erdenzeitraum seiner Entwickelung. Man kann das Menschenleben nur begreifen, wenn man sich eine Vorstellung von dieser Umgestaltung zu machen in der Lage ist.

Eine geisteswissenschaftliche Betrachtung der menschlichen Organe ergibt, daß diese auf sehr verschiedenen Stufen ihrer Entwickelung stehen. Es gibt am Menschenkörper solche Organe, welche in ihrer gegenwärtigen Gestalt in einer absteigenden, andere, welche in einer aufsteigenden Entwickelung sind. Die ersteren werden in der Zukunft ihre Bedeutung für den Menschen immer mehr verlieren. Sie haben die Blütezeit ihrer Aufgaben hinter sich, werden verkümmern und zuletzt vom Menschenleibe sich verlieren. Andere Organe sind in aufsteigender Entwickelung; sie haben vieles in sich, was jetzt erst als wie im Keime vorhanden ist; sie werden sich in Zukunft zu vollkommeneren Gestalten mit einer höheren Aufgabe entwickeln. Zu den ersteren Organen gehören unter anderem diejenigen, welche der Fortpflanzung, der Hervorbringung des Gleichen dienen. Sie werden ihre Aufgabe in der Zukunft an andere Organe abgeben und selbst zur Bedeutungslosigkeit herabsinken. Es wird eine Zeit kommen, wo sie sich in verkümmertem Zustande am Menschenleib finden werden, und man wird in ihnen dann nur Zeugnisse für die vorzeitliche menschliche Entwickelung zu sehen haben.

Andere Organe, wie zum Beispiel das Herz und benachbarte Gebilde desselben, sind, in gewisser Beziehung, im Anfange ihrer Entwickelung. Sie werden dasjenige, was jetzt keimhaft in ihnen liegt, erst in der Zukunft zur Entfaltung bringen. Die geisteswissenschaftliche Auffassung sieht nämlich in dem Herzen und in seiner Beziehung zu dem sogenannten Blutkreislauf etwas ganz anderes als die gegenwärtige Physiologie, die in dieser Beziehung ganz von mechanistisch-materialistischen Vorstellungen abhängig ist. Es gelingt dieser Geisteswissenschaft dabei, Licht zu werfen auf Tatsachen, welche der zeitgenössischen Wissenschaft ganz geläufig sind, für die diese aber mit ihren Mitteln eine einigermaßen befriedigende Lösung nicht zu geben vermag. Die Anatomie zeigt, daß die Muskeln des menschlichen Leibes in ihrem Bau von zweierlei Art sind. Es gibt solche, welche in ihren kleinsten Teilen glatte Bänder darstellen, und solche, deren kleinste Teile regelmäßige Querstreifung aufweisen. Glatte Muskeln sind nun im allgemeinen solche, welche in ihren Bewegungen von der menschlichen Willkür unabhängig sind. Glatt sind zum Beispiel die Muskeln des Darmes, welche den Nahrungsbrei in regelmäßigen Bewegungen fortschieben, ohne daß die menschliche Willkür auf diese Bewegungen einen Einfluß hat. Glatt sind weiter jene Muskeln, welche sich in der Regenbogenhaut des Auges finden. Diese Muskeln dienen den Bewegungen, durch welche die Pupille des Auges erweitert wird, wenn dieses einer geringen Lichtmenge ausgesetzt ist, und verengert wird, wenn viel Licht in das Auge strömt. Auch diese Bewegungen sind von der menschlichen Willkür unabhängig. Gestreift sind dagegen diejenigen Muskeln, welche unter dem Einfluß der menschlichen Willkür Bewegungen vermitteln, zum Beispiel die Muskeln, durch welche Arme und Beine bewegt werden. Von dieser allgemeinen Beschaffenheit macht das Herz, das ja auch ein Muskel ist, eine Ausnahme. Auch das Herz unterliegt in seinen Bewegungen während der gegenwärtigen menschlichen Entwickelungszeit nicht der Willkür; und doch ist es ein «quergestreifter» Muskel. Die Geisteswissenschaft gibt in ihrer Art davon den Grund an. So wie das Herz jetzt ist, wird es nicht immer bleiben. Es wird in der Zukunft eine ganz andere Form und eine veränderte Aufgabe haben. Es ist auf dem Wege, ein willkürlicher Muskel zu werden. Es wird in der Zukunft Bewegungen ausführen, welche die Wirkungen sein werden der inneren Seelenimpulse des Menschen. Es zeigt eben gegenwärtig schon in seinem Bau, welche Bedeutung es in der Zukunft haben wird, wenn die Herzbewegungen ebenso sein werden der Ausdruck des menschlichen Willens, wie gegenwärtig das Aufheben der Hand oder das Vorsetzen des Fußes es ist. – Diese Anschauung über das Herz ist zusammenhängend mit einer umfassenden Erkenntnis der Geisteswissenschaft über das Verhältnis des Herzens zu dem sogenannten Blutkreislauf. Die mechanisch-materialistische Lebenslehre sieht in dem Herzen eine Art Pumpvorrichtung, welche das Blut in regelmäßiger Art durch den Leib treibt. Da ist das Herz die Ursache der Blutbewegung. Die geisteswissenschaftliche Erkenntnis zeigt etwas ganz anderes. Ihr ist das Pulsieren des Blutes, seine ganze innere Beweglichkeit, Ausdruck und Wirkung der Seelenvorgänge. Seelisches ist die Ursache davon, wie sich das Blut verhält. Das Erbleichen durch Angstgefühle, das Erröten unter dem Einfluß von Schamempfindungen sind grobe Wirkungen von Seelenvorgängen im Blute. Aber alles, was im Blute vorgeht, ist nur der Ausdruck dessen, was im Seelenleben vor sich geht. Der Zusammenhang zwischen Blutpulsation und Seelenimpulsen ist nur ein sehr geheimnistiefer. Und nicht die Ursache, sondern die Folgen der Blutpulsation sind die Bewegungen des Herzens. – In der Zukunft wird das Herz die Wirkung dessen, was in der Menschenseele gewoben wird, durch willkürliche Bewegungen in die äußere Welt tragen.

Andere Organe, die in einer ähnlichen aufsteigenden Entwickelung sind, stellen die Atmungsorgane dar, und zwar in ihrer Aufgabe als Sprechwerkzeuge. Gegenwärtig ist der Mensch imstande, durch sie seine Gedanken in Luftwellen zu verwandeln. Dasjenige, was er im Innern erlebt, prägt er dadurch der äußeren Welt ein. Er verwandelt seine inneren Erlebnisse in Luftwellen. Diese Wellenbewegung der Luft ist eine Wiedergabe dessen, was in seinem Innern vorgeht. In Zukunft wird er auf diese Art immer mehr und mehr von seinem inneren Wesen aus sich heraus gestalten. Und das letzte Ergebnis in dieser Richtung wird sein, daß er durch seine auf der Höhe ihrer Vollkommenheit angelangten Sprechorgane sich selbst – seinesgleichen – hervorbringen wird. Die Sprechorgane enthalten also in sich gegenwärtig keimhaft die zukünftigen Fortpflanzungsorgane. Und die Tatsache, daß beim männlichen Individuum in der Zeit der Geschlechtsreife die Mutierung (Stimmveränderung) auftritt, ist eine Folge des geheimnisvollen Zusammenhanges zwischen Sprechwerkzeugen und Fortpflanzungswesen.

Der ganze menschliche physische Leib mit allen seinen Organen kann in solcher Art geisteswissenschaftlich betrachtet werden. Es sollten hier vorläufig nur einige Proben gegeben werden. Es besteht eine geisteswissenschaftliche Anatomie und Physiologie. Und die gegenwärtige wird sich in einer gar nicht zu fernen Zukunft von dieser müssen befruchten lassen, ja, völlig sich in sie umwandeln.

Hier auf diesem Gebiete wird es nun besonders anschaulich, daß solche Ergebnisse wie die obigen nicht auf bloße Schlußfolgerungen, auf Gedankenspekulationen (etwa auf Analogieschlüsse) aufgebaut werden dürfen, sondern daß sie nur aus der echten geisteswissenschaftlichen Forschung hervorgehen dürfen. Das muß notwendigerweise betont werden, weil es nur zu leicht vorkommt, daß eifrige Bekenner der Geisteswissenschaft, wenn sie einige Erkenntnisse in sich aufgenommen haben, dann ins Blaue hinein die Ideen weiterspinnen. Dann ist es kein Wunder, wenn dabei nur Hirngespinste herauskommen, wie sie ja auf diesen Gebieten ganz besonders wuchern.

Man könnte zum Beispiel aus der obigen Darstellung nun die Folgerung ziehen: Weil die menschlichen Fortpflanzungsorgane in ihrer gegenwärtigen Form am frühesten in der Zukunft ihre Bedeutung verlieren werden, so haben sie dieselbe auch in der Vorzeit am frühesten erhalten, sie seien also gewissermaßen die ältesten Organe des menschlichen Körpers. Genau das Gegenteil ist davon richtig. Sie haben ihre gegenwärtige Gestalt am spätesten erhalten und werden sie am frühesten wieder verlieren.

Folgendes stellt sich der geisteswissenschaftlichen Forschung vor das Auge. Auf der Sonne war der physische Menschenleib in gewisser Beziehung bis zur Stufe des Pflanzendaseins aufgerückt. Er war damals bloß durchdrungen von einem Ätherleib. Auf dem Monde nahm er den Charakter des Tierleibes an, weil er von dem Astralleib durchdrungen wurde. Aber nicht alle Organe nahmen an dieser Umwandlung in den Tiercharakter teil. Manche Teile blieben auf der Pflanzenstufe stehen. Und auch als auf der Erde nach Eingliederung des Ich der Menschenleib sich zu seiner gegenwärtigen Form erhob, trugen noch manche Organe einen ausgesprochenen Pflanzencharakter. Nur darf man sich allerdings nicht vorstellen, daß diese Organe genau so aussahen, wie unsere gegenwärtigen Pflanzen aussehen. Zu diesen Organen gehören die Fortpflanzungsorgane. Sie waren auch im Anfange der Erdentwickelung noch mit Pflanzencharakter behaftet. In der Weisheit der alten Mysterien hat man das gewußt. Und die ältere Kunst, die sich so vieles aus den Überlieferungen der Mysterien bewahrt hat: sie stellt zum Beispiel Hermaphroditen dar mit pflanzenblätterartigen Fortpflanzungsorganen. Es sind das Vorläufer der Menschen, welche noch die alte Art von Fortpflanzungsorganen hatten (doppelgeschlechtig waren). Man kann dies zum Beispiel schön sehen an einem Hermaphroditen in der kapitolinischen Sammlung in Rom. Und wenn man einmal diese Dinge durchschauen wird, dann wird man auch den wahren Grund zum Beispiel für das Vorhandensein des Feigenblattes bei der Eva kennen. Man wird für manche alte Darstellungen wahre Erklärungen annehmen, während die gegenwärtigen doch nur einem nicht zu Ende geführten Denken entspringen. Nebenbei soll nur bemerkt werden, daß der obenerwähnte Hermaphrodit noch andere Pflanzenanhänge zeigt. Als er gebildet wurde, hatte man eben noch die Überlieferung davon, daß in urferner Vergangenheit gewisse Menschenorgane sich aus dem Pflanzen- in den Tiercharakter umgebildet haben.

Alle diese Umwandlungen des Menschenleibes sind nur der Ausdruck der in Ätherleib, Astralleib und Ich liegenden Umformungskräfte. Die Umwandlungen des physischen Menschenleibes begleiten die Taten der höheren Menschenglieder. Daher kann man den Bau und die Wirkungsweise dieses menschlichen Leibes nur verstehen, wenn man auf die «Akasha-Chronik» eingeht, welche eben zeigt, wie die höheren Umformungen der mehr seelischen und geistigen Glieder des Menschen vor sich gehen. Alles Physische und Materielle findet seine Erklärung durch das Geistige. Und sogar auf die *Zukunft* dieses Physischen wird Licht geworfen, wenn man sich auf das Geistige einläßt.

In folgenden Artikeln wird über die Zukunft von Erde und Menschheit einiges zu sagen sein.

Es liegt folgende Frage vor: Wenn wir durch immer neue Verkörperungen in den aufeinanderfolgenden Rassen uns neue Fähigkeiten aneignen sollen, wenn ferner n i c h t s *von dem, was die Seele durch Erfahrung sich angeeignet hat, aus ihrem Vorratsschatz wieder verlorengehen soll, – wie erklärt es sich, daß in der Menschheit von heute so gar nichts übrig geblieben ist von den zu jenen Zeiten so hochentwickelten Fähigkeiten des Willens, der Vorstellung, der Beherrschung von Naturkräften?*

In der Tat geht nichts verloren von den Fähigkeiten, welche sich die Seele bei ihrem Durchgang durch eine Entwickelungsstufe erworben hat. Aber wenn eine neue Fähigkeit erworben wird, so nimmt die vorher erworbene eine andere Form an. Sie lebt sich dann nicht mehr für sich selbst aus, sondern als *Grundlage* für die neue Fähigkeit. Bei den Atlantiern war zum Beispiel die Fähigkeit des Gedächtnisses angeeignet worden. Der gegenwärtige Mensch kann sich in der Tat nur sehr schwache Vorstellungen von dem machen, was das Gedächtnis eines Atlantiers zu leisten vermochte. Alles das nun, was in unserer fünften Wurzelrasse als gleichsam *angeborene* Vorstellungen auftritt, ist in Atlantis durch das Gedächtnis erst erworben worden. Die Raum-, Zeit-, Zahlenvorstellungen usw. würden ganz andere Schwierigkeiten machen, wenn sich sie der gegenwärtige Mensch erst erwerben sollte. Denn die Fähigkeit, die sich dieser gegenwärtige Mensch aneignen soll, ist der kombinierende Verstand. Eine Logik gab es bei den Atlantiern nicht. Nun muß aber jede früher erworbene Seelenkraft in ihrer eigenen Form zurücktreten, hinuntertauchen unter die Schwelle des Bewußtseins, wenn eine neue erworben werden soll. Der Biber müßte seine Fähigkeit, intuitiv seine künstlichen Bauten aufzuführen, in etwas anderes verwandeln, wenn er zum Beispiel plötzlich ein denkendes Wesen würde. – Die Atlantier hatten zum Beispiel auch die Fähigkeit, die Lebenskraft in einer gewissen Weise zu beherrschen. Ihre wunderbaren Maschinen konstruierten sie durch diese Kraft. Aber sie hatten dafür gar nichts von dem, was die Völker der fünften Wurzelrasse als Gabe zu erzählen haben. Es gab bei ihnen noch nichts von Mythen und Märchen. In der Maske der Mythologie trat zunächst bei den Angehörigen unserer Rasse die lebenbeherrschende Kraft der Atlantier auf. Und in dieser Form konnte sie die Grundlage werden für die Verstandestätigkeit unserer Rasse. Die großen Erfinder unserer Rasse sind Inkarnationen von «Sehern» der atlantischen Rasse. In ihren genialen Einfällen lebt sich etwas aus, das ein anderes zur Grundlage hat, etwas, das während ihrer atlantischen Inkarnation als lebenschaffende Kraft in ihnen war. Unsere Logik, Naturkenntnis, Technik und so weiter wachsen aus einem Boden heraus, der in der Atlantis gelegt worden ist. Könnte zum Beispiel ein Techniker seine kombinierende Kraft zurückverwandeln, so käme etwas heraus, was der Atlantier vermochte. Die gesamte römische Jurisprudenz war umgewandelte Willenskraft einer früheren Zeit. Der Wille selbst blieb dabei im Hintergrunde, und statt selbst *Formen* anzunehmen, verwandelte er sich in die Gedankenformen, die sich in den Rechtsbegriffen ausleben. Der Schönheitssinn der Griechen ist auf der Grundlage unmittelbarer Kräfte erbaut, die sich bei den Atlantiern in einer großartigen Züchtung von Pflanzen und Tierformen ausleben. In Phidias Phantasie lebte etwas, was der Atlantier unmittelbar zur Umgestaltung von wirklichen Lebewesen verwandte.

Eine weitere Frage ist die folgende: Wie verhält sich die Geisteswissenschaft (Theosophie) zu den sogenannten Geheimwissenschaften?

Geheimwissenschaften hat es immer gegeben. Sie wurden in den sogenannten Geheimschulen gepflegt. Nur derjenige konnte von ihnen etwas erfahren, der sich gewissen Prüfungen unterzog. Es wurde ihm immer nur so viel mitgeteilt, als seinen intellektuellen, geistigen und moralischen Fähigkeiten entsprach. Das mußte so sein, weil die höheren Erkenntnisse, richtig angewendet, der Schlüssel zu einer Macht sind, die in den Händen der Unvorbereiteten zum Mißbrauch führen muß. Durch die Geisteswissenschaft sind nun einige, die elementaren Lehren der Geheimwissenschaft popularisiert worden. Der Grund dazu liegt in den gegenwärtigen Zeitverhältnissen. Die Menschheit ist heute in ihren vorgeschritteneren Mitgliedern in bezug auf die Ausbildung des Verstandes so weit, daß sie über kurz oder lang von selbst zu gewissen Vorstellungen kommen würde, die vorher ein Glied des Geheimwissens waren. Allein sie würde sich diese Vorstellungen in einer verkümmerten, karikierten und schädlichen Form aneignen. Deshalb haben sich Geheimkundige entschlossen, einen Teil des Geheimwissens der Öffentlichkeit mitzuteilen. Dadurch wird die Möglichkeit geboten sein, die in der Kulturentwickelung auftretenden menschlichen Fortschritte mit dem Maßstabe wahrer Weisheit zu messen. Unsere Naturerkenntnis führt zum Beispiel zu Vorstellungen über die Gründe der Dinge. Aber ohne geheimwissenschaftliche Vertiefung können diese Vorstellungen nur Zerrbilder werden. Unsere Technik schreitet Entwickelungsstadien zu, welche nur dann zum Heile der Menschheit ausschlagen können, wenn die Seelen der Menschen im Sinne der geisteswissenschaftlichen Lebensauffassung vertieft sein werden. So lange die Völker nichts hatten von moderner Naturerkenntnis und moderner Technik, war die Form heilsam, in der die höchsten Lehren in religiösen Bildern, in einer zum bloßen Gefühle sprechenden Art mitgeteilt worden sind. Heute braucht die Menschheit dieselben Wahrheiten in einer verstandesmäßigen Form. Nicht der Willkür ist die geisteswissenschaftliche Weltanschauung entsprungen, sondern der Einsicht in die angegebene historische Tatsache. – Gewisse Teile der Geheimkunde können allerdings auch heute nur solchen mitgeteilt werden, die sich den Prüfungen der Einweihung unterwerfen. Und auch mit dem veröffentlichten Teile werden nur diejenigen etwas anzufangen wissen, welche sich nicht auf ein äußerliches Kenntnisnehmen beschränken, sondern die sich die Dinge wirklich innerlich aneignen, sie zum Inhalt und zur Richtschnur ihres Lebens machen. Es kommt nicht darauf an, die Lehren der Geisteswissenschaft verstandesmäßig zu beherrschen, sondern Gefühl, Empfindung, ja das ganze *Leben* mit ihnen zu durchdringen. Nur durch eine solche Durchdringung erfährt man auch etwas von ihrem Wahrheitswert. Sonst bleiben sie doch nur etwas, was «man glauben und auch nicht glauben kann». Richtig verstanden, werden die geisteswissenschaftlichen Wahrheiten dem Menschen eine wahre Lebensgrundlage geben, ihn seinen Wert, seine Würde und Wesenheit erkennen lassen, den höchsten Daseinsmut geben. Denn sie klären ihn über seinen Zusammenhang mit der Welt rings um ihn her auf; sie verweisen ihn auf seine höchsten Ziele, auf seine wahre Bestimmung. Und sie tun dies in einer Weise, wie es den Ansprüchen der Gegenwart gemäß ist, so daß er nicht in dem Zwiespalt zwischen Glauben und Wissen befangen zu bleiben braucht. Man kann moderner Forscher und Geistesforscher zugleich sein. Allerdings muß man dann auch beides im echten Sinne sein.

VORURTEILE AUS VERMEINTLICHER WISSENSCHAFT

Es ist gewiß richtig, daß es im Geistesleben der Gegenwart vieles gibt, was demjenigen, der nach Wahrheit sucht, das Bekenntnis zu den geisteswissenschaftlichen (theosophischen) Erkenntnissen schwierig macht. Und dasjenige, was in den Aufsätzen über die «Lebensfragen der theosophischen Bewegung» gesagt ist, kann als Andeutung der Gründe erscheinen, welche insbesondere bei dem gewissenhaften Wahrheitsucher in dieser Richtung bestehen. Ganz phantastisch muß manche Aussage des Geisteswissenschafters dem erscheinen, welcher sie prüft an den sicheren Urteilen, die er glaubt aus dem sich bilden zu müssen, was er als die Tatsachen der naturwissenschaftlichen Forschung kennengelernt hat. Dazu kommt, daß diese Forschung auf den gewaltigen Segen hinzuweisen vermag, den sie dem menschlichen Fortschritt gebracht hat und fortdauernd bringt. Wie überwältigend wirkt es doch, wenn eine Persönlichkeit, welche lediglich auf die Ergebnisse dieser Forschung eine Weltansicht aufgebaut wissen will, die stolzen Worte zu sagen vermag: «Denn es liegt ein Abgrund zwischen diesen beiden extremen Lebensauffassungen: die eine für diese Welt allein, die andere für den Himmel. Bis heute hat jedoch die menschliche Wissenschaft nirgends die Spuren eines Paradieses, eines Lebens der Verstorbenen oder eines persönlichen Gottes aufgefunden, diese unerbittliche Wissenschaft, die alles ergründet und zerlegt, die vor keinem Geheimnis zurückschreckt, die den Himmel hinter den Nebelsternen ausforscht, die unendlich kleinen Atome der lebenden Zellen wie der chemischen Körper analysiert, die Substanz der Sonne auseinanderlegt, die Luft verflüssigt, von einem Ende der Erde zum andern bald sogar drahtlos telegraphiert, heute bereits durch die undurchsichtigen Körper durchsieht, die Schiffahrt unter dem Wasser und in der Luft einführt, uns neue Horizonte mittelst des Radiums und anderer Entdeckungen eröffnet; diese Wissenschaft, die, nachdem sie die wahre Verwandtschaft aller lebenden Wesen unter sich und ihre allmählichen Formumwandlungen nachgewiesen hat, heute das Organ der menschlichen Seele, das Gehirn ins Bereich ihrer gründlicheren Forschung zieht.» (Prof. August Forel, Leben und Tod. München 1908, Seite 5.) Die Sicherheit, mit welcher man auf solcher Grundlage zu bauen glaubt, verrät sich in den Worten, welche Forel an die obigen Auslassungen knüpft: «Indem wir von einer monistischen Lebensauffassung ausgehen, *die allein allen wissenschaftlichen Tatsachen Rechnung* trägt, lassen wir das Übernatürliche beiseite und wenden wir uns an das Buch der Natur.» So sieht sich der ernste Wahrheitsucher vor zwei Dinge gestellt, die einer bei ihm etwa vorhandenen Ahnung von der Wahrheit der geisteswissenschaftlichen Mitteilungen starke Hemmungen in die Wege stellen. Lebt in ihm ein Gefühl für solche Mitteilungen, ja empfindet er durch eine feinere Logik auch ihre innere Begründung: er kann zur Unterdrückung solcher Regungen gedrängt werden, wenn er sich zweierlei sagen muß. Erstens finden die Autoritäten, welche die Beweiskraft der sicheren Tatsachen kennen, daß alles «Übersinnliche» nur der Phantasterei und dem unwissenschaftlichen Aberglauben entspringt. Zweitens laufe ich Gefahr, durch die Hingabe an solches Übersinnliche ein unpraktischer, für das Leben unbrauchbarer Mensch zu werden. Denn alles, was für das praktische Leben geleistet wird, muß fest im «Boden der Wirklichkeit» wurzeln.

Es werden nun nicht alle, die in einen solchen Zwiespalt hineinversetzt sind, sich leicht durcharbeiten bis zu der Erkenntnis, wie es sich mit den beiden charakterisierten Dingen wirklich verhält. Könnten sie das, dann würden sie zum Beispiel in bezug auf den ersten Punkt das folgende sehen: Mit der naturwissenschaftlichen Tatsachenforschung stehen die Ergebnisse der Geisteswissenschaft nirgends in Widerspruch. Überall, wo man *unbefangen* auf das Verhältnis der beiden hinsieht, zeigt sich vielmehr für unsere Zeit etwas ganz anderes. Es stellt sich heraus, daß diese Tatsachenforschung hinsteuert zu dem Ziele, das sie in gar nicht zu ferner Zeit in volle Harmonie bringen wird mit dem, was die Geistesforschung aus ihren übersinnlichen Quellen für gewisse Gebiete feststellen muß. Aus Hunderten von Fällen, die zum Belege für diese Behauptung beigebracht werden könnten, sei hier ein charakteristischer hervorgehoben.

In meinen Vorträgen über die Entwickelung der Erde und der Menschheit wird darauf hingewiesen, daß die Vorfahren der jetzigen Kulturvölker auf einem Landesgebiet gewohnt haben, welches sich einstmals an der Stelle der Erdoberfläche ausdehnte, die heute von einem großen Teile des Atlantischen Ozeans eingenommen wird. In den Aufsätzen «Aus der Akasha-Chronik» ist mehr auf die seelisch-geistigen Eigenschaften dieser atlantischen Vorfahren hingewiesen worden. In mündlicher Rede wurde auch oft geschildert, wie die Oberfläche des Erdgebietes im alten Atlantischen Land ausgesehen hat. Es wurde gesagt: damals war die Luft durchschwängert von Wassernebeldünsten. Der Mensch lebte im Wassernebel, der sich niemals für gewisse Gebiete bis zur völligen Reinheit der Luft aufhellte. Sonne und Mond konnten nicht so gesehen werden wie heute, sondern umgeben von farbigen Höfen. Eine Verteilung von Regen und Sonnenschein, wie sie gegenwärtig stattfindet, gab es damals nicht. Man kann hellseherisch dies alte Land durchforschen: die Erscheinung des Regenbogens gab es damals nicht. Sie trat erst in der nachatlantischen Zeit auf. Unsere Vorfahren lebten in einem Nebelland. Diese Tatsachen sind durch rein übersinnliche Beobachtung gewonnen; und es muß sogar gesagt werden, daß der Geistesforscher am besten tut, wenn er sich aller Schlußfolgerungen aus seinen naturwissenschaftlichen Erkenntnissen peinlich genau entäußert; denn durch solche Schlußfolgerungen wird ihm leicht der unbefangene innere Sinn der Geistesforschung in die Irre geführt. Nun aber vergleiche man mit solchen Feststellungen gewisse Anschauungen, zu denen sich einzelne Naturforscher in der Gegenwart gedrängt fühlen. Es gibt heute Forscher, welche sich durch die Tatsachen bemüßigt finden, anzunehmen, daß die Erde in einer bestimmten Zeit ihrer Entwickelung in eine Wolkenmasse eingebettet war. Sie machen darauf aufmerksam, daß auch gegenwärtig der bewölkte Himmel den unbewölkten überwiege, so daß das Leben auch jetzt noch zum großen Teile unter der

Wirkung eines Sonnenlichtes stehe, das durch Wolkenbildung abgeschwächt werde, daß man also nicht sagen dürfe: das Leben hätte sich nicht entwickeln können in der einstigen Wolkenhülle. Sie weisen ferner darauf hin, daß diejenigen Organismen der Pflanzenwelt, welche man zu den ältesten zählen kann, solche waren, die auch ohne direktes Sonnenlicht sich entwickeln. So fehlen unter den Formen dieser älteren Pflanzenwelt diejenigen, welche wie die Wüstenpflanzen unmittelbares Sonnenlicht und wasserfreie Luft brauchten. Ja, auch bezüglich der Tierwelt hat ein Forscher (Hilgard) darauf aufmerksam gemacht, daß die Riesenaugen ausgestorbener Tiere (zum Beispiel der Ichthyosaurier) darauf hinweisen, wie in ihrer Epoche eine dämmerhafte Beleuchtung auf der Erde vorhanden gewesen sein müsse. Es fällt mir nicht bei, solche Anschauungen als nicht korrekturbedürftig anzusehen. Sie interessieren den Geistesforscher auch weniger durch das, was sie feststellen, als durch die *Richtung,* in welche die Tatsachenforschung sich gedrängt sieht. Hat doch auch vor einiger Zeit die auf mehr oder weniger Haeckelschem Standpunkt stehende Zeitschrift «Kosmos» einen beherzigenswerten Aufsatz gebracht, der aus gewissen Tatsachen der Pflanzen- und Tierwelt auf die Möglichkeit eines einstigen atlantischen Festlandes hinwies. – Man könnte, wenn man eine größere Anzahl solcher Dinge zusammenstellte, leicht zeigen, wie sich wahre Naturwissenschaft in einer Richtung bewegt, die sie in der Zukunft einmünden lassen wird in den Strom, der gegenwärtig schon bewässert werden kann aus den Quellen der Geistesforschung. Es kann gar nicht scharf genug betont werden: mit den *Tatsachen* der Naturwissenschaft steht Geistesforschung nirgends im Widerspruch. Wo von ihren Gegnern ein solcher Widerspruch gesehen wird, da bezieht er sich eben gar nicht auf die Tatsachen, sondern auf die *Meinungen,* welche sich diese Gegner gebildet haben und von denen sie *glauben,* daß sie aus den Tatsachen sich notwendig ergeben. In Wahrheit hat aber zum Beispiel die oben angeführte Meinung Forels nicht das geringste mit den Tatsachen der Nebelsterne, mit dem Wesen der Zellen, mit der Verflüssigung der Luft und so weiter zu tun. Diese *Meinung* stellt sich als nichts anderes dar denn als ein *Glaube,* den sich viele aus ihrem am Sinnlich-Wirklichen haftenden Glaubensbedürfnis heraus gebildet haben und den sie *neben* die Tatsachen hinstellen. Dieser Glaube hat etwas stark Blendendes für den Gegenwartsmenschen. Er verführt zu einer inneren Intoleranz ganz besonderer Art. Die ihm anhängen, verblenden sich dahin, daß sie ihre eigene Meinung nur für allein «wissenschaftlich» ansehen und die Anschauung anderer als nur aus Vorurteil und Aberglauben entspringen lassen. So ist es doch wirklich sonderbar, wenn in einem eben erschienenen Buche über die Erscheinungen des Seelenlebens (Hermann Ebbinghaus, Abriß der Psychologie) die folgenden Sätze zu lesen sind: «Hilfe gegen das undurchdringliche Dunkel der Zukunft und die unüberwindliche Macht feindlicher Gewalten schafft sich die Seele in der *Religion.* Unter dem Druck der Ungewißheit und in den Schrecken großer Gefahren drängen sich dem Menschen nach Analogie der Erfahrungen, die er in Fällen des Nichtwissens und Nichtkönnens sonst gemacht hat, naturgemäß Vorstellungen zu, wie auch hier geholfen werden könnte, so wie man in Feuersnot an das rettende Wasser, in Kampfesnot an den helfenden Kameraden denkt.» «Auf den niederen Kulturstufen, wo der Mensch sich noch sehr machtlos und auf Schritt und Tritt von unheimlichen Gefahren umlauert fühlt, überwiegt begreiflicherweise durchaus das Gefühl der Furcht und dementsprechend der Glaube an böse Geister und Dämonen. Auf höheren Stufen dagegen, wo der reiferen Einsicht in den Zusammenhang der Dinge und der größeren Macht über sie ein gewisses Selbstvertrauen und ein stärkeres Hoffen entspringt, tritt auch das Gefühl des Zutrauens zu den unsichtbaren Mächten in den Vordergrund und eben damit der Glaube an gute und wohlwollende Geister. Aber im ganzen bleiben beide, Furcht und Liebe nebeneinander, dauernd charakteristisch für das Fühlen des Menschen gegenüber seinen Göttern, nur eben je nach Umständen beide in verschiedenem Verhältnis zueinander.» – «Das sind die Wurzeln der Religion ... Furcht und Not sind ihre Mütter; und obwohl sie im wesentlichen durch Autorität fortgepflanzt wird, nachdem sie einmal entstanden ist, so wäre sie doch längst ausgestorben, wenn sie aus jenen beiden nicht immer wieder neu geboren würde.» – Wie ist in diesen Behauptungen alles verschoben, alles durcheinandergeworfen; wie ist das Durcheinandergeworfene von falschen Punkten aus beleuchtet. Wie stark ferner steht der Meinende unter dem Einfluß des Glaubens, daß seine Meinung eine allgemein-verbindliche Wahrheit sein muß. Zunächst ist durcheinandergeworfen der Inhalt des religiösen Vorstellens mit dem religiösen Gefühlsinhalt. Der *Inhalt* des religiösen Vorstellens ist aus dem Gebiete der übersinnlichen Welten genommen. Das religiöse Gefühl, zum Beispiel Furcht und Liebe gegenüber den übersinnlichen Wesenheiten, wird ohne weiteres zum Schöpfer des Inhaltes gemacht und ohne alle Bedenken angenommen, daß dem religiösen Vorstellen etwas Wirkliches gar nicht entspreche. Nicht im entferntesten wird an die Möglichkeit gedacht, daß es eine echte *Erfahrung* geben könne von übersinnlichen Welten und daß an die durch solche Erfahrung gegebene Wirklichkeit sich hinterher die Gefühle von Furcht und Liebe klammern, wie ja schließlich auch keiner in Feuersnot an das rettende Wasser, in Kampfesnot an den helfenden Kameraden denkt, wenn er nicht Wasser und Kamerad vorher gekannt hat. Geisteswissenschaft wird in solcher Betrachtung dadurch für eine Phantasterei erklärt, daß man das religiöse Fühlen zum Schöpfer von Wesenheiten werden läßt, welche man einfach für nicht vorhanden ansieht. Solcher Denkungsart fehlt eben ganz das Bewußtsein davon, daß es möglich ist, den Inhalt der übersinnlichen Welt zu erleben, wie es möglich für die äußeren Sinne ist, die gewöhnliche Sinnenwelt zu erleben. – Das Sonderbare tritt bei solchen Ansichten oft ein: sie verfallen in diejenige Art der Schlußfolgerung für *ihren* Glauben, die sie als die anstößige bei den Gegnern hinstellen. So findet sich in der obenangeführten Schrift von Forel der Satz: «Leben wir denn nicht in einer hundertmal wahreren, wärmeren und interessanteren Weise in dem Ich und in der Seele unserer Nachkommen von neuem als in der kalten und nebelhaften Fata morgana eines hypothetischen Himmels unter den ebenso hypothetischen Gesängen und Trompetenklängen vermuteter Engel und Erzengel, die wir uns doch nicht vorstellen können und die uns daher nichts sagen.» Ja, aber was hat es denn mit der Wahrheit zu tun, was «man» «wärmer», «interessanter» findet? Wenn es schon richtig ist, daß aus Furcht und Hoffnung nicht ein geistiges Leben abgeleitet werden soll, ist es dann richtig, dieses geistige Leben zu leugnen, weil man es «kalt» und «uninteressant» findet? Der Geistesforscher ist gegenüber solchen Persönlichkeiten, welche auf dem «festen Boden wissenschaftlicher Tatsachen» zu stehen behaupten, in der folgenden Lage. Er sagt ihnen: was ihr an solchen *Tatsachen* vorbringt, aus Geologie, Paläontologie, Biologie, Physiologie und so weiter, nichts wird von mir geleugnet. Zwar bedarf manche eurer Behauptungen sicherlich der Korrektur durch andere Tatsachen. Doch solche Korrektur wird die Naturwissenschaft selbst bringen. Abgesehen davon sage ich «Ja» zu dem, was ihr vorbringt. Euch zu bekämpfen fällt mir gar nicht bei, wenn ihr Tatsachen vorbringt. Nun aber sind eure Tatsachen nur ein Teil der Wirklichkeit. Der andere Teil sind die *geistigen* Tatsachen, welche den Verlauf der sinnlichen erst erklärlich machen. Und diese Tatsachen sind nicht Hypothesen, nicht etwas, was «man» sich nicht vorstellen kann, sondern das *Erlebnis,* die *Erfahrung* der Geistesforschung. Was ihr vorbringt über die von euch beobachteten Tatsachen hinaus, ist, ohne daß dies von euch bemerkt wird, nichts weiter als die Meinung, daß es solche geistige Tatsachen nicht geben könne. In Wahrheit bringt ihr zum Beweis für diese eure Behauptung nichts vor, als daß euch solche geistige Tatsachen unbekannt sind. Daraus folgert ihr, daß sie nicht existieren und daß diejenigen Träumer und Phantasten seien, welche vorgeben, von ihnen etwas zu wissen. Der Geistesforscher nimmt euch nichts, aber auch gar nichts von eurer Welt; er fügt zu dieser nur noch die seine hinzu. Ihr aber seid damit nicht zufrieden, daß er so verfährt; ihr sagt – wenn auch nicht immer klar –, «man» darf von nichts anderem sprechen, als wovon wir sprechen; wir fordern nicht allein, daß man uns das zugibt, wovon wir wissen, sondern wir verlangen, daß man alles das für eitel Hirngespinst erklärt, wovon wir nichts wissen. Wer auf solche «Logik» sich einlassen will, dem ist allerdings vorläufig nicht zu helfen. Er mag mit *dieser* Logik den Satz begreifen: «In unseren menschlichen Ahnen hat unser Ich früher direkt gelebt und es wird in unseren direkten oder indirekten Nachkommen weiter leben.» (Forel, Leben und Tod, Seite 21.) Er soll aber nur nicht hinzufügen: «Die Wissenschaft *beweist* es», wie es in der angeführten Schrift geschieht. Denn die Wissenschaft «beweist» in diesem Falle nichts, sondern der an die Sinnenwelt gefesselte Glaube stellt das Dogma auf: Wovon ich mir nichts vorstellen kann, das muß als Wahn gelten; und wer gegen meine Behauptung sündigt, vergeht sich an echter Wissenschaft.

Wer die menschliche Seele in ihrer Entwickelung kennt, der findet es ganz begreiflich, daß durch die gewaltigen Fortschritte der Naturwissenschaft die Geister zunächst geblendet sind und sich heute nicht zurechtfinden können in den Formen, in denen hohe Wahrheiten traditionell überliefert sind. Die Geisteswissenschaft gibt der Menschheit solche Formen wieder zurück. Sie zeigt zum Beispiel, wie die Schöpfungstage der Bibel Dinge wiedergeben, die dem hellseherischen Blick sich entschleiern.* Der an die Sinnenwelt gefesselte Geist findet nur, daß die Schöpfungstage den Errungenschaften der Geologie und so weiter widersprechen. Die Geisteswissenschaft ist bei dem Erkennen der tiefen Wahrheiten dieser Schöpfungstage ebensoweit davon entfernt, sie als bloße «Mythendichtung» zu verflüchtigen, wie irgendwie allegorische oder symbolische Erklärungsarten anzuwenden. *Wie* sie vorgeht, das ist allerdings denen ganz unbekannt, welche noch immer von dem Widerspruch dieser Schöpfungstage mit der Wissenschaft phantasieren. Auch darf nicht geglaubt werden, daß die Geistesforschung ihr Wissen aus der Bibel schöpft. Sie hat ihre eigenen Methoden, findet unabhängig von allen Urkunden die Wahrheiten und erkennt sie dann wieder in diesen. Dieser Weg ist aber notwendig für viele gegenwärtige Wahrheitssucher. Denn diese fordern eine Geistesforschung, die in sich denselben Charakter trägt wie die Naturwissenschaft. Und nur wo das Wesen solcher Geisteswissenschaft nicht erkannt wird, verfällt man in die Ratlosigkeit, wenn es sich darum handelt, die Tatsachen der übersinnlichen Welt

* Vergleiche: Rudolf Steiner, Die Geheimnisse der biblischen Schöpfungsgeschichte, Gesamtausgabe Dornach 1961.

vor den blendenden Wirkungen der scheinbar auf Naturwissenschaft gebauten Meinungen zu bewahren. Eine solche Gemütsverfassung wurde sogar schon vorhergeahnt von einem seelisch warmen Manne, der aber für sein Gefühl keinen geisteswissenschaftlichen übersinnlichen Inhalt finden konnte. Schon vor beinahe achtzig Jahren schrieb eine solche Persönlichkeit, Schleiermacher, an Lücke, der um vieles jünger war als er selbst: «Wenn Sie den gegenwärtigen Zustand der Naturwissenschaft betrachten, wie sie sich immer mehr zu einer umfassenden Weltkunde gestaltet, was ahndet Ihnen von der Zukunft, ich will nicht einmal sagen für unsere Theologie, sondern für unser evangelisches Christentum ... Mir ahndet, daß wir werden lernen müssen, uns ohne Vieles zu behelfen, was Viele noch gewohnt sind, als mit dem Wesen des Christentums unzertrennlich verbunden zu denken. Ich will gar nicht vom Sechstagewerk reden, aber der *Schöpfungsbegriff*, wie er gewöhnlich konstruiert wird ... wie lange wird er sich noch halten können gegen die Gewalt einer aus wissenschaftlichen Kombinationen, denen sich niemand entziehen kann, gebildeten Weltanschauung? ... Was soll denn werden, mein lieber Freund? Ich werde diese Zeit nicht mehr erleben, sondern kann mich ruhig schlafen legen; aber Sie mein Freund, und Ihre Altersgenossen, was gedenken Sie zu tun?» (Theologische Studien und Kritiken von Ullmann und Umbreit, 1829, Seite 489.) Diesem Ausspruch liegt die Meinung zugrunde, daß die «wissenschaftlichen *Kombinationen*» ein notwendiges Ergebnis der Tatsachen seien. Wären sie es, dann könnte sich ihnen «niemand» entziehen; und wen dann sein Gefühl nach der übersinnlichen Welt zieht, der kann wünschen, es möge ihm gegönnt sein, sich «ruhig schlafen zu legen» vor dem Ansturm der Wissenschaft gegen die übersinnliche Welt. Die Voraussage Schleiermachers hat sich insofern erfüllt, als in weiten Kreisen die «wissenschaftlichen Kombinationen» Platz ergriffen haben. Aber zugleich gibt es gegenwärtig eine Möglichkeit, die übersinnliche Welt auf ebenso «wissenschaftliche» Art kennenzulernen wie die sinnlichen Tatsachenzusammenhänge. Wer sich mit der Geisteswissenschaft so bekanntmacht, wie es gegenwärtig schon möglich ist, der wird durch sie vor manchem Aberglauben bewahrt sein, aber die übersinnlichen Tatsachen in seinen Vorstellungsinhalt aufnehmen können, und dadurch außer allem andern Aberglauben auch den Abstreifen, daß Furcht und Not diese übersinnliche Welt geschaffen haben. – Wer sich zu dieser Anschauung durchzuringen vermag, der wird dann auch nicht mehr gehemmt sein durch die Vorstellung, er könne der Wirklichkeit und Praxis durch die Beschäftigung mit der Geisteswissenschaft entfremdet werden. Er wird dann eben erkennen, wie wahre Geisteswissenschaft nicht das Leben ärmer, sondern reicher macht. Er wird durch sie gewiß zu keiner Unterschätzung der Telephone, Eisenbahntechnik und Luftschiffahrt verführt; aber er wird manches andere Praktische noch sehen, das gegenwärtig unberücksichtigt bleibt, wo man nur an die Sinnenwelt glaubt und daher nur einen Teil, nicht die ganze Wirklichkeit, anerkennt.

VORWORT VON MARIE STEINER

zur ersten Buchausgabe (1939)

Auf vielfachen Wunsch werden diese im Jahre 1904 zuerst erschienenen Aufsätze Dr. Rudolf Steiners nun nach fünfunddreißig Jahren in Buchform herausgebracht. Geschrieben waren sie für die zuerst monatlich, dann in größeren Zwischenräumen erscheinende Zeitschrift «Lucifer-Gnosis». Dadurch erklärt sich das öftere Zurückgreifen und Hinweisen auf vorher Gesagtes. Doch sind ja Wiederholungen dem Studium der Geisteswissenschaft besonders förderlich. Verwirrend könnte es heute mancher empfinden, daß neben der neuen für das Abendland geprägten Terminologie auch diejenige miterwähnt wird, die orientalischer Esoterik entnommen ist. Sie war durch die Literatur der Theosophischen Gesellschaft in der Zeit der Jahrhundertwende in Europa populär geworden. Die exotischen Namen waren im Gedächtnis haftengeblieben; die feineren Nuancen, die der Orientale damit verbindet, blieben ja trotzdem dem Europäer verschlossen. Die Durchgestaltung unserer der Sinneswahrnehmung angepaßten Sprache zu feinerer geistiger Begrifflichkeit und zur konkreten Bildhaftigkeit auch des Übersinnlichen war etwas, woran Dr. Steiner unablässig gearbeitet hat. Bei der Schilderung der Wirksamkeit der Hierarchien benutzt er die dafür übliche christliche Terminologie.

Was hier in der *«Akasha-Chronik»* in knapper Übersichtlichkeit vor Augen geführt wird, findet seine Fortsetzung in den Büchern «Thesophie» und «Geheimwissenschaft im Umriß».

Die Zeitschrift «Lucifer-Gnosis» konnte wegen übermäßiger Inanspruchnahme durch Vortragstätigkeit und anderer Betätigungen nicht weitergeführt werden. Neben den Ergebnissen der Geheimforschung enthält sie viele Aufsätze, in denen Dr. Steiner mit dem naturwissenschaftlichen Denken der Gegenwart sich auseinandersetzt. Da es nicht ausbleiben kann, daß Niederschriften wie diejenige über die *«Akasha-Chronik»* den meisten unvorbereiteten Lesern heute noch als wilde Phantastik erscheinen, so sollen zwei die Erkenntnisprobleme der Gegenwart berührende Aufsätze aus jener Zeitschrift vorangehen und folgen. Sie dürften in ihrer nüchternen Logik den Beweis erbringen, daß der Erforscher übersinnlicher Welten auch Probleme der Gegenwart ruhig und sachlich überschauen kann.

Die Zeitschrift widmete sich auch der Beantwortung von Fragen, die aus dem Leserkreise gestellt wurden. Dem entnehmen wir einiges auf die atlantische Menschheit und die Geheimwissenschaft Bezügliche. Wer sich klarwerden möchte über die Art, wie das Lesen in der *«Akasha-Chronik»* zustande kommt, muß sich freilich dem Studium der Anthroposophie eingehend widmen.

Neben den oben erwähnten Büchern sei für Fortgeschrittene im Studium der Geisteswissenschaft hingewiesen auf die Esoterischen Betrachtungen über «Okkultes Lesen und okkultes Hören» und auf den eben erscheinenden dritten Band der Schriftenreihe: Geistige Wesen und ihre Wirkungen, der heute besonders interessieren dürfte: «Geschichtliche Notwendigkeit und Freiheit. Schicksalseinwirkungen aus der Welt der Toten».

ANMERKUNGEN ZU DIESER AUSGABE

(GA = Rudolf Steiner Gesamtausgabe)

zu Seite

7 *Ausspruch Karl Vogts:* In seinen «Physiologischen Briefen an die Gebildeten aller Stände», 1845, S. 206.

Ludwig Büchner, 1824–1899; seine Schrift «Kraft und Stoff» erschien 1855.

8 *wie Ladenburg auf der Naturforscher-Versammlung von 1903:* Der Chemiker Albert Ladenburg, 1842–1911, in seinem am 21. Sept. 1903 auf der 75. Versammlung Deutscher Naturforscher und Ärzte zu Kassel gehaltenen Vortrag: «Über den Einfluß der Naturwissenschaften auf die Weltanschauung», Leipzig 1903.

Max Verworn, 1863–1921.

9 *Jakob Moleschott,* 1822–1893, Naturforscher und Philosoph niederländischer Herkunft.

David Friedrich Strauß, 1808–1874, evangelischer Theologe und Schriftsteller.

11 *Emil Du Bois-Reymond,* 1818–1896.

seine Ignorabimus-Rede: «Über die Grenzen des Naturerkennens», Vortrag, gehalten in der zweiten öffentl. Sitzung der 45. Versammlung Deutscher Naturforscher und Ärzte zu Leipzig am 14. August 1872.

Raoul Francé, 1874–1943.

12 *August Weismann,* 1834–1914, Zoologe.

Hugo de Vries, 1848–1935, niederländischer Botaniker; Hauptwerk: «Die Mutationstheorie. Versuche und Beobachtungen über die Entstehung von Arten im Pflanzenreich», 2 Bde., 1901/03.

W. H. Rolph (Lebensdaten nicht bekannt), «Biologische Probleme . . .», 2. stark erw. Aufl. 1884, S. 96 f.

13 *Johannes Reinke,* 1849–1931, Neovitalist und Gegner Haeckels; Hauptwerk: «Die Welt als Tat. Umrisse einer Weltanschauung auf naturwissenschaftlicher Grundlage», 2. Aufl., Berlin 1901.

15 *Wilhelm Ostwald,* 1853–1932, «Die Überwindung des wissenschaftlichen Materialismus», Vortrag, gehalten in der 3. Allgem. Sitzung der Versammlung der Gesellschaft Deutscher Naturforscher und Ärzte zu Lübeck am 20. Sept. 1895.

18 *Plato erzählt noch von den letzten Resten des Landes, der Insel Poseidonis:* In den Dialogen «Timaios» und «Kritias».

145 *vergleiche meine «Theosophie»:* «Theosophie. Einführung in übersinnliche Welterkenntnis und Menschenbestimmung», GA 1973, Bibl.-Nr. 9 (auch als Taschenbuch erhältlich).

162 *A. P. Sinnett* (Lebensdaten unbekannt), «Die Esoterische Lehre oder Geheimbuddhismus», 2. verm. u. verb. Aufl. Leipzig 1899.

182 *Phidias,* geb. nach 500 v. Chr., gest. vor 423 v. Chr.; athenischer Bildhauer, Vollender der griechischen Klassik.

185 *in den Aufsätzen über die «Lebensfragen der theosophischen Bewegung»:* Wiederabgedruckt in «Luzifer-Gnosis 1903–1908. Grundlegende Aufsätze zur Anthroposophie und Berichte aus der Zeitschrift ‹Luzifer› und ‹Lucifer-Gnosis›», GA 1960, Bibl.-Nr. 34, S. 261 ff.

186 *August Forel,* 1848–1931, schweizerischer Psychiater, Sozialethiker und Ameisenforscher.

188 *Aufsatz in der Zeitschrift «Kosmos»:* Theodor Arldt, geb. 1878, im Jahrgang 1905, Heft 10.

189 *Hermann Ebbinghaus,* 1850–1909; sein «Abriß der Psychologie» erschien Leipzig 1908.

193 *Friedrich Schleiermacher,* 1768–1834, evangelischer Theologe und Philosoph.

Friedrich Lücke, 1791–1855, evangelischer Theologe.

LITERATURHINWEIS

Zur Weiterführung und Vertiefung der Darstellungen des vorliegenden Bandes sei auf folgende Ausgaben von Rudolf Steiner verwiesen:

Schriften

Theosophie. Einführung in übersinnliche Welterkenntnis und Menschenbestimmung. GA 1973, Bibl.-Nr. 9

Wie erlangt man Erkenntnisse der höheren Welten? GA 1972, Bibl.-Nr. 10

Die Geheimwissenschaft im Umriß. GA 1968, Bibl.-Nr. 13

Vorträge

Vor dem Tore der Theosophie. Vierzehn Vorträge, Stuttgart 22. August bis 4. September 1906, mit zwei Fragenbeantwortungen. GA 1964, Bibl.-Nr. 95

Die Theosophie des Rosenkreuzers. Vierzehn Vorträge, München 22. Mai bis 6. Juni 1907. GA 1962, Bibl.-Nr. 99

Welt, Erde und Mensch, deren Wesen und Entwickelung, sowie ihre Spiegelung zwischen ägyptischem Mythos und gegenwärtiger Kultur. Elf Vorträge, Stuttgart 4. bis 16. August 1908. GA 1974, Bibl.-Nr. 105

Okkultes Lesen und okkultes Hören. Wie bekommt man das Sein in die Ideenwelt hinein? Zehn Vorträge, Dornach 3. bis 6. Oktober, 12. bis 26. Dezember 1914, Basel 27. Dezember 1914. GA 1967, Bibl.-Nr. 156

Geschichtliche Notwendigkeit und Freiheit. Schicksalseinwirkungen aus der Welt der Toten (Geistige Wesen und ihre Wirkungen, Band III.) Acht Vorträge, Dornach 2. bis 22. Dezember 1917. GA 3. Auflage in Vorbereitung, Bibl.-Nr. 179

Über frühe Erdzustände. Vier Vorträge, Dornach 20. bis 30. September 1922 (kart. Einzelausgabe 1957). Für GA in Vorbereitung, Bibl.-Nr. 347

Das Lebenswerk, welches Rudolf Steiner der Nachwelt hinterlassen hat, dürfte nach Gehalt und Umfang innerhalb der Kulturwelt wohl ohne Beispiel dastehen. Seine Schriften – die Werke und Aufsätze – bilden die Grundlage für das, was er im Laufe seines Lebens in Vorträgen und Kursen seinen Zuhörern als «anthroposophisch orientierte Geisteswissenschaft» von immer neuen Aspekten aus darstellte und ausführte. Der größte Teil dieser rund sechstausend Vorträge ist in Nachschriften erhalten geblieben. Daneben entfaltete er auch auf künstlerischem Gebiet eine große Tätigkeit, welche ihren Höhepunkt in der Errichtung des ersten Goetheanumbaues in Dornach fand. So liegen eine große Anzahl malerischer, plastischer und architektonischer Arbeiten, Entwürfe und Skizzen von seiner Hand vor. Die durch ihn gegebenen Anregungen für die Erneuerung zahlreicher Lebensgebiete beginnen in der gegenwärtigen Zeit vermehrte Beachtung zu finden.

Seit dem Jahre 1956 wird durch die «Rudolf Steiner-Nachlaßverwaltung» an der Herausgabe der *«Rudolf Steiner Gesamtausgabe»* gearbeitet, die einen Umfang von etwa 330 Bänden erhalten wird. In den beiden ersten Abteilungen erscheinen die *Schriften* und das *Vortragswerk,* während in einer dritten Abteilung das *künstlerische Werk* in geeigneter Form zur Wiedergabe gelangt.

Einen systematischen Überblick über das Gesamtwerk gibt die 1961 erschienene Bibliographie: *«Rudolf Steiner. Das literarische und künstlerische Werk. Eine bibliographische Übersicht»,* auf welche sich die im folgenden verwendete Bezeichnung «Bibl.-Nr.» bezieht. Über den jeweiligen Stand der erschienenen Bände orientiert der Katalog des «Rudolf Steiner Verlages».

Chronologischer Lebensabriß
(zugleich Übersicht über die geschriebenen Werke)

1861 Am 27. Februar wird Rudolf Steiner in Kraljevec (damals Österreich-Ungarn, heute Jugoslawien) als Sohn eines Beamten der österreichischen Südbahn geboren. Seine Eltern stammen aus Niederösterreich. Er verlebt seine Kindheit und Jugend an verschiedenen Orten Österreichs.

1872 Besuch der Realschule in Wiener-Neustadt bis zum Abitur 1879.

1879 Studium an der Wiener Technischen Hochschule: Mathematik und Naturwissenschaft, zugleich Literatur, Philosophie und Geschichte. Grundlegendes Goethe-Studium.

1882 Erste schriftstellerische Tätigkeit.

1882–1897 Herausgabe von Goethes Naturwissenschaftlichen Schriften in Kürschners «Deutsche National-Literatur», vier Bände. Eine selbständige Ausgabe der Einleitungen erschien 1925 unter dem Titel *Goethes Naturwissenschaftliche Schriften* (Bibl.-Nr. 1).

1884–1890 Privatlehrer bei einer Wiener Familie.

1886 Berufung zur Mitarbeit bei der Herausgabe der großen Goethe «Sophien-Ausgabe». *Grundlinien einer Erkenntnistheorie der Goetheschen Weltanschauung mit besonderer Rücksicht auf Schiller* (Bibl.-Nr. 2).

1888 Herausgeber der «Deutschen Wochenschrift», Wien (Aufsätze daraus in Bibl.-Nr. 31). Vortrag im Wiener Goethe-Verein: *Goethe als Vater einer neuen Ästhetik* (in Bibl.-Nr. 30).

1890–1897 Weimar. Mitarbeit am Goethe- und Schiller-Archiv. Herausgeber von Goethes Naturwissenschaftlichen Schriften.

1891 Promotion zum Doktor der Philosophie an der Universität Rostock. 1892 erscheint die erweiterte Dissertation: *Wahrheit und Wissenschaft. Vorspiel einer Philosophie der Freiheit* (Bibl.-Nr. 3).

1894 *Die Philosophie der Freiheit. Grundzüge einer modernen Weltanschauung. Seelische Beobachtungsresultate nach naturwissenschaftlicher Methode* (Bibl.-Nr. 4).

1895 *Friedrich Nietzsche. Ein Kämpfer gegen seine Zeit* (Bibl.-Nr. 5).

1897 *Goethes Weltanschauung* (Bibl.-Nr. 6).

Übersiedlung nach Berlin. Herausgabe des «Magazin für Literatur» und der «Dramaturgischen Blätter» zusammen mit O. E. Hartleben. (Aufsätze daraus in Bibl.-Nrn. 29–32.) Wirksamkeit in der «Freien literarischen Gesellschaft», der «Freien dramatischen Gesellschaft», im «Giordano Bruno-Bund», im Kreis der «Kommenden» u. a.

1899–1904	Lehrtätigkeit an der von W. Liebknecht gegründeten Berliner «Arbeiter-Bildungsschule».
1900/01	*Welt- und Lebensanschauungen im 19. Jahrhundert,* 1914 erweitert zu: *Die Rätsel der Philosophie* (Bibl.-Nr. 18). Beginn der anthroposophischen Vortragstätigkeit auf Einladung der Theosophischen Gesellschaft in Berlin. *Die Mystik im Aufgange des neuzeitlichen Geisteslebens* (Bibl.-Nr. 7).
1902–1912	Aufbau der Anthroposophie. Regelmäßige öffentliche Vortragstätigkeit in Berlin und ausgedehnte Vortragsreisen in ganz Europa. Marie von Sivers (ab 1914 Marie Steiner) wird seine ständige Mitarbeiterin.
1902	*Das Christentum als mystische Tatsache und die Mysterien des Altertums* (Bibl.-Nr. 8).
1903	Begründung und Herausgabe der Zeitschrift «Luzifer», später «*Lucifer-Gnosis*» (Aufsätze in Bibl.-Nr. 34).
1904	*Theosophie. Einführung in übersinnliche Welterkenntnis und Menschenbestimmung* (Bibl.-Nr. 9).
1904/05	*Wie erlangt man Erkenntnisse der höheren Welten?* (Bibl.-Nr. 10). *Aus der Akasha-Chronik* (Bibl.-Nr. 11). *Die Stufen der höheren Erkenntnis* (Bibl.-Nr. 12).
1910	*Die Geheimwissenschaft im Umriß* (Bibl.-Nr. 13).
1910–1913	In München werden die *Vier Mysteriendramen* (Bibl.-Nr. 14) uraufgeführt.
1911	*Die geistige Führung des Menschen und der Menschheit* (Bibl.-Nr. 15).
1912	*Anthroposophischer Seelenkalender. Wochensprüche* (in Bibl.-Nr. 40, und selbständige Ausgaben). *Ein Weg zur Selbsterkenntnis des Menschen* (Bibl.-Nr. 16).
1913	Trennung von der Theosophischen und Begründung der Anthroposophischen Gesellschaft. *Die Schwelle der geistigen Welt* (Bibl.-Nr. 17).
1913–1923	Errichtung des in Holz als Doppelkuppelbau gestalteten ersten Goetheanum in Dornach/Schweiz.
1914–1923	Dornach und Berlin. In Vorträgen und Kursen in ganz Europa gibt Rudolf Steiner Anregungen für eine Erneuerung auf vielen Lebensgebieten: Kunst, Pädagogik, Naturwissenschaften, soziales Leben, Medizin, Theologie. Weiterbildung der 1912 inaugurierten neuen Bewegungskunst «Eurythmie».

1914	*Die Rätsel der Philosophie in ihrer Geschichte als Umriß dargestellt* (Bibl.-Nr. 18).
1916–1918	*Vom Menschenrätsel* (Bibl.-Nr. 20). *Von Seelenrätseln* (Bibl.-Nr. 21). *Goethes Geistesart in ihrer Offenbarung durch seinen «Faust» und durch das Märchen «Von der Schlange und der Lilie»* (Bibl.-Nr. 22).
1919	Rudolf Steiner vertritt den Gedanken einer «Dreigliederung des sozialen Organismus» in Aufsätzen und Vorträgen, vor allem im süddeutschen Raum. *Die Kernpunkte der sozialen Frage in den Lebensnotwendigkeiten der Gegenwart und Zukunft* (Bibl.-Nr. 23). *Aufsätze über die Dreigliederung des sozialen Organismus* (Bibl.-Nr. 24). Im Herbst wird in Stuttgart die «Freie Waldorfschule» begründet, die Rudolf Steiner bis zu seinem Tode leitet.
1920	Beginnend mit dem Ersten anthroposophischen Hochschulkurs finden im noch nicht vollendeten Goetheanum fortan regelmäßig künstlerische und Vortragsveranstaltungen statt.
1921	Begründung der Wochenschrift «Das Goetheanum» mit regelmäßigen Aufsätzen und Beiträgen Rudolf Steiners (in Bibl.-Nr. 36).
1922	*Kosmologie, Religion und Philosophie* (Bibl.-Nr. 25). In der Silvesternacht 1922/23 wird der Goetheanumbau durch Brand vernichtet. Für einen neuen in Beton konzipierten Bau kann Rudolf Steiner in der Folge nur noch ein erstes Außenmodell schaffen.
1923	Unausgesetzte Vortragstätigkeit, verbunden mit Reisen. Zu Weihnachten 1923 Neubegründung der «Anthroposophischen Gesellschaft» als «Allgemeine Anthroposophische Gesellschaft» unter der Leitung Rudolf Steiners.
1923–1925	Rudolf Steiner schreibt in wöchentlichen Folgen seine unvollendet gebliebene Selbstbiographie *Mein Lebensgang* (Bibl.-Nr. 28) sowie *Anthroposophische Leitsätze* (Bibl.-Nr. 26), und arbeitet mit Dr. Ita Wegman an dem Buch *Grundlegendes für eine Erweiterung der Heilkunst nach geisteswissenschaftlichen Erkenntnissen* (Bibl.-Nr. 27).
1924	Steigerung der Vortragstätigkeit. Daneben zahlreiche Fachkurse. Letzte Vortragsreisen in Europa. Am 28. September letzte Ansprache zu den Mitgliedern. Beginn des Krankenlagers.
1925	Am 30. März stirbt Rudolf Steiner in Dornach.

RUDOLF STEINER GESAMTAUSGABE

Überblick über das literarische und künstlerische Werk

Erste Abteilung: Die Schriften

I. *Werke*

Goethes Naturwissenschaftliche Schriften (Bibl.-Nr. 1)
Grundlinien einer Erkenntnistheorie der Goetheschen Weltanschauung (Bibl.-Nr. 2)
Wahrheit und Wissenschaft. Vorspiel einer Philosophie der Freiheit (Bibl.-Nr. 3)
Die Philosophie der Freiheit (Bibl.-Nr. 4)
Friedrich Nietzsche, ein Kämpfer gegen seine Zeit (Bibl.-Nr. 5)
Goethes Weltanschauung (Bibl.-Nr. 6)
Die Mystik im Aufgange des neuzeitlichen Geisteslebens und ihr Verhältnis zur modernen Weltanschauung (Bibl.-Nr. 7)
Das Christentum als mystische Tatsache und die Mysterien des Altertums (Bibl.-Nr. 8)
Theosophie. Einführung in übersinnliche Welterkenntnis und Menschenbestimmung (Bibl.-Nr. 9)
Wie erlangt man Erkenntnisse der höheren Welten? (Bibl.-Nr. 10)
Aus der Akasha-Chronik (Bibl.-Nr. 11)
Die Stufen der höheren Erkenntnis (Bibl.-Nr. 12)
Die Geheimwissenschaft im Umriß (Bibl.-Nr. 13)
Vier Mysteriendramen: Die Pforte der Einweihung – Die Prüfung der Seele – Der Hüter der Schwelle – Der Seelen Erwachen (Bibl.-Nr. 14)
Die geistige Führung des Menschen und der Menschheit (Bibl.-Nr. 15)
Anthroposophischer Seelenkalender (in Bibl.- Nr. 40)
Ein Weg zur Selbsterkenntnis des Menschen (Bibl.-Nr. 16)
Die Schwelle der geistigen Welt (Bibl.-Nr. 17)
Die Rätsel der Philosophie in ihrer Geschichte als Umriß dargestellt (Bibl.-Nr. 18)
Vom Menschenrätsel (Bibl.-Nr. 20)
Von Seelenrätseln (Bibl.-Nr. 21)
Goethes Geistesart in ihrer Offenbarung durch seinen «Faust» und durch das «Märchen von der Schlange und der Lilie» (Bibl.-Nr. 22)
Die Kernpunkte der sozialen Frage in den Lebensnotwendigkeiten der Gegenwart und Zukunft (Bibl.-Nr. 23)
Aufsätze über die Dreigliederung des sozialen Organismus und zur Zeitlage 1915–1921 (Bibl.-Nr. 24)
Kosmologie, Religion und Philosophie (Bibl.-Nr. 25)

Anthroposophische Leitsätze (Bibl.-Nr. 26)

Grundlegendes für eine Erweiterung der Heilkunst nach geisteswissenschaftlichen Erkenntnissen. Von Dr. Rudolf Steiner und Dr. Ita Wegman (Bibl.-Nr. 27)

Mein Lebensgang (Bibl.-Nr. 28)

II. *Gesammelte Aufsätze*

Gesammelte Aufsätze zur Dramaturgie 1889–1900 (Bibl.-Nr. 29)

Methodische Grundlagen der Anthroposophie. Gesammelte Aufsätze zur Philosophie, Naturwissenschaft, Ästhetik und Seelenkunde 1884–1901 (Bibl.-Nr. 30)

Gesammelte Aufsätze zur Kultur- und Zeitgeschichte 1887–1901 (Bibl.-Nr. 31)

Gesammelte Aufsätze zur Literatur 1886–1902 (Bibl.-Nr. 32)

Biographien und biographische Skizzen 1894–1905 (Bibl.-Nr. 33)

Luzifer-Gnosis. Grundlegende Aufsätze zur Anthroposophie und Berichte aus der Zeitschrift «Lucifer» und «Luzifer-Gnosis» 1903–1908 (Bibl.-Nr. 34)

Philosophie und Anthroposophie. Gesammelte Aufsätze 1904–1918 (Bibl.-Nr. 35)

Der Goetheanumgedanke inmitten der Kulturkrisis der Gegenwart. Gesammelte Aufsätze aus der Wochenschrift «Das Goetheanum» 1921–1925 (Bibl.-Nr. 36)

III. *Veröffentlichungen aus dem Nachlaß*

Briefe – Wahrspruchworte – Bühnenbearbeitungen – Entwürfe zu den Vier Mysteriendramen 1910–1913 – Anthroposophie. Ein Fragment aus dem Jahre 1910 – Gesammelte Skizzen und Fragmente – Aus Notizbüchern und -blättern (Bibl.-Nrn. 38–47)

Zweite Abteilung: Das Vortragswerk

I. *Öffentliche Vorträge*

Die Berliner öffentlichen Vortragsreihen («Architektenhaus-Vorträge») 1903/04–1917/18 (Bibl.-Nrn. 51–67)

Öffentliche Vorträge, Vortragsreihen und Hochschulkurse an anderen Orten Europas 1906–1924 (Bibl.-Nrn. 68–84)

II. *Vorträge vor Mitgliedern der Anthroposophischen Gesellschaft*

Vorträge und Vortragszyklen allgemein-anthroposophischen Inhalts – Evangelien-Betrachtungen – Christologie – Geisteswissenschaftliche Menschenkunde – Kosmische und menschliche Geschichte – Die geistigen Hintergründe der sozialen Frage – Der Mensch in seinem Zusammenhang mit dem Kosmos – Karma-Betrachtungen (Bibl.-Nrn. 91–244)

Vorträge und Schriften zur Geschichte der anthroposophischen Bewegung und der Anthroposophischen Gesellschaft (Bibl.-Nrn. 251–263)

III. *Vorträge und Kurse zu einzelnen Lebensgebieten*

Vorträge über Kunst: Allgemein-Künstlerisches – Eurythmie – Sprachgestaltung und Dramatische Kunst – Musik – Bildende Künste – Kunstgeschichte (Bibl.-Nrn. 271–292)

Vorträge über Erziehung (Bibl.-Nrn. 293–311)

Vorträge über Medizin (Bibl.-Nrn. 312–319)

Vorträge über Naturwissenschaft (Bibl.-Nrn. 320–327)

Vorträge über das soziale Leben und die Dreigliederung des sozialen Organismus (Bibl.-Nrn. 328–341)

Vorträge für die Arbeiter am Goetheanumbau (Bibl.-Nrn. 347–354)

Dritte Abteilung: Das künstlerische Werk

Reproduktionen und Veröffentlichungen aus dem künstlerischen Nachlaß

Originalgetreue Wiedergaben von malerischen und graphischen Entwürfen und Skizzen in Kunstmappen oder als Einzelblätter

---

Die Bände der Rudolf Steiner Gesamtausgabe sind innerhalb einzelner Gruppen einheitlich ausgestattet. Jeder Band ist einzeln erhältlich.